디지털
원주민
키우기

디지털 원주민 키우기

데버라 하이트너 지음   이민희 옮김

스마트폰 시대의
미디어 교육법

창비

댄과 해럴드에게

차례

머리말

"6학년 딸아이의 생활에 자리 잡은 테크놀로지가 제게는 버겁게 느껴져요. 저는 딸이 사용하는 온라인 툴과 소셜미디어 사이트가 영 익숙지 않은데, 그래도 아이의 디지털 생활을 바르게 지도할 필요가 있으니까요."

"아이들이 학교에서 이런 기기들을 얼마나 오래 쓰는지도 모르는데 아이의 디지털기기 사용을 어떻게 권장 시간인 한두 시간으로 제한하겠어요? 방과 후 집에서 텔레비전이나 좀 보면서 쉰다고 해도 어차피 숙제하려면 기기를 써야 하잖아요. 사용 시간을 제한하는 것은 그리 간단하거나 현실적인 대안이 아닌 듯해요."

"제가 어릴 때는 텔레비전 방송 시간이 정해져 있었어요. 특정 시간대가 지나면 더 보고 싶어도 볼 수가 없었죠. 지금은 저도 모르게 페이스북이나 시시한 영상이라도 보고 있더라고요. 제 삶이 이렇게 굳어 버린 걸까요? 이제라도 우리의 삶을 되찾고 아이들도 잘 따라오게 하려면 어떻게 해야 할까요?"

디지털 시민을 위한 워크숍을 열 때마다 나는 지역을 막론하고 부모들의 이 같은 염려를 접한다. 우리가 키우고 있는 이 '디지털 원주민digital natives'은 대체 누구인가? 이 아이들의 세상은 우리가 자란 세상과 어떻게 다를까?

디지털 시대의 아이 양육법에 대해서는 저마다 의견이 분분한 데다가 섣불리 재단당할까 봐 이야기하기도 조심스럽다. 나는 요즘 아이들의 정보처리 방식에 당혹스러워하는 부모와 교육자들을 돕기 위해 '디지털 원주민 키우기Raising Digital Natives'라는 단체를 설립했다. '디지털 원주민'이란 디지털 기술에 둘러싸여 자라는 아이들을 가리키는 용어로 2001년에 미래교육학자 마크 프렌스키가 처음 사용했다. 프렌스키에 따르면 디지털 원주민 세대는 "정보를 매우 빠르게 받아들인다. 여러 가지 작업을 동시에 처리하는 것을 좋아한다. 텍스트**보다** 그래픽을 선호하며…… 즉각적인 만족과 잦은 보상을 추구한다. '진지한' 학습보다는 게임을 선호한다."[1]

한편에서는 디지털기기 없이 자란 사람을 '디지털 이주민digital immigrants'이라고 부르면서 그들 밑에서 자란 사람을 '디지털 원주민'이라고 부르는 것은 모순이라고 꼬집는다. 어떤 전문가들은 디지털 원주민이 정보를 무분별하게 소비하거나 개인정보 유출에 몰지각한 디지털 '철부지naives'가 될 수 있다고 지적하기도 한다.[2]

이 책은 디지털 시대에 새로운 시간 관리와 대인관계 기술을 익혀야 하는 아이들을 키우는 부모의 이해를 돕기 위해 쓰였다. 우리 어른들은 삶의 경험에서 얻은 지혜로 테크놀로지에 빠삭한 아이들을 올바르게 이끌 수 있다. 그러므로 이 책에서 나는 터치스크린 세대, 즉 디지털콘텐츠를 소비할 뿐 아니라 직접 생산하고 공유하는 세대를 가리키는 말로 '디지털 원주민'이라는 표현을 쓰겠다. 요즘 아이들은 소비자 맞춤형 콘텐츠 시대, 누구나 제작자가 될 수 있는 시대의 일원이다. 이토록 새로운 세상에서 우리는 어떻게 우리 아이들이 현실 세계에 '현명하게 대처하도록' 도와줄 수 있을까?

우리는 디지털에 능숙한 것과 훌륭한 디지털 시민의식을 지니는 것을 혼동해서는 안 된다. 새로운 테크놀로지와 플랫폼을 척척 이용한다고 해서 우리 아이들이 그것들을 문제없이 다루리라고 생각한다면, 이는 위험한 사고방식이다. 새로운 앱과 온라인 플랫폼에 빠르게 적응할 수 있더라도 아이에게는 당신의 올바른 지도가 필요하다.

터치스크린 세대에게 기회는 무궁무진하다. 협업, 창작, 공유가 지금처럼 쉽고 돈이 되는 시절은 없었다. 디지털 격차가 여전히 존재하긴 하지만(모든 아이가 와이파이나 태블릿 피시를 자유롭게 이

용할 수 있는 것은 아니며, 부유한 국가의 아이들도 예외는 아니다),
부모와 교육자들은 디지털기기를 쓰는 수많은 아이가 스마트폰, 태
블릿 피시, 인터렉티브 게임,* 앱, 소셜미디어의 강력한 기능을 잘
다룰 수 있게 할 방법을 고심하고 있다.

태블릿 피시는 미국과 캐나다, 영국을 비롯해 많은 나라에서 시
장을 휩쓸고 있으며 심지어 아주 어린 아이들도 이런 스마트기기를
사용한다. 글로벌 아동 리서치 기업 듀빗Dubit이 최근 진행한 연구에
따르면 만 3~4세 아이들은 원하는 앱을 직접 고를 수 있고 만 5세
가 되면 사진을 찍고 동영상을 만들 수 있다. 콘텐츠를 소비할 뿐 아
니라 직접 제작할 수 있는 아이들이 급격히 늘고 있다. 이는 중요한
변화다. 원하는 텔레비전 프로그램이나 온라인 콘텐츠를 클릭해서
선택하는 것과 손수 콘텐츠를 만들어 공유하는 것은 차원이 다르기
때문이다.

급변하는 과학기술의 세상에서 디지털 원주민들을 지도하는 일
이 왜 그토록 중요할까? 과연 어떤 문제가 도사리고 있는 것일까?

• **인간관계** 디지털 세상에서의 대인관계가 점점 늘어나는 상황에
  서 당신의 디지털 원주민은 인간관계에 능숙한가, 서투른가?
  아니면 그 사이 어디쯤인가? 디지털로 소통하며 관계를 맺는

---

* 사용자가 게임 캐릭터의 행위나 환경을 선택하는 데 따라 전개가 달라지는 게임 장르.

능력은 올바른 가치관을 토대로 쌓아 나가야 한다. 그 가치관은 부모인 당신이 모범을 보이고 가르칠 수 있다.

- **평판** 당신의 디지털 원주민은 자신의 정체성을 탐구하는 와중에도 매번 게시물과 트위트^{tweet}를 올리고 공유하면서 자신의 페르소나를 창조하고 있다. 줄타기나 다름없는 이런 행위에서 아이는 가끔 발을 헛디뎌 다칠 수밖에 없다. 상처를 딛고 일어선다 해도 온전히 회복하기까지는 쉽지 않을 것이다.

- **시간 관리** 디지털 세상에는 제한이 없다. 어디서 어떻게 시간을 보내야 할지 결정하기가 그 어느 때보다 어렵다. 올바른 조언으로 이끌지 않으면 소중한 유년기를 방황으로 헛되이 날려 버릴 수 있다.

오늘날의 미디어 지형은 이전과 다르고 규칙도 빠르게 변하고 있다. 설사 아이들이 그렇게 생각하지 않더라도, 우리 아이들에게는 도움이 필요하다. 심지어 **당신조차** 그렇게 생각하지 않는다고 해도 말이다. 아이들이 '스크린을 현명하게 사용하는^{screenwise}' 데 필요한 능력을 길러 주는 것은 우리 부모(와 교사)들의 몫이다. 이런 능력을 기르지 않으면 아이들은 오늘의, 그리고 내일의 세상을 힘겹게 헤쳐 가야 할 것이다.

디지털기기를 지혜롭게 사용하는 것은 조작이나 기능 차원의 능력이 아니다. 키보드 사용법이나 코딩 기법 따위가 아니다. 기술의

측면에서 앱이나 기기를 사용하는 방법은 적당히 훈련하면 누구나 익힐 수 있다. 디지털기기를 정말로 지혜롭게 사용하는 방법은 관계에 관한 것이다. 타인과 서로 어떻게 관계 맺을 것인가, 즉 신뢰와 조화에 관한 것이다.

미묘한 차이가 중요한데, 이런 기술들은 꽤 복잡하다. 테크놀로지 연구자 알렉산드라 새뮤얼의 조사에 따르면 부모의 지도를 받은 아이들은 디지털 세상에서 곤란을 덜 겪는 것으로 밝혀졌다.[3] 나는 새뮤얼이 말하는 디지털 기술이 내가 매주 워크숍에서 가족들에게 강조하는 내용과 맥을 같이한다는 점을 알고 뿌듯했다. 그녀가 연구에서 밝힌 핵심 기술이란 '온라인 커뮤니케이션의 비대면성非對面性 보완하기' '플랫폼마다의 규칙과 에티켓 이해하기' '보안에 대한 책임감을 갖추기'이다.[4] 이런 기술은 복잡하면서도 대단히 중요하며, 많은 어른들도 아직 제대로 익히지 못했다. 아이들에게 텍스트의 행간을 읽는 법, 지나치게 방어적으로 대응하지 않는 법, 자신이 제대로 이해했는지 곱씹어 보는 법, 그리고 맥락을 통해 책임, 프라이버시, 보안을 이해하는 법을 가르치기란 급변하는 세상에서 상당한 시간과 노력을 필요로 하는 일이다.

디지털 운영체제와 기기, 앱은 수시로 변화하며 앞으로도 꾸준히 진화할 것이다. 하지만 아무리 최신, 최고의 앱이 잇따라 사라지고 또 등장한다 해도 당신이 길러 준 시간 관리와 인간관계의 기술은 변함없이 아이의 버팀목이 될 것이다.

이 책은 네트워크로 연결된 세상에서 각종 문제를 헤쳐 나가는 아이들에게 당신이 좋은 대화 상대이자 조언자가 되도록 도와줄 것이다. 그리고 당신도 스스로 테크놀로지와 어떤 관계를 맺고 있는지 점검할 수 있을 것이다. 잊지 말자. 당신은 디지털기기를 현명하게 사용하는 데 있어 당신의 아이에게 그 누구보다 중요한 본보기이다.

우리가 키우고 있는 이 '디지털 원주민'은 대체 누구인가?
이 아이들의 세상은 우리가 자란 세상과 어떻게 다를까?

제1장

디지털 세상에서
아이 키우기

당신의 집에 디지털 세상이 쳐들어온 것 같은 느낌인가? 테크놀로지가 마치 식사 자리에 찾아온 불청객 같은가? 우리 생활이 이제 그만 '정상으로 돌아가길' 바라는가? 당신의 삶에 디지털이 갈수록 더 큰 자리를 차지하게 되어 스마트폰이 없던 시절에는 어떻게 살았는지 까마득한가?

온종일 일터와 사생활에서 테크놀로지를 이용하는 부모들조차도 때로는 테크놀로지가 가족의 일상에 미칠 영향을 걱정한다. 부모가 되어 보니 보드게임과 인형의 집을 갖고 놀던 단순했던 시절이 그립기만 하다. 예나 지금이나 집집이 다 있는 텔레비전은 통제하기 쉬워 보일 정도다.

먼저 가정의 필수품이 된 것은 데스크톱 컴퓨터였다. 그래도 집 안 한가운데에 컴퓨터가 놓여 있을 때에는 적어도 아이들이 뭘 하는지 감시할 수 있었다. 그러다가 기동성을 갖춘 노트북이 등장했고, 아이들이 우리의 시야를 벗어나게 되자 아이들의 미디어 환경을 훤히 들여다보기가 어려워졌다. 이제 많은 아이가 스마트폰을 들고 다니며 언제 어디서나 인터넷을 십분 활용(또는 악용)한다. 요즘은 아예 학생들에게 학교와 집에서 쓸 수 있게 태블릿 피시나 노트북을 제공하는 학교들도 많다. 따라서 부모는 그런 유비쿼터스 기술이 아이 키우기와 가정생활에 어떻게 어우러지는지 큰 틀에서 살펴보아야 한다. 삐삐와 휴대폰을 들고 자란 부모들조차 소셜미디어와 신종 게임들이 아이 키우기에 새로운 과제를 던지고 있다고 생각한다.

이런 과제를 어디서부터 풀어 나가야 할까? 일단 당신의 집을 한번 둘러보자.

가족의 기술: 관심, 공감, 창의력

이 책의 목표는 한마디로 당신의 집을 디지털 리터러시digital literacy*의 원천으로 만드는 것이다. 그렇다고 당신이 기술 전문가가

---

* 디지털(digital)과 문해력(literacy)의 합성어로, 직역하자면 '디지털 정보를 읽고 쓰는 능력'을 뜻한다. 디지털 리터러시는 디지털 시대에 갖춰야 할 역량으로서, 테크놀로지를 이용하여 정보를 검색·해석·가공·생산하는 것뿐만 아니라 미디어를 비판적으로 수용하며 타인과 올바르게 소통하고 교류하는 태도, 더 나아가 변화하는 사회에 적응하고 대처하는 능력을 포괄하는 개념이다.

되어 온갖 디지털기기와 앱을 섭렵해야 한다는 뜻은 아니다. 당신이 맡은 역할은 멘토다. 새로운 테크놀로지의 잠재력과 위험성을 파악하고, 네트워크로 연결된 세상에서 아이가 겪는 사회적, 정서적 경험을 이해하고 공감해 주는 것이다. 이 문제에 대해 다른 부모들과도 진솔하게 대화를 나눌 수 있다면 당신의 가족에게도 도움이 되고 그들도 당신에게 고마워할 것이다.

디지털 시대에 균형 잡힌 삶을 살아가려면 때때로 주의를 산만하게 하는 갖가지 유혹의 탐욕스러운 손아귀에서 가족을 떼어 내야 한다. 우리 집에서는 부모인 내가 제일 산만한 편이다(많은 부모가 공감할 것이다). 나는 부모와 학교를 돕기 위한 '디지털 원주민 키우기'의 창설자이자 운영자이다. 소셜미디어에 포스팅하고 이메일에 답하고 블로그에 글을 쓰는 것을 비롯한 일상적인 일들이 하루 24시간, 일주일 내내 이어진다. 나처럼 자기 사업을 운영하든 더 큰 조직의 일원이든, 일터와 가정을 구분 짓기가 지금처럼 어려운 시절은 없었다. 우리는 우리 부모 세대보다 동료나 고객과 손쉽게 연락할 수 있고, 아이와 함께 있을 때도 예외는 아니다. 일이 따라오지 못하는 곳은 없다. 이른 아침이나 밤늦게라도 업무 이메일을 확인해야 직성이 풀리니 일과 가정생활의 균형이 흔들리는 것도 무리는 아니다. 당신도 인정할 것이다. 집에서 아이 간식거리나 숙제, 설거지 따위의 현실적인 문제들과 씨름하다 보면 이메일과 트위터는 깔끔하고 유익하게 느껴진다는 것을 말이다.

물론 디지털은 가족관계에 도움이 되기도 한다. 일례로, 멀리 사는 가족과도 손쉽게 연락할 수 있다. 하지만 디지털 기술은 가족을 단절시키기도 한다. 사회심리학자 셰리 터클은 가족 간 소통을 빗대어 "함께 있어도 외로운alone together"이라는 표현을 썼는데,[1] 이에 공감하지 않을 부모가 몇이나 될까?

가족으로서 우리는 무엇을 공유하고 있는지 따져 봐야 한다. 가족 서로 간에뿐만 아니라 대외적으로도 말이다. 가족 앨범은 소셜미디어로 옮겨 갔고, 이제 사진을 인화하거나 가족끼리 함께 보지도 않는다. 그런데도 우리는 아이의 사진을 얼마나 많이 포스팅하는가? 그럴 때 아이의 기분이 어떤지 물어본 적이 있는가? 이제는 관심을 가져야 할 때다. 어떤 부모들은 틈만 나면 아이들의 사진과 이야기를 인터넷에 공유한다. 우리는 그것들을 누가 보는지 신중히 생각해 봐야 한다. 요즘 세상에 얼마나 많은 사람이 볼 수 있겠는가? 우리는 아이의 허락을 받아야 한다.(진심으로!) 이 책의 뒷부분에서 아이에게 허락을 구하는 방법을 자세히 소개하겠다. 부모의 이런 자세가 아이들이 소셜미디어를 슬기롭게 이용할 수 있도록 대비해 줄 것이다.

오늘날 아이들은 미디어를 소비할 뿐 아니라 테크놀로지를 이용해 미디어를 창조한다. 아이들이 무엇을 만들고 공유하는지 살펴보면 아이들의 문화와 세상을 더 잘 읽을 수 있다. 관심을 가지고 들여다보면 아이들의 디지털 세상이 더 잘 보인다. 평소에 그 안에서 어떤 일로 웃고 울며 남들과 어떻게 소통하는지 이해할 수 있다. 우리가 공감해 주면 아이들은 실수를 저지르더라도 잘 수습할 수 있다. 그리고 앞으로 온라인 환경에서 겪게 될 여러 어려움에도 유연하게 대처할 수 있다. 이 책은 디지털로 얽힌 세상에서 마주하는 여러 난관을 당신과 아이가 함께 창의적으로 헤쳐 나갈 수 있도록 몇 가지 전략을 제시할 것이다.

디지털 세상에서 아이 키우기

끊임없이 연결되는 디지털 시대에 달라진 양육 풍경을 생각해 보자. 우리도 전화와 텔레비전, 그리고 간혹 데스크톱 컴퓨터까지 있는 환경에서 자랐지만, 우리 아이들 세대의 디지털 생활에는 결정을 내려야 하는 순간이 훨씬 더 많다.

집에 있던 애플 IIe*로 대학 지원서를 쓸 때만 하더라도 나는 컴퓨터를 이용한 문서 작성이 그저 놀랍기만 했다(타자기로 숙제하던 시절이었다). 그때는 딴짓할 인터넷이 없었다. 유혹이라면 친구나 소설책, 아니면 텔레비전 쇼 정도였다. 오늘날 우리 아이들은 숙제

---

* 애플(Apple)사가 1983년에 출시한 가정용 컴퓨터.

를 하려고 책상 앞에 앉아도 잠재적 방해 요소가 너무 많다. 유혹에 빠지지 않고 집중해서 과제를 끝내려면 아이들 대부분은 어른의 도움과 지도가 필요하다.

소셜네트워크로 이어진 아이의 새로운 친구 범위는 당신에게도 도전일 수 있다. 아이를 지도할 때 당신 자신의 경험에 기댈 수 없다는 생각이 종종 들 것이다. 왜냐하면 아이의 세상이 너무 낯설고 너무 빨리 변해서 따라잡기 벅차기 때문이다.

아이의 디지털기기 사용을 어떻게 관리하든, 우리는 다른 부모에게 평가받는 기분이 들 수 있다. 집집마다 이 문제를 대하는 방식과 범위가 달라서 어떤 부모는 우리가 너무 무르다고 생각하고 어떤 부모는 우리가 너무 엄격하고 유난스럽다고 여길 수 있다. 결국, 이러니저러니 해도 손가락질받는 느낌을 떨치기 어렵다. 하지만 남이 흉볼까 봐 두려워 터놓고 이야기하지 않으면 우리는 중요한 기회를 놓치게 된다. 내가 이 책을 쓰고 부모 교육 프로그램을 진행하는 가장 큰 목적 가운데 하나는 부모들이 디지털 원주민을 키우면서 마주치는 기쁨과 고충을 솔직하게 털어놓도록 하려는 것이다. 이 책은 아이와의 대화뿐 아니라 배우자, 다른 양육자와 보호자, 주변 부모들과의 대화창을 열어 줄 것이다. 이 문제에서 우리는 혼자가 아니다. 나 또한 디지털 원주민을 키우는 한 사람으로서, 바로 여기서 당신을 도울 것이다.

주변 부모들과 좀 더 열린 대화를 나눌수록 우리는 아이들 세대의 요구에 더 잘 대비할 수 있다. 그 대화의 목적이 진정 돕고자 하는 열린 마음에서 우러나온 것일 때는 더욱 그렇다. "저는 종종 테크놀로지에 압도당하는 느낌을 받아요. 어디서부터 규칙을 정해야 할까요? 댁에서는 어떻게 하세요?"라고 다른 부모에게 가볍게 말을 걸어 보자. 이만하면 열린 대화의 초대장으로서 훌륭하다.

내가 자주 접하는 또 다른 근심은 부모가 요즘 시대에 발맞추지 못하면 아이가 따돌림당할지도 모른다는 것이다. 이 근심은 두 가지로 드러나는데 '차세대 혁신 기술next big thing'에 대한 지식과 그것의 구매 여부다. 가령 초등학교 3학년 아이의 같은 반 친구 하나가 어떤 디지털기기나 앱을 가지고 있다면 당신의 아이도 그것이 '필요'하다고 느낄 것이다. 이때 당신은 아이에게 '제대로 된' 도시락통이나 운동화를 사 줄 때와 비슷한 충동을 느낄 수 있다. 차이라면 스마트폰이나 웨어러블 기기*나 태블릿 피시처럼 인터넷 접속이 가능한 기기를 사들이는 것이 훨씬 더 큰 결정이라는 점이다. 그것은 아이에게 완전히 새로운 세상을 열어 줄 테니 말이다. 당신은 아이가 제대로 준비되었는지 확인해야 한다.

당신이 속한 공동체가 '최신 문물'을 발 빠르게 받아들이는 편이라면 그 흐름을 거스르기 위해서는 의지와 결단력이 필요하다. 하지만 그런 공동체 안에도 아이에게 수수한, 심지어 선물도 없는 생일

---

* 입거나 몸에 붙여 휴대할 수 있는 정보통신 기기.

파티를 열어 주는 부모들이 있다. 그리고 그런 사람들에게서는 남에게 과시하기 위해 테크놀로지를 사들이거나 아이의 손에 쥐여 주지 않겠다는 의지가 엿보인다. 그런 이들을 찾아 교류하자. 그리고 왜 최신 기기를 사들이는 게 당신의 생각에는 부적절한지 당신의 6학년 아이와 솔직하게 이야기해 보자.

바로 이 지점이 금융 이해력^{financial literacy}이 발휘될 대목이다. 당신의 초등학생이나 중학생 아이는 특정 물건의 가격에 대해 별생각이 없을 것이다. 만약 아이들이 어떤 물건의 가격을 자기 용돈이나 아르바이트 시급과 연결 지어 생각할 수 있다면 왜 당신이 뭔가를 신나게 사들이지 않는지 쉽게 이해할 것이다.

가족이 하나의 기기를 함께 쓴다 해도 부모는 아이가 그것으로 수시로 이메일을 주고받고 웹 서핑을 하기를 바라지는 않을 것이다. 아이가 어느 정도의 나이가 되면, 기기를 사 주든 사 주기를 미루든 둘 다 **상당한** 노력이 필요하다. 또래 대부분이 어떤 기기를 가지고 있고 그걸로 소통하는데 당신 아이만 그렇지 않다면 당신까지 시간을 뺏기고 번거로워질 수 있다.(다른 아이들이 당신의 아이와 약속을 잡으려고 **당신의** 휴대폰으로 문자메시지를 보낼 수도 있다.) 하지만 아이에게 기기를 사 줘도 문제다. 당신은 그 기기를 잘 활용하고 있는지 아이와 주기적으로 대화할 수 있을 거라고 기대하지만 어림도 없는 소리다. 디지털 시대에 중학생 아이를 키우는 일은 그리 만만하지 않다.

부모들이 내게 종종 털어놓는 또 다른 두려움은 아이들이 뭔가에 너무 빨리 눈을 뜬다는 것이다. 당신은 아이가 아이답게 크기를 바랄 것이다. 솔직히 아이들은 소셜미디어와 문자메시지에 많은 영향을 받는다. 하지만 또 한편으로 생각해 보면, 초등학교 저학년 정도의 아이들은 컴퓨터나 휴대폰으로도 '꼬맹이' 짓을 한다. 최신 유행 스타일로 게임 캐릭터를 꾸민다든지, 화장실을 쓰고 나서 변기 안의 '흔적'을 카메라로 찍기도 한다. 의젓함은 아홉 살짜리에게 기대할 게 못 된다. 부모와 교사는 아이들의 이런 행동, 특히 후자에 충격을 받곤 하는데, 그럴 때마다 나는 아이들이 오프라인에서 어떻게 행동하는지 돌아보라고 말해 준다. 애들은 애들이다. 한낱 디지털기기 따위로 그 점이 바뀌지는 않는다.

테크놀로지에 관해 아이들을 좀 더 적극적으로 멘토링하고 싶다면 부모 스스로 기기를 신중하게 사용하는 모범을 보이고, 오프라인 환경에서 보낼 수 있는 시간을 만들고, 실수를 수습하는 법을 가르치는 데 집중하자. 우리 부모들은 아이가 게임이나 그룹 채팅, 소셜미디어에서 겪을지 모르는 나쁜 일을 막는 데 집중한 나머지 문제를 어떻게 해결할지 본을 보이는 일을 간과하곤 한다. 문제는 생기게 마련이다. 전문가들은 디지털 세상에서 저지른 실수를 돌이키는 일을 이미 짠 치약을 도로 튜브에 넣는 일에 비유한다. 한번 짠 치약은 '다시 넣을 수' 없다. 그저 닦아 내는 수밖에!

부모의 테크놀로지 사용에 대한
아이들의 생각

아이 키우기는 물론 쉽지 않다. 하지만 새로운 세상에서 살아가는 아이의 삶도 녹록지 않다. 여기서 잠시 상대방의 관점에서 바라보는 것도 의미가 있겠다. 다음은 초등학교 5학년 아이들이 작성한 '부모님이 지켰으면 하는 규칙'으로, **당신의** 테크놀로지 사용 습관에 대해 아이들이 어떻게 느끼는지 알려 준다.

- 말없이 운전하지 않기. 집에 가는 내내 엄마가 이어폰을 끼고 묵묵히 운전하는 게 싫다.
- 텔레비전을 너무 큰 소리로, 밤늦게까지 시청하지 않기. 잠을 잘 수가 없다.
- 운전 중에 휴대폰으로 대신 문자메시지를 보내 달라고 하지 않기.
- 여럿이 식사하거나 대화하는 자리에서 통화나 문자메시지 자제하기.
- 허락 없이 내 사진을 페이스북에 올리지 않기.
- 통화 시간을 30분으로 제한하기. 가끔은 이모와 두 시간씩 통화한다고요!
- 전화통이나 이메일을 두 시간 넘게 붙들고 있으면서 '5분만'이

라고 말하지 않기.

아이들은 커 가면서 부모와 시간을 덜 보내고 싶어 한다.(전과 마찬가지로 부모를 필요로 하면서 말이다!) 그리고 수치심에 더욱 예민해진다. 중학교 1학년 여자아이들은 엄마가 '셀피selfie' 같은 단어나 'LOL'* 'BRB'** 같은 채팅 약어를 현실에서 쓰면 민망해서 어쩔 줄 모른다.

나는 어린이부터 청소년까지 다양한 연령집단과 만나 워크숍과 현장 연구를 진행하면서 견문을 넓혔다. 이 책에서는 **아이들의 관점**을 최대한 많이 보여 주고자 한다. 아이들이 내게는 부모님이나 선생님과는 좀처럼 나누지 않는 얘기들을 들려주니까!

부모들이 걱정하는 것

나는 미국 전역을 비롯해 여러 나라의 학부모들과 교류하는데, 부모들은 늘 내게 '아이들이 디지털기기로 뭘 하는지' 걱정된다고 말한다. 아이 방에 가 보면 아이가 친구들과 스크린만 들여다보고 있다는 것이다. 부모들은 토로한다. "우리 아이가 사회성이 떨어질까

* laugh out loud, '너무 웃겨'라는 뜻.
** be right back, '곧 돌아올게'라는 뜻.

봐 걱정이에요. 게임에 중독될까 봐 걱정이에요. 디지털기기를 두 개씩 쓰면서 멀티태스킹을 하는데, 그러다 아무것에도 집중하지 못할까 봐 걱정스러워요. 음란한 사진을 찍을까 봐, 음란물에 대한 이야기를 듣거나 음란물을 받아 보고 순수함이 파괴될까 봐 걱정이에요. 사이버 왕따의 가해자나 피해자가 될까 봐 걱정스러워요. 협박 메일을 받을까 봐 걱정스러워요…… 뭘 하는지는 정확히 모르겠지만 하여간 걱정스러워요." 디지털기기에 빠진 아이로 인해 부모들이 불안해하는 점들은 다음과 같다.

아이의 사회성이 떨어질까?

이제는 익숙하다, 아이가 눈을 내리깔고 손안의 기기만 들여다보고 있는 수동적인 모습이. 당신의 아이는 게임이나 다른 무언가에 푹 빠져 있다. 꼬박 한 시간, 혹은 그 이상을 꼼짝도 안 한다. 세상과 완전히 단절되어 있다. 바깥으로 내보내려고 잔소리를 하다가는 자칫하면 분통이 터질 수도 있다.

부모들은 아이가 디지털기기에 중독될까 봐 걱정스럽다고 늘 말한다. 아이가 세상과 단절되어 홀로 삐딱하게 자랄까 봐 두려워한다. 아이의 사회성이 디지털기기의 영향을 받아 안 좋은 쪽으로 굳어질까 봐 염려한다.

이런 가능성 때문에 아이에게는 부모의 도움이 어느 때보다 절실

해졌다. 요즘 아이들은 훨씬 복잡한 세상 속에서 살고 있다. 테크놀로지는 아이가 사회성을 기르는 데 더 많은 도움이 필요하다고 우리를 일깨우는 한 가지 요소일 뿐이다.

아이가 제대로 지도받고 있는 걸까?

요즘 아이들은 해가 질 때까지 바깥에서 놀기보다 부모의 눈앞에서 노는 시간이 더 많다. 오늘날 부모들은 훨씬 적극적으로 아이들의 친구 관계를 관리한다. 하지만 그것도 다 때가 있다. 아이들이 중학교에 들어가면 부모의 밀착 관리 습성은 커다란 벽에 부딪힌다. 이제 아이들은 대개 스스로 고민하여 갈등을 해결하고 껄끄러운 부분을 조율하려 들기 때문이다. 엄마가 놀이 약속을 잡아 주던 교제 방식에서 사회적 홀로서기("자, 여기 휴대폰을 줄 테니 이제 친구들과 채팅하면서 놀아라.")로의 이행은 가파르다. 게다가 그 이행 과정을 사춘기의 온갖 변화와 함께 겪는 십 대 초중반 아이들에게는 곳곳에 위험이 도사리고 있다. 엄마가 놀이 약속을 잡아 주는 것에 익숙하던 많은 어린아이들이, 현실 세계에서 차근차근 방향을 찾고 범위를 넓혀 가는 대신 요즘은 자신의 디지털기기를 이용해 스스로 친구 관계를 관리한다. 어떤 보조 바퀴나 지침도 없이 말이다.

한 가지 반가운 소식은 아이들이 사회적으로 필요한 기술을 익히도록 도울 방법들이 있다는 것이다. 낯을 가리거나 사회성이 부족한 아이들은 우리가 자랄 때 배운 '자연스러운' 친구 사귀기를 통해 자립할 수 있다. 모든 아이가 친구 사귀기와 대인관계 기술을 배울 필요가 있다는 관점은 요즘 교과과정에서 큰 부분을 차지한다. 실제로 테크놀로지가 친구 사귀기에 어려움을 겪는 아이들에게 도움이 되기도 한다. 하지만 대부분의 아이, 심지어 매우 활달한 아이라도 책임감 있게 소셜미디어 기능을 이용하도록 어느 정도는 이끌어 주어야 한다.

사회적 교류 방식이 가파르게 이행할 때 부딪히는 어려움은 집집마다 약간씩 다르다. 하지만 부모라면 누구나 아이가 테크놀로지를 최대한 잘 활용하도록 지도할 기술을 갖추고 있다는 것이 내 생각이다. 물론 디지털기기는 부정적인 행동을 촉발하기도 한다. 혹은 그런 행동이 이전 세대와 달리 기록으로 남기 때문에 어른들의 눈에 더 잘 띄는 것일 수도 있다. 하지만 우리가 바람직한 행동을 가르친다면 아이들은 디지털기기를 건전하게 사용할 수 있다. 그러면 아이와 당신 모두의 삶에 테크놀로지가 긍정적인 영향을 미칠 것이다.

또래 간 불화가 늘어날까?

많은 부모가 이제 막 소셜네트워크에 입문한 십 대 초중반 아이에게서 감정의 홍수를 목격하게 된다. 개인 디지털기기나 소셜미디어 계정이 있든 없든, 아이들은 보통 사춘기에 접어들면서 '불화drama'

를 겪는다. 또래와 자신을 비교하고 소외감을 느낀다. 특히 게임을 하는 아이들에게는 (불화라기보다 단순 갈등이겠지만) 문제를 겪는 시기가 더 앞당겨지기도 한다. 디지털기기 자체가 급격한 감정 변화를 불러일으키지는 않지만 분명 심화시킬 수는 있다.

불화에 쉽게 엮이는 연령대와 성격이 따로 있기는 하다. 당신도 직장 동료나 친구 중에 그런 어른 한 명쯤은 떠올릴 수 있을 것이다. 불화와 갈등은 엄연히 삶의 일부다. 관건은 그것을 어떻게 다루느냐다. 부모로서 당신은 아이가 불화를 부추기고 즐기는 편인지, 아니면 적절히 피하거나 무시하는 편인지 눈여겨볼 필요가 있다. 만약 아이의 성향이 그 중간쯤이라면 좀 더 신중하고 정직하게 행동하도록 지도할 기회가 있다. 하지만 그 불화 때문에 아이가 따돌림을 당하거나 속상해한다면 좀 더 적극적으로 경계선을 정하도록 도와주어야 한다.

디지털 시대의 사회적 불화에 관해서는 이 책의 뒷부분에서 자세하게 다룰 것이다. 그 전에 오늘날 아이들이 빚어내는 불화에는 어떤 종류가 있는지 몇 가지 예를 들어 보겠다.

- 또래의 휴대폰을 빼앗아 누군가에게 짓궂거나 짜증 나는, 유치한 문자메시지를 보낸다.
- 민망하거나 악의적인 사진을 공유한다.
- 익명으로 근거 없는 소문을 퍼뜨린다.

- 두 친구 사이를 이간질한다.
- 누군가가 자기를 언팔로^{unfollow}한 사실을 '생각 없이' 지적한다.
- 어떤 사이트에 익명으로 누군가에 관해 묻는 글을 올린다.
- 소셜미디어 사이트에서 댓글로 갈등을 불러일으킨다.
- 그룹 채팅방에서 누군가에게 '여기에 끼지 말라'는 뜻을 돌려 말한다.

이런 행동은 아이의 삶에 스트레스를 주며 그 자체로 부정적인 영향을 끼친다. 이 경우 당신은 아이를 다른 공동체나 스카우트, 청소년단체에 연결해 주는 것을 고려해 볼 수 있다. 인터넷 연결은 끊어도 상관없다! 목적을 가지고 오프라인에서 시간을 보내는 일은 평소에 온라인에서 받은 상처를 치료해 주는 연고가 될 수 있다. 우리는 아이에게 바람직한 테크놀로지 사용 습관을 길러 주고 싶지만, 그렇다고 그 일에 24시간, 일주일 내내 매달려야 하는 것은 아니다. 적절한 쉼은 약이 되고 심신을 재정비하는 데 좋다. 우리 어른들에게도 말이다!

아이에게 그룹 채팅이나 소셜미디어에서 못되게 구는 아이를 본적이 있는지 물어보자. 아이가 어떤 일을 전하든 예삿일이니 놀라지 말자. 과민 반응하지 않는 것이 중요하다. 이 책에서 이런 상황을 헤쳐 나가는 방법과 외부의 도움이 필요한 시점을 알려 주겠다.

아이가 프라이버시를 제대로 이해하고 있을까?

내가 부모들에게서 흔히 듣는 불평 중 하나가 "요즘 아이들은 프라이버시 개념이 없어요!"이다. 이 말의 정확한 의미는 요즘 아이들의 프라이버시 개념이 우리 세대와 다르다는 것이다. 요즘 젊은이들은 '공개'의 의미를 다르게 받아들이며 좀 더 '열린' 삶을 살고 있다. 장담하건대 우리가 이를 작정하고 못마땅해하면 아이의 멘토가 될 엄청난 기회를 놓칠 것이다. 차라리 현실을 직시하고 우리 아이들이 개인정보를 더 잘 관리하도록 이끌어야 한다.

공유 문화는 이제 청소년과 성인 사이에 두루 뿌리내렸기에 우리가 간단히 없앨 수 없다. 자신의 일상을 끊임없이 공유하는 행위에는 물론 실질적인 위험이 도사리고 있으니, 우리는 아이들이 적절한 경계선을 찾도록 도와야 한다. 현명하고 신중하게 공유하도록 가르칠 필요가 있다.

프라이버시에 대한 아이들의 생각

아이들은 소셜미디어에 접속할 때 그곳이 공개된 공간이라는 사실을 잘 알고 있다. 이는 십 대 초중반 아이들을 만나 이야기할 때마다 접하는 사실이다. 그럼 이들은 어떻게 프라이버시를 보장할까? 아이들은 암호를 사용해 프라이버시를 '생성'한다. 자기들끼리만 이해할 수 있는 모호한 표현을 만들어 내는 것이다. 그렇게 하면 열린 공간에서 약간의 프라이버시(적어도 자기들 딴의 생각으로는)를 보장하면서 끼리끼리 어울릴 수 있다. 다만, 그러면서도 자신들이 드러나길 원한다. 자신들의 존재와 행동이 또래의 눈에 띄길 바란다. 잊히거나 존재감이 사라질까 봐 내심 불안해한다.

나는 중학생들을 대상으로 여러 문제에 대해 공개와 비공개의 당위성을 따져 보는 실습을 진행한다. 그 반응은 나이와 상황에 따라 다양하다. 예를 들어 아이들에게 부모의 이혼 소식 같은 가족 얘기를 어떻게 다룰 것인지 물어본다. 아이들은 대부분 친구 부모님의 이혼 결정은 다른 친구가 전달할 소식이 아니라는 데 동의한다. 당사자의 허락 없이 그런 소식을 공유한다면 화가 날 것이라고 말한다. 그런가 하면 "이혼이 뭐 어때서?"라거나, "친구의 일이라면 내가 도움을 줄 수도 있으니 알고 싶어."라고 말하는 아이도 많다. 이러한 사려 깊은 반응은 칭찬할 만하다.

안전이냐 프라이버시냐

나는 아이들과 나눈 많은 대화를 바탕으로 9·11 테러 이후의 세상에서는 아이들이 프라이버시보다 안전을 더 중시한다는 가설을 세웠다. 중고생 정도의 아이들은 정부가 자신에 관한 데이터를 열람해도 '숨길 게 없으니' 괜찮다고 종종 말한다. 게다가 각종 브랜드와 기업이 자신들의 취향을 파악하고 있다는 사실이 소름 끼치기보다는 편리하다고 생각한다.

우리는 그 편리함을 대가로 우리에 대한 데이터를 넘기고 있다는 점을 아이들이 이해하길 바란다. 물론 우리도 이 구조에 대체로 동의한다. 나는 그 옳고 그름을 따지려는 게 아니다. 하지만 현실을 인식하고 있는 것은 중요하며 그래야 아이들을 안전하게 보호할 수 있다. 일단 지금 파악해야 할 요점은? 아이들도 어느 정도는 프라이버시를 원하지만 그들이 생각하는 프라이버시는 우리와 사뭇 다르다는 사실이다. 그 프라이버시는 부모님과 선생님은 물론, 자기 또래로부터도 벗어난 영역일 수 있다!

아이가 지워지지 않을 기록을 남기고 있는가?

나는 다음과 같은 부모들의 걱정을 자주 듣는다. "아이가 중학교 1학년 때 올린 한심한 게시물이 아이의 앞날을 망칠 가능성이 있을까요?" 그럴 가능성은 희박해 보이지만, 온라인에서 공유하는 정보는 그 특성상 누구나 볼 수 있고 끈질기게 남을 우려가 있다. 우리는 게시물을 올릴 때마다 그것이 공개적이고 영구적이라는 사실을 염두에 두어야 한다. 순간 멈칫하게 되지 않는가?

디지털 프라이버시에 대한 우려는 일상적이지만 학교마다 접근 방식이 다르기에 나는 당신의 아이가 학교에서 좋은 관행만을 배우리라고 생각지는 **않는다**. 우리는 디지털 세계의 무분별함을 문화적으로 조율할 필요가 있지만 아직 이렇다 할 합의는 없는 상황이다.

나는 열여덟 살이 되기 전에 올린 게시물은 미성년자의 범죄 기록처럼 아예 삭제되길 바란다. 적어도 심각하게 받아들여져서는 안 된다고 본다. 온라인에서 공개적으로 활동하는 아이를 어떻게 지도해야 하는지는 9장에서 설명하겠다. 아이가 아주 어리다면 당신은 아이의 디지털 발자국digital footprint을 대신 기록하는 작가인 셈이다. 아이의 무엇을 공유하고 포스팅할지 심사숙고하자. 그리고 아이가 여섯 살에서 여덟 살 정도라면 소셜미디어에 사진을 올리기 전에 먼저 허락을 구하자. 만약 아이가 사진을 찍거나 공유하길 거부한다면 그 목소리에 귀를 기울여야 한다.

아이가 사이버폭력을 당할 위험이 있는가?

놀이터가 등장한 이래 괴롭힘은 늘 있었다. 애들은 천생 애들이고, 때로는 선을 넘어 위험한 행동을 하기도 한다. 왕따 문제가 어제오늘 일은 아니지만 테크놀로지로 한층 복잡해진 세상에서 이제 왕따 가해자는 피해자에게 새로운 수법으로 접근한다. 그리고 우리는 부모(와 교사)로서 이 새로운 방식을 이해하고 그것에 대처할 필요가 있다.

우선, 아날로그 세상에서와 마찬가지로 디지털 세상에서도 일상에서 흔히 주고받을 수 있는 정도의 마음의 상처와 그보다 심각한 행동을 구별해야 한다(이 문제에 관해서는 6장에서 자세히 설명하겠다). 위험해지는 시점은 어떻게 아는가? 당신의 직감을 믿자. 왕따 사건이 자주 일어난다는 것은 그것의 강도와는 별개로 위험 수위에 다다랐다는 지표다. 아이가 심한 욕설과 협박, 공갈의 대상이 되면 상황은 매우 감정적으로 치닫게 마련이다. 이런 문제를 해결하려면 아이와 부모 모두 고생할 수밖에 없다.

우리는 아이들에게 도움을 청할 시점을 분명히 알려 주어야 한다. 나는 아이들과 대화하면서 누가 누구에게 협박성 이메일을 보냈다더라, 위협을 가했다더라 하는 얘기를 숱하게 들었고 그보다 더 심각한 얘기도 있었다. 우리는 아이들이 타인에게서 위협이나 강요를 당하면 반드시 부모를 찾도록 만들어야 한다. 누군가가 해를 가하려 하면 당신이 도와주리라는 것을 아이에게 알려 주자. 당신은 무조건 자신을 도울 것이라고 아이가 느껴야 한다. 설사 아이가 규칙을 어기고 당신이 금지한 소셜미디어 플랫폼을 이용했더라도 말이다. 아이의 안전은 최우선 사항이며 그 누구도 함부로 해서는 안 된다! 언제든 부모에게 도움을 청해도 된다는 사실을 아이가 분명히 알고 있다면 "네가 한 짓을 너희 부모님에게 알리겠어." 같은 왕따나 괴롭힘 가해자의 협박은 별 효과가 없게 된다.

물론 규칙과 경계선을 정하는 일은 부모인 당신의 몫이다. 학교나 지역 사법기관이 아이들의 왕따와 괴롭힘 문제를 다루는 데는 일관된 기준이 없기 때문이다. 괴롭힘이 지속되는 상황에서 당신이 할 수 있는 가장 중요한 일은 가해자의 연락을 차단하는 것이다. 이렇게 하면 아이를 안전하게 보호할 수 있다. 다만, 친구들과 갑자기 단절되면 아이는 그것을 벌이라고 생각할 수 있다는 점도 염두에 두어야 한다.

아이는 상황의 심각성을 당신과 다르게 인지할 수 있다. "어디 가서 말하면……"이라는 말은 두말할 나위 없는 협박이다. 이를 제대로 설명해 주면 아이는 자신에게 거부할 권리가 있고, 그런 공격적인 언행이 멈춰져야 한다는 사실을 깨달을 것이다.

왕따나 괴롭힘을 당하는 것에 비하면 아이들은 불화로 인한 감정기복이나 무리에서 소외될지도 모른다는 두려움은 훨씬 잘 극복할 것처럼 보인다. 하지만 아이가 조금이라도 소외당하는 기분이 든다는 것을 알게 되면 심각하게 받아들여야 한다. 괴롭힘 사건에 비교적 잘 대처하는 학교들이 있다. 아이가 또래 아이들에게 부당한 취급을 받을 때 아이의 학교에 지원방안이 잘 마련되어 있다면 학교와 협력하여 도움을 받을 수 있다. 그리고 사회복지사나 어린이, 청소년의 사회적 문제에 경험이 풍부한 심리학자와의 상담을 알아볼수도 있다.

아이가 부적절한 콘텐츠를 보고 있지는 않을까?

말할 필요도 없이 인터넷은 아이가 보지 않았으면 하는 것들로 가득하다. 폭력, 성적인 내용, 그 밖의 자극적인 성인용 콘텐츠들은 어린이의 세계에 있어서는 안 될 것들이다. 아이들이 불쾌한 콘텐츠에 노출될지도 모른다는 두려움은 과대망상이 아니다. 당신의 아이가 일부러 부적절한 이미지를 찾아보지 않는다고 해도 이 문제는 반드시 등장한다.

만약 당신의 아이가 음란물이나 기타 부적절한 콘텐츠를 본다면 어떻게 하겠는가? 유치원생에서 초등학교 2학년 사이 정도의 아주 어린 아이라면 당황할 필요는 없다. 아이에게 "무엇을 봤니?"라고 물어보자. 당신이 화가 나지 않았다는 것을 알려 주고, '어린이용이 아닌' 것을 보게 해서 미안하다고 말하자. 그리고 "기분이 어떠니?"라고 물어서 스스로 말할 틈을 주자.

아이의 연령에 따라 대화의 양상은 달라질 수 있다. 어떤 엄마가 내게 말하길, 여섯 살 딸의 동갑 친구가 그 집에 놀러 간 딸에게 음란물을 보여 주었다고 했다. 이 엄마는 딸이 부적절한 성적 행위를 따라 할까 봐 겁에 질린 나머지, 그런 짓을 했다가는 '어린이 감옥'에 갈 거라고 딸에게 으름장을 놓았다.

그 엄마의 당혹감은 이해할 만하지만 두려움이 깔린 부모의 반응은 도리어 아이의 호기심을 키울 수 있다. 최대한 침착하게 말해야 한다. 네가 본 것은 어른들을 위한 것이지 아이들을 위한 것이 아니며, 심지어 대부분의 어른들도 그런 비디오는 보지 않는다고 설명해야 한다. 그리고 이렇게 덧붙이자. "네가 그런 걸 또 보지 않도록 엄마가 도와줄게."

아이들은 또래 압력에 약하다. '소외 공포fear of missing out, FOMO'는 괜히 생긴 말이 아니다. 그렇기 때문에 압력을 받는 상황에서 벗어날 수 있는 언어를 알려 주어야 한다. "이건 어린이용이 아니야. 나는 보고 싶지 않아."라고 말하며 단호하게 등을 돌리고 컴퓨터나 다른 기기의 전원을 꺼 버릴 힘을 길러 줘야 한다. 이런 이야기는 되도록 문제가 발생하기 **전에** 나누는 것이 좋다.

우연히 본 게 아니라면?

당신의 아이가 초등학교 고학년 이상이라면 호기심에서 부적절한 콘텐츠를 찾아볼 가능성이 크다. 아이가 그런 짓을 하리라고 믿고 싶지 않은 부모에게는 받아들이기 힘든 상황이다. 하지만 아이들의 호기심은 자연스러운 것이며, 아이들이 적절함과 부적절함 사이의 경계를 배우고 있다는 점을 잊지 말자. 다행한 점은 당신이 아이들을 돕기 위해 제때 나섰다는 것이다.

"어른들이 다른 어른들을 위해 만든 콘텐츠란다."라고 말해도 괜찮다. 그리고 여성을 비하하거나 성에 대한 편견을 드러내기 때문에 그런 콘텐츠를 싫어하는 어른도 많다는 사실을 알려 주자. 당신의 언어로 말하면 된다. 당신은 그 주제에 관해 분명한 생각이 있을 테고, 그 생각을 드러내서는 안 될 이유는 전혀 없다.

한 엄마가 자신의 아홉 살짜리 아들이 인터넷에 '섹시한 벌거벗은 여자'를 검색했다고 전했다. 그 아이는 평범하고 정상적인 관심을 지녔다고 할 수 있는, 따라서 제대로 된 정보가 필요한 아이다. 하지만 이런 아이도 다른 아이들과 마찬가지로 인터넷을 검색할 때 부모의 감독이 필요하다.

성교육 전문가 데버라 로프먼은 부모가 어린아이의 음란물 시청을 최대한 막아야 한다고 생각한다.[2] 로프먼은 맥락 없는 원색적 행위가 사람들에게 성관계에 대한 왜곡된 인식을 심어 준다고 본다. 그녀는 부모들에게 다음과 같이 조언한다. 아이가 음란물을 본다면 그런 행위가 실제 성관계와 얼마나 다른지 알려 주자. 또한 아이가 스스로 검색할 수 있는 나이라면 컴퓨터에서 '벌거벗은 사람'을 마주칠 수 있다고 알려 주고, 만약 보게 되면 부모에게 말해 달라고 부탁하자.

신디 피어스는 자신의 저서 『성 착취: 포르노로 둘러싸인 세상에서 아이에게 건강한 성 관념 길러주기Sexploitation: Helping Kids Develop Healthy Sexuality in a Porn-Driven World』에서 부모들의 모순을 지적했다. 그녀가 조사한 바에 따르면 음란물에 최초로 노출되는 나이는 평균 열한 살인데, 십 대 소년의 부모들은 인터뷰에서 아들의 음란물 시청을 한사코 부인했다는 것이다. 피어스는 말한다. "내가 인터뷰한 남자아이들은 대부분 자기 부모가 순진하다고 믿고 있었다. 부모님이 자기가 방에서 공부만 한다고 다른 부모에게 자랑하더라는 얘기를 남자아이들끼리 우스갯소리로 한다."[3] 피어스는 커 가면서 성적 욕망이나 판타지가 생기는 것은 정상이며, 다만 음란물에 현혹되면 나중에 준비가 되었을 때 실제 성관계를 즐기기 어려울 수 있다는 점을 아이에게 알려 줘야 한다고 강조한다.

내 강연에서 한 엄마는 자신의 중학교 2학년 아들이 휴대폰 음란물에 중독되었다고 털어놓았다. 부모가 그 사실을 알아채고 캐물었더니 아들도 멈추기 어렵다는 사실을 인정했다고 한다. 이렇게 아이가 스스로 변화를 원하는 상황이라면 휴대폰을 비롯한 각종 디지털 기기에 유해 콘텐츠 차단 기능을 설치하는 것이 나쁜 습관을 버리는 데 도움이 된다. 물론 친구를 만나거나 지역 도서관만 가도 필터링되지 않은 기기를 접할 수 있다. 하지만 인터넷 음란물의 유입 경로를 조금만 까다롭게 해도 충분히 도울 수 있는 아이들이 상당수 있다.

모르는 게 약이다

텔레비전이든 유튜브든 페이스북이든, 음란물 말고도 아이가 보지 않았으면 하는 콘텐츠는 매체마다 넘쳐난다. 나도 개인적인 경험이 있다. 내가 뉴욕시의 한 학교에서 학부모 대담을 진행하는 동안 내 다섯 살배기 아들은 집에서 내 아버지가 돌보고 있었다. 내 아버지가 10시 뉴스를 시청하는 동안 몰래 아래층에 내려온 아들은 뉴스에서 내보내는 끔찍한 폭력 행위를 목격했다. 행인이 제보한 그 영상은 이미 인터넷에 떠돌고 뉴스에서 되풀이되고 있었다. 내 아이가(심지어 어른도) 보지 않았으면 하는 그런 영상이었다. 나는 무서

위했을 아들을 어르면서 아이의 질문에 정직하게, 그러나 아들의 나이에 알맞은 방식으로 대답해 주었다. 그러고 나서 아버지와 남편과 함께 앞으로 어떻게 좀 더 주의할지 의논했다.

호기심은 아이들을 예상치 못한 곳으로 이끌 수 있다. 내가 아는 어떤 청소년은 기상이변 관련 영상을 즐겨 보는데, 얼떨결에 토네이도에 크게 다친 피해자의 모습이 생생하게 찍힌 영상을 보고 말았다. 유튜브 같은 여러 웹사이트는 적나라한 폭력 영상도 제공하기 때문에, 당신은 아이가 인터넷을 자율적으로 사용할 준비가 되었는지 자문해 볼 필요가 있다. 인터넷에서 무섭거나 불쾌한 것을 보게 된다면 어떻게 할지 아이와 미리 상의해 보자.

아이들은 생각보다 더 위험에 처해 있다

몰이해는 두려움과 불신을 낳는다. 내가 부모와 교사, 학교 관리자들에게 아이들의 디지털 생활에 관해 최대한 많은 정보를 제공하려고 애쓰는 이유다. 정보와 전략을 결합하면 당신은 디지털 시대에 일상을 둘러싼 난제들에 좀 더 유연하게 대처할 수 있다. 부모들이 자주 궁금해하는 문제 중에서 위치 정보 삽입geo-tagging*과 낯선 사람과의 대화를 살펴보자.

* 사진, 동영상, 블로그 게시물 등에 위치 정보를 표시하는 기능.

위치 정보 삽입

모바일 기기는 우리 문화에 어마어마한 변화를 불러왔다. 과장이 아니다. 십 년 전만 해도 우리는 친구나 배우자, 아이의 소재를 훤히 알 수 있으리라 기대하지 않았다. 아이가 수업을 듣거나 집에 오거나 바깥에서 노는 모습을 떠올려 볼 수는 있었지만 어디까지나 짐작에 그쳤다. 우리가 십 대 초반이었을 때만 해도 부모님은 우리의 행방을 실시간으로 알지 못했다.

적어도 내 부모님은 그랬다……. 경찰관이 내게 데버라 하이트너 본인 맞느냐고 묻던 일을 아직도 기억한다. 열세 살이던 나는 그때 친구와 뉴욕 시내에 있었다. 친구의 생일이어서 여느 교외 아이들처럼 그리니치빌리지 일대를 돌아다니며 선글라스도 써 보고 1달러짜리 조각 피자도 사 먹었다. 나중에 알고 보니 그때 친구의 부모님은 집에서 깜짝파티를 준비 중이었다. 친구는 그것도 모르고 밖에서 나와 싸돌아다니고 있었던 것이다! 경찰관은 그 상황이 성가시면서도 웃긴 모양이었다. 아이를 찾아 달라고 경찰을 부르다니, 요즘 같으면 상상도 못 할 일이다. 아이의 소재가 궁금하면 그냥 문자메시지로 어디냐고 물어보면 되는 데다 애초에 아이가 낯선 곳에 있을 경우도 거의 없으니까!

이제 우리는 서로 실시간으로 연락할 수 있지만, 위치 정보 공유라는 '새로운' 걱정거리도 생겼다. 우리는 포스팅할 때마다, 로그인할 때마다, 지금 어디에 있다고 메시지를 보낼 때마다 발자국을 남기고 있다. 당신이야 물론 부모로서 아이가 어디 있는지 알고 싶겠지만, 과연 누구나 알아도 괜찮을까? 그로 인한 위험성은 꽤나 명백하다.

낯선 사람과의 대화

어쩌면 당신이 모르는 누군가가 소셜미디어 플랫폼이나 온라인 게임을 통해 당신의 아이에게 접근할 수 있다. 인터넷에서는 누구나 익명의 존재가 되기 쉽고, 더 나쁘게는 어린이에게 접근하기 위해 또래인 척할 수도 있다. 실존하는 위험이지만 당황하기는 아직 이르다. 다행히 아이들은 대부분 낯선 사람과 연결되길 원치 않는다는 연구 결과가 있다. 아이들은 보통 이미 잘 아는 사람들과 소통하려고 테크놀로지를 이용한다.

하지만 아이들은 낯선 사람과도 곧잘 마인크래프트 같은 게임을 한다. 먼 지역에 사는 사람들과의 대화창을 열어 주는 앱도 즐겨 사용한다. 이처럼 일부 앱과 게임, 웹사이트는 장차 문제가 될 수 있다.

무엇보다 기억할 점은 아이가 특정 앱으로 무엇을 하는지 파악해야 한다는 것이다. 앱 자체는 무해하더라도 그 안에서의 행위가 중요하다. 누구와 함께 사용하는가? 그 안에서 어떤 경험을 하고, 어떻게 상호작용하는가?

당신은 물론 아이가 데이팅 앱이나 훅업hook-up* 앱처럼 아예 낯선 사람과의 만남에 초점을 맞춘 앱을 이용하지 않았으면 할 것이다. 새로운 앱을 설치할 때마다 부모의 허락을 받게 하는 방침도 썩 괜찮아 보이지만 아이들은 얼마든지 아이콘을 숨겨서 특정 앱이 없는 척할 수 있다. 감시는 보통 더 많은 감시로 이어지기 마련이다. 차라리 아이와 앱 사용에 대해 대화를 나누는 편이 상황을 파악하기에 더 좋다.

아이가 나쁜 일을 겪을 경우를 대비해 가장 좋은 보험은 부모에게 도움을 청하라고 미리 일러 주는 것이다. 후회할 만한 짓을 저질렀더라도 당신에게는 털어놓을 수 있다고 아이가 느껴야 한다. 아이가 자신이 혼자가 아니라고 느끼면 위험은 훨씬 줄어든다.

어떤 아이가 또래 아이의 돈을 빼앗았다는 이야기를 접할 때 당신은 피해 아동이 느꼈을 고립감을 이해할 필요가 있다. 아이들은 불합리하다는 것을 알면서도 가해자의 요구를 '들어주어야' 한다고 느낀다. 우리는 돈을 달라는 사람은 절대로 믿어서는 안 된다는 점을 아이에게 이해시켜야 한다. 부당한 요구에 굴복할수록 점점 더 만만하게 대하고 계속해서 괴롭힐 거라고 알려 줘야 한다. 이런 메시지는 대단히 중요하다. 아이들은 이런 상황에 빠지면 어떻게 벗어나는지 잘 모를 수 있기 때문이다.

* 육체관계를 우선시하는 가벼운 만남.

지식을 실제 생활로

디지털 안전 의식과 에티켓은 중요하다. 소셜미디어에 공유하는 위치 정보를 누구나 볼 수 있어도 괜찮은지, 아니라면 그 이유는 무엇인지 대화를 통해 아이의 생각을 알아보자. 안전 문제를 떠나서 누군가가 마음의 상처를 받을 수 있다는 점도 생각해 보았을까? 아이들은 소셜미디어에 특정 활동을 공유할 때 그 활동에 초대되지 않은 아이들이 서운해할까 봐 일부러 느지막이 게시하곤 한다. 가장 간단한 해결책은 위치 정보 삽입 기능을 끄는 것인데, 이 방법은 많은 가정에 도움이 된다.

디지털기기를 어떻게 활용하는 것이 가장 바람직한지 아이들과 이야기를 나눠 보자. 테크놀로지 사용의 문제점은 무엇일까? 어떤 이점과 어떤 위험이 있는가? 어떻게 하면 올바른 결정을 내릴 수 있을까? 앱이나 게임을 허용하는 우리 가족의 기준은 무엇인가? 인터넷을 연결할 때와 끊을 때의 기준은 무엇이며, 그 기준이 나의 가치관과 부합하는가? 이 모든 쟁점을 이 책 곳곳에서 자세히 다룰 것이다. 우리는 아이가 테크놀로지로 하지 않길 바라는 것들이 숱하게 많다. 하지만 이 책에서는 테크놀로지와 더불어 살아가는, 나아가 함께 **성장하는** 법에 초점을 맞추겠다. 일단 아이들의 디지털 생활을 슬쩍 들여다보는 것으로 시작하자.

아이들에겐 요령이 있지만 당신에겐 지혜가 있다.
당신은 퍼즐의 가장 강력한 조각을 쥐고 있는 셈이다.

제2장

아이들은 멀쩡하다

아이들은 테크놀로지를 본능적으로 터득하는 것처럼 보인다. 아무튼 배우는 속도가 빠르고 새로 나온 앱도 척척 다룬다. 하지만 그렇다고 아이들이 전체적인 그림을 이해하는 것은 아니다. 최대한 목적에 맞게 테크놀로지를 활용하도록 똑똑히 가르쳐야 한다. 그리고 최고의 선생님은 바로 당신이다.

예를 하나 들겠다. 다섯 살배기 아들이 내 휴대폰에 있는 앱을 한 폴더에 몰아넣고 폴더명을 '어른 앱Grown-Up Apps'으로 바꿔 놓았다. 철자가 다 틀린 걸 보니GROONUPPP, 분명 아들이 고사리손으로 벌인 소행이었다. 하지만 스마트폰 인터페이스를 조작할 수 있다고 해서 내 아들이 앱스토어에서 양질의 어린이용 앱을 고르거나, 인터넷 검색을 하거나, 더군다나 **자기** 스마트폰을 가질 수 있는 것은 절대 아니다!

여러 연구에 따르면 아이들은 테크놀로지에 능숙하긴 하지만 여전히 취약한 면도 많다. 일례로 요즘 아이들은 데이터를 평가하고 해석하는 데 비교적 서툴다.[1] 게다가 인터넷 검색 결과를 지나치게 신뢰한다. "구글에 물어봐 Just Google it."라는 말은 온갖 문제에 대한 해답처럼 들리지만, 우리는 부모로서 아이가 진정한 디지털 리터러시를 기르도록 도와줄 수 있다. 자료의 출처를 평가하는 법을 알려 주고 정보의 질과 신빙성을 가늠하는 감각을 키워 줄 필요가 있다.

물론 아이들은 학교에서 디지털 리터러시를 어느 정도 배우긴 한다. 교사들은 과거 어느 때보다 첨단기술에 밝다. 하지만 교과과정에서 디지털 기술을 유의미하게 다루리라는 보장은 없다. 심지어 학교에서 정보 활용에 대해 집중적으로 배운 아이들도 이를 인터넷 검색이나 자료 읽기에 개인적으로 활용하지는 않는다고 교육자와 학부모들은 말한다. 아이와 함께 역사적 사건이나 시사 문제, 또는 여행하기로 한 목적지를 조사해 보자. 이는 아이의 자료 활용 능력을 파악할 수 있는 좋은 방법이다.

반가운 소식은 아이들도 올바른 행동을 하길 원한다는 것이다. 아이들은 현실에서뿐 아니라 온라인게임과 소셜미디어에서 만나는 사람들에게도 좋은 인상을 심어 주고 좋은 친구가 되고 싶어 한다. 고등학교에 들어가면 대부분 되도록 알아서 불화를 피하려 한다. 콘텐츠를 창작하고, 팬픽션fan fiction*을 공유하고, 소셜미디어를 재미있고 바람직하게 사용하려고 한다. 여기서 아이들의 생각을 살짝 엿볼 수 있는 발언들을 들려주겠다. 물론, 더 잘 이해하고 싶다면 당신의 아이에게 직접 물어보자. 몰랐던 부분이 많을 것이다!

아이들은 테크놀로지로 무엇을 할까?

"대체 온라인에서 뭘 하는 걸까요?" 초조한 부모들이 내게 끊임 없이 하는 질문이다. 수많은 아이를 인터뷰해 온 나는 대답한다, 알 면 놀랄지도 모른다고. 나는 내가 이해한 바를 토대로 아이들의 온 라인 활동을 네 가지로 나누었다.

- 콘텐츠를 소비(하고 창작)한다.
- 다양한 도움을 받으며 디지털 세상을 잘 통제한다.
- 또래와 (끊임없이) 연락한다.
- 또래를 (때때로) 괴롭힌다.

이제 각각의 활동을 가볍게 살펴보자. 아이의 디지털 세상이 좀 더 잘 보일 것이다.

* 좋아하는 연예인을 주인공으로 삼아 팬이 창작한 소설.

콘텐츠를 소비(하고 창작)한다

아이들은 자신이 찾은 정보의 질을 따지는 데는 서툴지 몰라도 찾는 방법만큼은 확실히 알고 있다. 유튜브는 아이들이 가장 즐겨 찾는 검색엔진이고, (적어도 이 글을 쓰는 시점에는) 세계 최대의 검색엔진인 구글 또한 아이들에게 드넓은 자료의 보고다. 아이에게 뭔가를 찾아 달라고 해 보자. 아마 당신이 질문을 마치기도 전에 답을 제시할 것이다! 어떤 아이들은 콘텐츠를 소비하는 데 열중하지만, 소비하는 만큼 창작해 내는 아이들도 많다. 요즘은 창작 툴이 잘 나와서 아이들도 무리 없이 이용할 수 있다. 심지어 다섯 살짜리 아이도 동영상을 만들 수 있다.[2]

웹사이트를 차단하고 제한하는 전략에는 한계가 있다. 하지만 어린이가 쉽고 안전하게 동영상을 찾아볼 수 있는 유튜브 키즈YouTube KIDS 앱이나 구글 세이프서치SafeSearch 같은 필터는 유소년기 아이들의 인터넷 사용을 지도할 때 좋은 보조 도구가 **될 수 있다**. 필터링 기능을 사용하기에 앞서, 아이들이 특정 활동을 하는 데 인터넷이 꼭 필요한지 자문해 보자. 유치원생과 초등학생은 인터넷 없이도 태블릿 피시로 게임을 즐길 수 있고 미술이나 음악 관련 앱을 이용할 수 있다. 그렇다면 굳이 검색창이 필요 없다. 하기야 아이가 굳이 당신 곁을 벗어나 검색을 할 필요가 뭐가 있겠는가?

당신이 아이에게 가르치고자 하는 것은 결국 올바른 인터넷 검색법이고, 무작정 통제하는 것이 아니라 스스로 깨우치게 하는 것이다. 아이들이 정보를 검색하고 평가하는 법을 배우는 데에는 아직 당신의 도움이 필요하다. 여기 몇 가지 좋은 출발점이 있다.

- 아이가 웹사이트 주소에서 .com, .org, .edu, .gov의 차이를 아는가?
- 아이가 온라인 지식재산의 저작권 및 소유권 문제를 이해하는가?
- 아이가 누구나 사용 가능한 이미지들을 찾는 방법을 아는가?
- 아이가 공개적인 것과 비공개적인 것의 차이를 아는가?
- 아이가 웹사이트에서 분란을 일으키기 위해 악의적으로 글과 사진을 조합하는 방식을 이해하는가?

디지털 원주민들도 디지털 생활의 어떤 면들에는 무지할 수 있다는 사실을 잊지 말자. 나는 아이들의 상황을 좀 더 이해하기 위해 아동 리서치 기업 듀빗의 글로벌 트렌드 담당 수석 부사장인 데이비드 클리먼을 만나 이야기를 나눴다. 클리먼은 미국 아동 미디어 센터American Center for Children and Media의 소장을 지내기도 했다. 그가 공유한 듀빗의 최신 연구 내용은 다음과 같다.

- 아이가 만 4세가 되기 전까지 미디어를 선택하는 주체는 부모다.

- 아이가 만 5~7세가 되면 아직 친구보다는 부모의 영향력이 크지만, 유튜브가 부모를 제치고 아이에게 가장 큰 영향을 미친다. 글을 배우기 전의 아이도 음성 명령 기능으로 유튜브에서 검색할 수 있다.
- 만 8~10세의 아이에게 유튜브는 검색의 중심이고, 미디어를 선택할 때 부모보다 친구들의 영향을 받는다.
- 만 11~15세가 되면 아이는 친구들보다 유튜브에서 미디어 영향을 더 많이 받는다. 검색엔진과 앱스토어 또한 주요하게 영향을 미치는 원인이다.

이 연구 결과를 보면 당신의 아이와 또래 아이들이 어디서 미디어 영향을 받는지 단번에 알 수 있다. 이 결과를 바탕으로 당신은 아이에게 적절한 질문을 할 수 있다.

디지털 세상을 잘 통제한다

요즘 어린아이들은 한두 살 차이의 형, 누나보다도 더 빨리 온라인 세상을 경험한다. 자기 것이 (아직) 없더라도 주변에 수많은 모바일 온라인 기기가 '나돌기' 때문에 비교적 자유롭게 인터넷에 접속할 수 있다.

필터링이나 제한만으로 유해 콘텐츠가 차단되면 편리하겠지만 이것이 지속적으로 효과가 있는 것은 아니다. 심지어 부모는 "좋아, 차단 앱을 깔았으니 내가 지도할 필요 없겠지."라고 속단할 수도 있다. 하지만 아무래도 모니터링은 멘토링을 대체할 수 없다.

아이들은 차단벽을 우회한다

꼭 알아 두어야 할 것이 있다. 어떤 아이들에게는 차단이 도리어 초대라는 사실이다. 희망적인 소식은 첨단산업 고용시장이 지금처럼만 성장한다면 당신의 깜찍한 해커의 앞날이 창창할 수도 있다는 점이다! 이른바 1인 1기기 프로그램을 운영해 학교에서 학생당 하나씩 디지털기기를 제공하면서 그 기기로 무엇이든 원하는 채널에 접근할 수 있게 된 아이들이 많다. 초등학교 3학년 아이를 둔 한 엄마가 말하기를, 학교에서 필터링으로 '차단' 설정을 한 기기를 제공해도 아들은 은밀한 경로로 구글 크롬Google Chrome에 접속해 수업 중에 웹 서핑을 한다고 했다.

부모는 자신이 사 준 기기는 자기가 감독할 수 있다고 여기지만 학교에서 나눠 준 기기는 감독 권한이 학교 측에 있다고 생각한다. 눈치 빠른 아이들은 이를 요령껏 이용한다. 어느 중학교 1학년 여자 아이가 내게 말했다. "외출 금지를 당해 휴대폰을 뺏겼는데 학교에서 준 아이패드가 있어서 전혀 불편하지 않아요." 결국 문제는 기기보다 연동성이다. 소셜미디어 계정이나 클라우드cloud 공유 폴더가 있으면 어떤 기기에서든 접속할 수 있다.

차단벽을 마음껏 피해 갈 수 있다고 해서 21세기 아이들의 테크놀로지 사용이 이미 우리 손을 떠났다고 말하려는 것은 아니다. 우리 손에 얼마나 큰 과제가 놓여 있는지 가늠해 보자는 얘기다.(나 역시 한 사람의 부모다!) 아이의 디지털기기에 차단 앱을 까는 것만으로는 충분하지 않다. 스스로 헤쳐 가는 데 필요한 능력을 길러 주어야 한다.

아이들이 테크놀로지를 마냥 좋아하는 것은 아니다

아이들이 항상 최신 기기나 앱을 원하는 것은 아니다. 테크놀로지라면 무조건 좋다고 받아들이는 것도 아니다. 휴대폰이 생겨서 언제든 연락이 닿아야 하니 스트레스를 받는다는 아이들의 얘기도 들었다. 테크놀로지를 이용한 학교 수업을 부정적으로 보는 아이들도 있다. 1인 1기기 프로그램을 통한 맞춤형 개별 학습과 쉽고 빠른 조별 활동을 좋아하는 아이들이 많지만, 그렇지 않은 아이들도 있다. 한 6학년 여자아이는 학교에서 나눠 준 아이패드에 불만이 많았다. "저는 아이패드를 잘 확인하지 않아요. 툭하면 업데이트 알림이 와서 얼마나 귀찮은데요. 무작정 앱 다운로드를 금지하는 선생님들은 한 번 받았던 앱은 클라우드에 계속 남아 언제든지 다시 다운로드할 수 있다는 사실을 잘 몰라요. 어떤 게임을 다운로드한 적이 있으면 클라우드 목록에서 찾을 수 있어요. 차단된 앱이라도 다시 받아서 쓸 수 있죠."

또 다른 6학년 아이는 이렇게 말했다. "선생님들은 우리가 뭘 하는지 본인들이 안다고 생각하는데, 천만에요! 뭘 가르치기나 하는 건지도 더 이상 모르겠어요. 뭐든지 입력만 하면 자동으로 성적이 매겨지잖아요. 학교에서는 이제 그냥 읽을거리나 골라 주는 게 다예요. 작년에도 파워포인트 PowerPoint를 얼마나 썼는지 몰라요. 쪽지 시험도 쪽지로 안 보는걸요."

일부 아이들은 집중력 저하를 심각한 문제로 꼽기도 한다. 중학교 1학년 타냐는 말한다. "1인 1기기 학습이 재미있기는 하지만, 가끔은 아이패드가 없었으면 해요. 배운 걸 자꾸 까먹고, 숙제하는 데 더 오래 걸려요. 뭔가를 들으면서 동시에 타이핑하는 게 저한테는 버겁기도 하고요. 기기로 공부하다 보면 괜히 휴대폰이나 다른 기기도 확인하고 싶어요."

물론 모든 아이가 1인 1기기 통합 학습을 부정적으로 보는 것은 아니다. 오히려 여기서 소개한 아이들의 경우는 예외라고 할 수 있다. 하지만 일상 속 테크놀로지 학습에 대해 엇갈리는 감정을 느끼는 아이들이 있고, 부모의 비판을 그대로 되풀이하는 아이들도 있다는 사실은 짚고 넘어가야 한다. 비록 내가 본 많은 학생들은 1인 1기기 프로그램에 매우 긍정적이었지만 말이다.

내 중점 토론 그룹에 있는 한 남자아이는 3학년 때 1인 1기기 프로그램 시범 적용 대상이었다가 4학년이 되면서 기존 교육체제로 돌아왔다. 그 아이가 작년과 올해의 책가방을 비교한 그림을 그렸는

데, 터질 듯한 올해의 책가방과는 달리 3학년 때 책가방은 홀쭉했다. 그야 공책 한 권만 빼고 교과서와 문제집이 모두 디지털기기 안에 들어 있었으니까!

결국 우리는 아이들이 테크놀로지를 무조건 좋아한다는 고정관념에서 벗어날 필요가 있다. 디지털기기를 이용해 학습할 때 시간이 더 오래 걸리거나 선생님의 관심을 덜 받는다고 느끼면 아이들은 좌절할 수 있다. 테크놀로지가 새로운 방식의 창작, 배움, 공유, 소통의 도구를 제공할 때 아이들은 좋아한다.

또래와 (끊임없이) 연락한다

아이들이 온라인에서 친구와 한번 연결되면 그 연결은 곧바로 하나의 환경이 되어 언제든 불러올 수 있다. 우리는 곧잘 '안갯속에 산다 living in the cloud'라는 표현을 쓰는데, 요즘 아이들(과 인터넷을 이용하는 상당수의 어른)은 '군중 속에 산다 living in the crowd'. 동급생 전체와 그룹 채팅을 하기도 하고, 잘 모르는 친구들을 소셜미디어 팔로어로 두기도 한다.

우리는 늘 존재하는 이 거대한 또래집단으로부터 아이가 자신의 정체성을 크라우드소싱 crowdsourcing*하기를 원치 않는다.

* 대중(crowd)과 외부 자원 활용(outsourcing)의 합성어로, 일반 대중의 참여를 통해 문제를 해결하는 방식을 가리킨다. 여기서는 자아를 주체적으로 탐색하지 않고 또래 집단의 의견을 무분

여기서 아이들의 소셜미디어 이용 방식을 직접 들어 보자. 또래와 친구 문제는 7장에서 더 깊이 다룰 것이다.

아이들은 실제로 어떻게 소셜미디어를 이용할까?

부모들은 종종 일부 성인들의 소셜미디어 이용 실태에 헉하고 놀라지만, 그렇다고 십 대 청소년이나 어린이들이 소셜미디어를 어떻게 이용하는지 잘 아는 것도 아니다. 아이들이 소셜미디어를 이용하는 목적은 플랫폼마다 다르다. 어떤 기준으로 플랫폼을 선택하느냐는 내 질문에 고등학교 2학년 마리아나는 앱마다의 용도를 추려 주었다. "어떤 앱은 드문드문 소식을 주고받는 데 쓰고요, 어떤 앱은 그날그날 약속을 잡기 좋아요. 내가 뭘 하는지 그때그때 보여 주려고 쓰는 앱도 있죠. 페이스북은 친구들과 연락하고 대화할 때 주로 쓰고, 트위터는 내 상황을 실시간으로 알리기 좋아요."

아이들이 메신저 앱을 쓰는 방식은 어른들과는 사뭇 다르다. 아이들은 방과 후에도 친구들과 소통하려고 메신저를 사용한다. 아이들에게 그룹 채팅을 처음 접할 때의 짜릿함은 거부하기 힘들다. 어른들은 보통 실용적인 목적으로 메신저 앱을 쓰지만 아이들에게는 실용보다 오락의 비중이 더 크다. 실제로 만나지 않고도 어울려 놀 수 있기 때문이다.

별하게 수용한다는 의미로 쓰였다.

고등학교 2학년 토비아스는 첫 휴대폰이 일상에 별로 지장을 주지 않았다고 회상했다. "열한 살 때 처음 휴대폰이 생겼어요. 엘지 스마트폰이었는데, 몹시 기다리던 일이라 엄청나게 좋았죠. 주로 친구들과 연락할 때 썼어요. 마인크래프트를 할 때는 부모님이 게임 시간을 제한했지만 메신저는 얼마든지 쓸 수 있었거든요. 그런데 고등학교 1학년인 여동생은 저보다 휴대폰을 훨씬 많이 쓰는 것 같아요."

중학교 3학년 다니엘라는 이렇게 말했다. "소셜미디어는 방과 후에 그날의 화제를 보고하는 곳이에요. 누가 어디서 뭘 하더라, 누가 누구와 사귀거나 헤어졌다는 소식, 또는 그냥 자잘한 일상을 공유해요. 밤에는 인스타그램에 들어가 다른 사람들이 보낸 하루를 둘러봐요. 저는 1,200명 정도를 팔로하고, 제 팔로어도 그 정도 돼요. 트위터로는 사진보다 웃긴 일을 공유하는 편이에요. 다른 사람들이 뭘 하는지 구경하면 재미있어요. 가끔은 괜히 외출하고 싶어지기도 하죠. 집 밖에서 일상을 즐기는 사람들을 보면 왠지 집에 있다가도 나가야 할 것 같더라고요."

갈등에 관해 묻자 또 다른 중학교 3학년 마야는 이렇게 답했다. "대부분 친절하게 소통하지만 서브트위트subtweet*에는 주의하는 편이 좋아요. 누군가를 **직접** 괴롭히지 않고도 그 사람이 한 일을 지적

---

* 트위터에 당사자의 이름을 거론하지 않고 당사자를 암시하는 내용을 올리는 일. 험담이 주된 내용일 때가 많다.

하거나 그 사람에게 해가 되는 얘기를 할 수 있거든요. 어떻게 보면 괴롭힘이나 마찬가지죠. 간혹 노골적으로 공격하는 애들도 있는데, 다른 애들은 그저 '와, 흥미진진하네.' 정도로 생각하고 말아요. 인터넷에 무얼 올리든 자기 선택이니까요."

소외 공포는 아이들의 소셜미디어 습관이 낳은 흔한 부작용이다. 이 현상에 관해 묻자 역시 중학교 3학년인 나탈리아가 대답했다. "저는 평소에는 별로 소외감을 느끼지 않아요. 하지만 어떤 애들을 보면 자기 사생활과 사진을 수많은 사람과 공유하죠. 대강 보고 지나치는 편이 나아요. 다른 애들이 집 밖에서 재미있게 노는 모습을 보면 자극을 받기도 하지만 우울한 날에는 기분만 더 나빠지거든요."

소셜 화폐Social Currency* 로서의 디지털 이미지

우리 아이들은 서로 끊임없이 사진을 찍어 대는 세상에 살고 있다. 자기를 스스로 찍는 '셀피'도 흔하다. 다수의 어른도 마찬가지지만 아이들이, 자신의 대외적 페르소나를 어떻게 생각하는지 이해하기는 쉽지 않다. 아이들의 프라이버시 개념은 우리와 다르다. 우리는 어떤 아이가 다른 아이의 사진을 찍어 허락도 없이 올리거나, 페이스북에 당사자의 동의 없이 사진을 태깅하면 프라이버시를 침해

---

* 소셜미디어에서 게시물 참여 활동에 대한 대가로 주는 가상 화폐. 여기서는 또래 사이에 통용되는 소통의 수단이라는 의미로 쓰였다.

했다고 생각할 것이다. 우리는 허락을 구하고 동의를 얻는 문화를 가꿀 수는 있겠지만 공유 자체를 자제하는 문화를 키우기는 어려울 것이다.

우리 아이들에게 사진 찍기는 일상적인 문화다. 당신이 이를 어떻게 느끼든 섣부른 재단은 금물이다. 최근 CNN에서 방영한 다큐멘터리 「#Being13http://edition.cnn.com/specials/us/being13」에서 출연자들은 수시로 셀피를 찍는 일에 관해 이야기했다. 셀피를 찍는 아이들을 무작정 조롱하거나 환자 취급하는 것은 초점을 벗어난 태도다. 아이들은 특정 순간들을 기억하기 위해 셀피를 찍는다. 사진은 시각적 기록인 것이다.[3] 셀피를 포함한 사진 찍기 문화는 아이들이 사는 세상의 현실이고, 당신이 맞서 봐야 득이 되지 않는다.

젊은이들은 우리의 생각보다 훨씬 더 활발히 사진으로 소통한다. 『앱 제너레이션The App Generation』의 저자 하워드 가드너와 케이티 데이비스에 따르면 아이들은 텍스트보다 이미지를 더 잘 읽는다.[4] 아이들은 친구가 올린 사진을 보면서 공유된 경험, 의미가 깃든 장소, 자신을 특징짓는 스타일 등의 맥락으로 해석한다. 아이들은 소셜미디어에 사진을 올릴 때 수많은 사람이 볼 수 있다는 점을 똑똑히 알고 있다. 그리고 거기에는 소수만을 위한 의도가 숨어 있을 수 있다.

또래를 (때때로) 괴롭힌다

아이들은 서로 못되게 굴기도 한다(우리 어릴 때와 마찬가지다). 분명 당신도 간간이 그 증거를 목격할 것이다. 아이들이 어울리는 온라인 공간을 들여다보면 현실에서처럼 언짢게 구는 아이들이 꼭 있다.

초등학교 3, 4학년 아이들 말로는 함께 게임을 할 때 아이들이 치사하게 군다고 했다. 좀 더 나이 많은 학생들의 말에 따르면 아예 게임에 끼워 주지 않는 경우도 있다. 소셜미디어는 묘하게 신경을 거스르거나(무플도 상처가 된다), 노골적으로 잔인해지는("너 그 옷 진짜 안 어울린다.") 공간이다. 때로는 예상치 못한 공간에서 짓궂은 행동이 벌어지기도 한다. 예를 들어 아이들은 구글 독스Google Docs 같은 플랫폼에서 모둠활동을 할 때 심술을 부리기도 한다. 한 초등학교의 IT 교육 책임자 존 스토퍼는 가끔 구글 독스나 에드모도Edmodo 같은 온라인 학습공간에서 아이들의 부정적인 모습을 발견한다고 했다. 아이들은 사소하게 다투거나 서로 이겨 먹으려고 한다. 다른 아이의 의견을 "구리다."라고 지적하기도 하는데, 고의적이거나 생각이 없거나 둘 중 하나다. 그렇다면 디지털 모둠활동을 금지해야 하나? 물론 아니다! 하지만 이런 행동을 발견하면 아이에게 만회할 기회를 주고, 다른 아이에게 마음의 상처를 주었다면 이를 바로잡도록 도와주어야 한다.

아이들은 테크놀로지를 본능적으로 터득하는 것처럼 보인다.
아무튼 배우는 속도가 빠르고 새로 나온 앱도 척척 다룬다.
하지만 그렇다고 아이들이 전체적인 그림을 이해하는 것은 아니다.
최대한 목적에 맞게 테크놀로지를 활용하도록 똑똑히 가르쳐야 한다.
그리고 최고의 선생님은 바로 당신이다.

아이들은 자기가 무엇을 안다고 생각할까?

당신도 디지털기기를 다루는 아이들의 자신감이 눈에 보일 것이다. 아이들은 오랫동안 테크놀로지를 사용해 온 것처럼 새로운 앱과 기기에 척척 적응한다. 테크놀로지에는 사용 설명서가 딸려 와야 한다고 믿는 어른들에게는 아이들의 능숙함이 무섭게 다가올 수도 있다. 우리도 새로운 소프트웨어를 충분히 배울 수 있을 것 같지만, 막상 배우는 속도는 아이들에 비해 더딜 가능성이 크다.

하지만 디지털기기를 능숙하게 사용한다고 해서 아이들이 하나부터 열까지 다 아는 것은 아니다. 물론 기술 자체는 잘 알지도 모른다. 온라인에서 나이를 속이거나 계정을 여러 개 만드는 것은 아이들에게 식은 죽 먹기다. 몇몇 또래가 하는 행동은 모두가 따라 하고 나머지 대다수에게는 그런 영향력이 없다는 것도 아이들은 이해한다. 또한 낯선 사람과 게임을 하기도 하고, 다른 사람과 게임을 주고받기도 한다. 특정 게임이 없으면 친구가 어떤 경로를 통해 공유해 줄 수 있다는 것도 안다.

기술 관련 꼼수들, 즉 게임을 공유하고, 차단벽을 우회하고, 나이를 속여 13세 이상 이용 가능한 앱을 쓰고, 부모의 비밀번호를 사용해 앱을 내려받는 행위는 고등학생이나 대학생이 가짜 신분증을 얻는 일보다 훨씬 쉽다. 이런 '거래'들은 디지털 공간에서 이루어지기에 가면을 쓰기도 쉽다. 아이들은 어릴 때부터 테크놀로지를 조작해 원하는 바를 이루는 데 익숙하다. 아이들은 자기가 아는 게 많다고 **생각**하지만, 사실은 그렇지 않다. 여기 몇 가지 예를 들겠다. 일반화하려는 의도는 없다는 점을 밝혀 둔다.

아이들은 또래와의 갈등에 잘 대처한다고 생각한다. 초등학교 5, 6학년 학생들이 내 워크숍에서 말하기를, 무심코, 혹은 일부러 친구의 비밀을 말해 버려서 친구의 신뢰를 잃었다면 "거짓말을 슬쩍 퍼뜨리는 것"이 최선의 해결책이라고 했다. 그렇게 하면 뭐가 진실이고 뭐가 거짓인지 다들 헷갈릴 거라는 것이었다. 또한 아이들은 서로의 잘못을 '거래'한다. 만약 친구를 배신했다면 친구에게 자신의 비밀 하나를 폭로할 권한을 줘야 한다. 물론 모두 좋은 방법은 아니다. 당신이 아이와 함께 가능한 대책들을 궁리해 보면 좋겠다. 한편 중학교 3학년 학생들에게 친구나 급우와의 갈등을 어떻게 해결하느냐고 물었더니 훨씬 나은 대답들이 돌아왔다! 아이들은 **정말로** 클수록 사회적 갈등에 더 잘 대처하게 된다. 부모로서 우리는 이런 성장을 북돋아 주어야 한다.

아이들은 또래 사이의 알력에 잘 대처한다고 생각한다. 릴라가 모니카에게 메신저로 "세라에 대해서 어떻게 생각해?"라고 물었다. 모니카는 "나쁘지 않아, 좀 지루하긴 해도."라고 대답했다. 알고 보니 이때

세라와 릴라는 **함께** 릴라의 휴대폰을 보고 있었다. 당연히 모니카는 끔찍한 기분에 휩싸였다. 별생각 없이 시작한 채팅도 마음의 상처로 끝날 수 있고 어쩌면 친구 관계에 금이 갈 수도 있다. 이처럼 알고 보니 뜻밖의 수신자^{audience}가 있었다는 이야기는 숱하게 많다. 아이들은 효과적으로 소통하는 법을 아직 배우는 중이다. 특히 그룹 채팅은 한 명 이상의 '수신자'에게 동시에 말을 걸기 때문에 곤란한 상황이 빚어지곤 한다.

아이들은 개인정보보호 설정에 대해 알지만 꼼꼼히 챙기지는 않는다. 나이와 성숙도에 따라 다르지만 자신이 비공개로 포스팅을 했다고 믿는 아이들이 많다. 꼭 그렇지만은 않다는 사실을 모르는 것이다. 나는 언젠가 워크숍에서 지오피디아^{Geofeedia}*로 그날 아이들이 학교에서 올린 사진들을 검색해 봤는데, 가히 충격적이었다. 아이들은 위치 정보 삽입 기능을 켜 놓은 채 다양한 소셜 앱에 부지런히 사진을 올리고 있었다! 비공개로 올렸다고 해도 사실상 공개적인 게시물들이었다. 학교 위치에서 올라온 게시물을 검색하는 사람은 누구나 학교 위치 정보가 태그된 게시물을 볼 수 있었다. 이 얘기가 당신이나 아이를 섬뜩하게 한다면 지오피디아 같은 검색 툴로 대화를 시작해 봐도 좋을 것이다.

---

* 소셜미디어의 게시물을 지리적 위치 정보와 연계해 주는 온라인 검색 플랫폼.

아이들은 테크놀로지의 원리를 안다고 생각하지만 자신이 데이터 흔적을 남기고 있는 줄은 모른다. 학교장들에게 듣기로 아이들은 구글 앱스 포 에듀케이션Google Apps for Education에서 제공하는 구글 독스로 모둠활동을 하고 구글 행아웃Google Hangouts으로 화상채팅을 한다고 한다. 모둠활동의 일부로 다른 아이에게 댓글을 달기도 하는데, 이 댓글은 추적할 수 없다고 생각하는 아이들이 많다. 앞서 언급한 IT 교육자 존 스토퍼가 말하길, 수업에서 쓰는 앱으로 급우에게 짓궂은 댓글을 단 학생들에게 가끔 증거를 제시하면 당황한다고 한다.

아이들은 앱을 적절하게 사용하는 법을 안다고 생각한다. 스냅챗Snapchat처럼 이미지가 상대방에게 전달되면 '사라지는' 앱도 이미지를 아예 저장할 수 없는 것은 아니다. 하지만 아이들은 그 사실을 잘 알면서도 간과하곤 한다. 아이들이 하는 짓을 보면 가끔 앱의 능력을 등한시하거나 상대방이 저장하고 공유할 수 있다는 사실을 깜빡하는 게 아닌가 싶다. 아이들은 상대방이 대화 내용을 저장할 만한 이유를 일일이 따지지 않는다. 누군가는 재미있다고 생각해서 공유한 것이 누군가에게는 크게 상처가 될 수도 있다. 상처받은 아이는 이미지를 저장해 어른에게 보여 줄 수 있다.

아이들은 표절을 피하고 출처를 제대로 표시할 줄 안다고 생각한다. 인터넷에 올라온 건 다 공짜 아니야? 천만에! 요즘 세대는 정보를 자유분방하게 이용하며 자랐다. 오늘날 당신은 모든 주제에 관해 무엇이든 찾아볼 수 있다. 인터넷에 다 나오고 그 대부분은 완전히 공짜다. 이런 정보의 자유로운 흐름이 아이들의 지적재산권 개념에 영향을 미쳤다는 사실은 의심할 여지가 없다. 상당히 노력이 필요하겠지만 아이들에게 알아듣게 설명해야 한다. 어떤 글이나 이미지가 무료라고 해도 허락 없이 긁어 와서는 안 된다고, 더군다나 남의 창작물을 자기 것이라고 주장하면 안 된다고 말이다!

아이들에겐 요령이 있지만
당신에겐 지혜가 있다

부모는 디지털기기와 게임, 앱이 아이의 삶에서 어떤 역할을 하는지를 두고 스트레스를 받는다. 변해 버린 세상에서 자신이 겉돌거나 '뒤떨어진다고' 느끼기 때문이다. 온갖 최신 트렌드에 다 발맞추지 못하는 기분이 드는 것은 자연스러운 일이다. 가령 당신은 딸아이에게 음악 관련 게임기를 사 주었는데 딸이 그걸로 친구들과 채팅을 할 수 있을 줄은 몰랐을 것이다. 당신은 아마 초등학교 3학년짜리에게 채팅을 허락할 마음의 준비도 없이 그것을 샀을 것이다. 또는 아들이 무료 앱을 하나 내려받아도 되냐고 묻기에 무해해 보여서 허락했는데, 내려받고 보니 갖가지 부가 서비스 구매 '기회'로 가득한 앱이라 뜻밖의 군돈이 들 수도 있다. 실제로 적지 않은 부모들이 내게 다운로드한 앱을 어떻게 지우는지 모른다고 고백했다. 내려받자마자 후회했음에도 말이다.

당신은 아이를 사사건건 통제할 수는 없지만 미리 대비시킬 수는 있다. 다양한 상황에 어떻게 대처할지 조언해서 아이를 올바른 방향으로 이끌고, 집에 전자기기를 사용하지 않는 공간을 따로 만들어 식구들이 미디어를 신중히 사용하도록 북돋을 수 있다.

부모들은 종종 자신의 지혜를 간과한다. 아이들은 자신도 알 건 다 안다면서 세상사에 관한 우리의 지식을 가볍게 무시하곤 한다. 나중에 본인들이 자기 애를 길러 보면 깨닫겠지만(**그거야말로** 확실한 가르침인데!), 우리 부모들은 아는 게 참 많다.

우리는 소외감이 어떤 것인지 안다. 친구가 나를 뒤로하고 다른 무리에 들어갈 때, 또는 나 스스로 무리를 떠나 움직일 때 어떤 느낌이 드는지 알고 있다. 몰래 하는 짝사랑의 열병과 남들은 이해하지 못할 취미생활에 관해 안다. 뜬금없는 말로 분위기를 깼을 때의 느낌을 안다. 이런 삶의 경험들은 우리 아이들도 비슷하게 겪으며 심지어 그중 일부 상황은 디지털 연결성, 그룹 채팅, 소셜미디어 등으로 더 심각해진다.

당신의 아이는 친구가 올린 사진을 보거나 자기만 빼고 그룹 채팅을 한 이야기를 전해 듣고 소외감을 느낄 수 있다. 하지만 당신이 그 애 나이에 똑같은 일을 겪은 적이 없다고 해서 해 줄 수 있는 조언이 없는 것은 아니다. 당신에게는 생생한 사회적 경험이 풍부하기 때문에 오히려 기술이 제공할 수 없는 도움을 줄 수 있다. 우리는 아이가 그날그날 겪는 일에 정말로 관심을 기울여야 한다. 아이들의 생각을 듣고, 아이의 창의력과 우리의 지혜를 합쳐 함께 해결책을 마련해야 한다.

남들의 의견보다 당신 자신을 믿자. 당신의 아이가 어떤 아이이고 아이에게 무엇이 필요한지는 당신이 가장 잘 알고 있다는 사실을 명심하자. 어떤 방식을 취하든, 두 손 들고 포기하지는 말자. 소셜미디어 플랫폼은 부모의 사정을 고려해서 만들어진 것이 아니다. 소셜미디어는 세상을 연결하려고 (그리고 우리의 취향과 선호도를 알아내려고) 만들어졌으며 삶의 여러 단계와 연령층을 신중하게 고려하지 않는다!

부모인 당신은 아이의 삶에서 가장 중요한 어른으로서 테크놀로지와 좋은 관계를 맺어 주고 미디어 소통을 도와줄 사람이며, 장차 아이가 세상에 나갈 때, 또는 자신의 디지털기기로 세상과 연결될 때 올바른 선택을 내릴 힘을 길러 줄 사람이다.

이 책에서 당신은 아이의 온라인 활동과 경험을 아이에게 직접 들어 볼 수 있는 방법들을 발견할 것이다. 그 전에 먼저 아이의 디지털 세상에 대해 얼마나 알고 있는지 스스로 평가해 보자.

당신의 목표는 테크놀로지 전문가가 되는 것이 아니다.
목표는 아이가 테크놀로지를 어떻게 생각하고
테크놀로지와 어떻게 상호작용하는지 새롭게 이해하는 것이다.

제3장

제3장

당신은
디지털 리터러시를
갖추었는가

지금까지 아이들의 디지털 세상을 살펴보았다. 그렇다면 당신의 세상은 어떠한가? 아마 당신은 직장에서 스프레드시트를 수월하게 다룰지 모른다. 온라인뱅킹을 이용하고 인터넷으로 여행 계획을 세우며 블로그와 트위터, 페이스북을 운영할 수도 있다. 혹은 기술적으로 비교적 난이도가 낮은 이메일만 주로 사용할지도 모르겠다. 어쨌든 당신의 아이가 소셜미디어를 사용하는(또는 사용하길 바라는) 방식은 당신이 온라인에서 활동하는 방식과 사뭇 다를 것이다. 당신이 테크놀로지를 폭넓게 이용한다고 해도 아마 아이와는 다른 방식으로 접근할 것이다.

많은 아이가 개인용 기기를 연장된 몸의 일부로 느낀다. 부모들은 종종 온라인게임과 소셜미디어의 변화무쌍한 지형을 따라가기 벅차다고 토로하며, 이런 매체에 아이들이 빠지는 방식을 이해하지 못한다. 심지어 가끔은 어떻게 말문을 열어야 할지조차 막막해한다. 하기야 모르는데 어떻게 아는 척을 하겠는가?

새로운 것을 배우는 일이 다 그렇듯이 디지털에 능숙해지려면 걸음마부터 시작해야 한다. 낯선 정보는 버겁게 다가올 수 있지만 때로는 적당히 부담을 느낄수록 흥미가 붙는다. 당신의 패턴도 마찬가지라고 생각하면 지나치게 스트레스 받을 일도 없다. 일단 직진하자. 그리고 여유가 생길 때마다 주변에서 조금씩 정보를 얻자. 첫 번째 관문에서 지레 포기하지 않는 것이 가족을 위해 당신이 할 일이다!

부모의 새로운 역할, 미디어 멘토

디지털기기의 현명한 사용은 결국 멘토링에 달렸다. 나는 멘토링이 온라인과 오프라인에서 두루 아이의 장래를 대비하는 최선책이라고 굳게 믿는다. 스스로 올바른 선택을 하도록 돕는 것이 사사건건 보호하려고 애쓰는 것보다 훨씬 효과적인 전략이다. 하지만 디지털 시대에 효과적인 멘토가 되려면 우선 아이들이 이용하는 테크놀로지를 알아야 한다. 아이가 하는 게임을 직접 해 보고, 단순 소비를 넘어 창의력을 길러 주는 스크린 활동으로 아이를 이끌어야 한다. 클래시 오브 클랜Clash of Clans이나 아가리오Agar.io 같은 게임을 당신의 직장 동료를 다 누를 각오로 해 보자! 이런 게임이 어렵게 느껴진다면 아이의 재능을 새롭게 바라보게 될 것이다.

아이가 즐기는 것들을 시도해 보면 알겠지만 디지털기기 사용이 모두 질적으로 같지는 않다. 따라서 당신도 멘토를 찾는 게 좋다. 주변 부모들 가운데 당신에게 마인크래프트의 다양한 게임 모드를 설명해 줄 열렬한 게이머가 있는가? 친구나 대학 동기 중에 당신의 열세 살짜리 아이가 원하는 앱에 대해 알려 줄 소셜 앱계의 얼리어댑터가 있는가? 열린 태도와 깊은 관심이 필요한 멘토링 접근법은 디지털 시대에 건강한 가정환경을 일구는 데 크게 도움이 될 것이다. 특정 게임의 멘토를 찾아 배우는 것은 아주 좋은 방법이다. 물론 아이가 아직 게임에 관심이 없다면 당장 배울 필요는 없다.

당신은 테크놀로지를 어떻게 생각하는가?

우선 스스로 점검해 보자. 당신은 테크놀로지를 어떻게 대하는가? 당신은 주관적인 기준으로 미디어와 대중문화, 과학기술의 질을 판단할 수 있다. 디지털 리터러시가 초기에 어떻게 형성되는지 연구한 책『탭, 클릭, 리드Tap, Click, Read』의 두 저자에 따르면, 앱스토어는 거의 모든 앱이 '교육적'으로 분류되는 무법 지대다. 아이의 숙제를 대신 해 주는 앱을 비롯해 어린이용 앱 대부분이 교육자와 부모들의 바람과 대척점에 있다.[1]

따라서 어떤 테크놀로지가 아이의 생활에서 긍정적인 역할을 하는지 판단할 때 부모들이 종종 혼란스러워하는 것도 당연하다. 수많은 신종 앱과 게임을 따라가기도 벅찬데 아이의 할머니 할아버지를 비롯해 교사와 다른 부모들까지 주변의 모든 이가 서로 다른, 때로는 원치 않는 의견을 제시한다. 이런 엇갈린 메시지들은 부모에게 죄책감을 안겨 주기도 한다.

몇몇 최신 연구 결과는 아이의 디지털기기 사용을 제한(하거나 무시)한 채 낙관하는 것보다 멘토링하는 것이 최선이라는 생각을 뒷받침한다. 테크놀로지 연구자 알렉산드라 새뮤얼은 최근 미국 내 (데이터세트* 1만 가구 중) 700가구를 설문 조사하여 부모가 아이의 테크놀로지 사용을 대하는 방식을 세 가지로 분류했다.[2]

1. **제한형:** 아이가 사용하는 테크놀로지의 질과 성격에 대해 진지하게 소통하는 대신 주로 사용 시간을 제한하는 방식을 쓴다. 제한형의 신조는 '적을수록 좋다'인데, 특히 미취학 아동의 부모 사이에서 이 접근법이 흔하다.

2. **멘토형:** 아이의 테크놀로지 사용에 적극적으로 참여한다. 아이와 함께 비디오게임을 하고, 테크놀로지와 인터넷 또는 특정 웹사이트를 책임감 있게 이용하는 방법을 토론하고, 아이에게 테크놀로지

---

* 데이터 처리에서 하나의 단위로 취급하는 데이터의 집합.

관련 책, 기사, 비디오게임, 프로그램을 보여 주는 등의 활동을 한다.

3. **자유방임형:** 아이의 테크놀로지 사용에 제한을 두지도, 조언하지도 않는다. 아이가 디지털기기를 마음껏 사용하도록 내버려 둔다.

새뮤얼은 이 조사 결과를 다음과 같이 해석했다. 디지털기기 사용을 제한하는 방식이 몇 가지 장점은 있다 해도 아이들은 이 전략만으로는 실생활에서 테크놀로지를 이용한 소통에 잘 대처하지 못한다. "인터넷 사용을 제한하는 방식은 잠시 효과를 볼 수 있지만, 제한형 부모의 아이들은 막상 인터넷에 접속했을 때 안정적인 소통 요령과 습관이 부족한 편이다."라고 새뮤얼은 말한다. 한편 자유방임형 부모의 아이들은 고성능 기기, 앱, 게임에 마음껏 접근하는 반면 부모가 이에 관심을 기울이지 않아 심리적으로 불안정하고 간혹 곤경에 빠진다. 가장 바람직한 결과가 나온 것은 디지털 공간에서 상호작용하는 법을 적극적으로 멘토링한 가정으로, 좀 더 현실적이고 효과적으로 아이를 디지털 세상에 준비시킬 수 있었다.

다른 부모들이 함정이다

아이가 디지털기기로 상호작용할 때 어떤 환경에서 어떤 경험을 하는지 매일 관찰해 보면 친구의 부모들이 내리는 결정이 반드시 내 아이에게도 영향을 미친다는 사실을 알게 된다. 레이철이라는 엄마는 다른 부모들이 내리는 결정과 학교에서 정한 규칙들을 보게 되면 자신이 아이의 미디어 사용을 너무 방임하는 것은 아닌지 걱정된다고 했다. "작년에 딸아이가 5학년이었는데, 놀랍게도 이미 많은 친구들이 자기 휴대폰을 가지고 소셜미디어와 채팅을 시작했더라고요. 학부모들은 뭘 어떻게 해야 할지 갈피를 못 잡고 있었어요. 가만 보면 관심이 있는 애들 따로, 없는 애들 따로고, 휴대폰이 있는 애도 있고 없는 애도 있고, 휴대폰 대신 아이팟이나 아이패드를 쓰는 애도 있어요. 학교에서는 1인 1기기 프로그램을 도입한다는 말이 나오는데 그렇다면 모든 아이가 아이패드를 갖게 된다는 뜻이잖아요. 그러니까 사실상 부모로서…… 주도권이 없어요."

한 아빠도 좌절감을 드러냈다. "다른 집 부모들이 세운 규칙이 우리 집과 달라서 신경 쓰여요. 우리 아이가 친구 집에 놀러 갔을 때 그 부모가 아이들이 보는 콘텐츠를 제대로 감독하지 않을까 봐 걱정스러워요."

내 집이야 내 나름대로 통제한다지만 사회적 압력은 만사를 복잡하게 한다. 아이의 친구들이 모두 크리스마스 선물로 엑스박스Xbox 게임기를 받았다면? 아이가 4학년이 되자마자 반 친구들이 일제히 스마트폰을 받았을 때와 비슷하지 않은가? 아이의 친구들이 다들 부모 눈치를 보지 않고 데스크톱 컴퓨터로 인터넷에 접속한다면? 이는 확실히 까다로운 영역이다. 한편, 당신도 열두 살 아이에게 소셜미디어 사용을 허락했을 수 있고, 아이가 나이를 속여 어떤 서비스에 가입하는 것을 용인했을 수도 있다. 당신이야말로 다른 부모들의 눈에 나쁜 부모로 비칠지 모른다!

나는 여러 가족과 상담하면서 부모들끼리 경험을 공유하기가 얼마나 어려운지 느꼈다. 서로를 재단하고, 공감대가 부족했다. 하지만 우리가 테크놀로지와 아이 키우기에 대해 터놓고 이야기하고 아이들의 행동을 바로잡기 위해 집단적 접근법을 취한다면 서로에게 이득일 것이다.

만약 당신의 아이가 자기만 휴대폰이나 어떤 디지털기기가 없다고 불평한다면 우선 친구들과 연락을 유지할 다른 방법을 함께 찾아볼 수 있다. 그 기기를 사 줄 적당한 날짜를 분명히 밝히고 조건을 제시하는 것이 좋다. 이를테면 부모에게 신뢰를 얻을 수 있는 무언가를 하는 조건으로 구매를 허락하는 것이다. 매달 휴대폰 요금의 일부를 낸다든지, 휴대폰 사용 규칙을 따라야 한다는 조건은 어떨까?

어떤 경우든 부모로서 자신이 내린 결정에 자신감을 가지자. 다른 사람들에게 휘둘리지 말자. 당신이 자신의 가치관을 토대로 내리는 결정이니 타인이 이것을 좌우하게 두지 말자.

물론 다른 부모들의 결정을 마냥 무시하기는 어렵다. 우리는 다른 부모가 디지털 문제와 관련해 왜 그렇게 느끼는지, 그 문제를 다루는 기준은 무엇인지 이해하려고 노력할 수 있다. 부모가 나서서 같이 어울릴 만한 친구 집단을 찾아 줄 수도 있지만 어느 시점부터는 아이들이 스스로 친구를 선택하게 된다. 당신의 아이는 언젠가 다른 집, 다른 규칙을 마주할 수밖에 없고, 다른 집이 어떤 물건을 사면 당신의 가족도 영향을 받을 것이다.

때때로 부모들은 내게 다른 집을 향한 걱정을 드러낸다. 다음은 내가 최근에 받은 쪽지다.

"친구 부부의 초등학생 아이는 내킬 때마다 실컷 컴퓨터게임을 해요. 친구 부부 말로는 컴퓨터 사용을 제한하면 아이가 공격적으로 변한대요. 밖에서 놀 때는 컴퓨터 대신 아이폰에 빠져 있고요. 우리는 그 아이가 디지털기기에 중독되었고 그 집에 전문적인 도움이 필요하다고 생각해요. 우리가 제대로 관찰한 것이 맞을까요? 어린 나이에도 컴퓨터중독이 문제가 될 수 있나요? 이런 집에 필요한 조치는 무엇이고 어디서 전문적인 도움을 구해야 하나요?"

우리에겐 타인을 통제할 권리가 없다. 그렇다면 우리 아이에게까지 영향을 미칠 수 있는 이런 상황에는 어떻게 대처해야 할까? 정말로 불건전한 일이 벌어지고 있다고 직감할 때는 어떻게 해야 할까? 아이가 아주 어리다면 우리가 어느 정도 통제력을 행사할 수 있다. 가령 놀이 약속에 데려다준 아이가 못마땅한 경험에 노출될 우려가 있다면 감독하는 부모에게 이야기할 수 있다. "나는 총 쏘는 게임은 딱 질색이에요. 우리 아이들이 그런 게임은 안 했으면 좋겠어요." 혹은 "우리 아이는 무서운 영화를 보면 악몽을 꿔요. 그래서 우리는 절대로 못 보게 하죠." 또한 아이에게 이렇게 말하도록 가르칠 수 있다. "우리 집에서 허락하지 않는 거라서 여기서도 할 수 없어요." 하지만 어떤 아이들은 분명히 선을 긋는 데 서투르다.

십 대 학습 전문가 애나 호마윤에 따르면 아이들은 친구네 집에 모여 잘 때 종종 최악의 결정을 내린다.[3] 따라서 테크놀로지 사용에 꽤 너그러운 부모일지라도 이때만큼은 전자기기들을 한곳에 보관하게 하는 식으로 네트워크 연결을 일제히 끊는 것이 좋다.

아이가 혼자 놀러 다닐 수 없는 어린 나이라면 당신이 놀이 약속이나 모임 장소를 조율할 수 있을 것이다. 만약 아이의 친구 집에서 문제가 발생했는데 그 부모가 딱히 걱정을 내비치지 않고 대책도 마련하지 않는다면 그런 태도를 바꾸도록 당신이 설득할 수 있다. 가장 간단한 해결책은 아이들을 당신 집에서 놀게 해서 아이가 당신이 허용하지 않는 환경에 처하는 상황을 예방하는 것이다.

당신은 아이가 친구의 제안을 거절해야 하는 상황에 놓이기를 원치 않을 것이다. 그 제안은 단순히 총 쏘는 게임을 하는 것일 수도, 아니면 인터넷에 접속해 부적절한 콘텐츠를 실컷 보는 것일 수도 있다. 당신의 어린 시절을 한번 돌이켜 보자. 또래의 입김은 무시할 수 없다. 자기방어에 강한 아이가 있는가 하면 그렇지 않은 아이도 있다. 아이의 나이와 성격에 따라 다르겠지만, 부모가 그은 경계선 안에 얌전히 머무르길 기대하는 것은 현실적이지 않다. 바로 이 지점에서 당신의 지혜와 요령이 필요하다. 아이의 친구 집에서 문제가 발생할 것 같다면 차라리 공원이나 당신 집에서 아이들을 놀게 하면 된다.

혼자서 친구 집에 놀러 갈 수 있는 좀 더 큰 아이들에게는, 아니다 싶을 때 멈출 수 있도록 현실 세계와 디지털 세계 양쪽에 현명하게 대처할 수 있는 판단력과 감각을 길러 줄 필요가 있다.

당신은 시대에 뒤처졌다고 느끼는가?

자신이 테크놀로지 시대에 뒤처졌다고 느끼는 부모가 많다. 현실을 직시하자. 아이들은 테크놀로지와 소셜미디어의 최신 흐름에 대체로 부모보다 늘 앞서 있다. 하지만 괜찮다.

아무리 아이가 디지털에 빠삭해도 부모는 아이보다 사회 경험이 더 많다. 그 경험으로 얻은 지혜는 지극히 귀한 것이며 과소평가해서는 안 된다. 아이가 메신저 기능을 원하는 이유가 뭘까? 소셜미디어를 쓰고 싶은 충동 뒤에는 무엇이 있나? 그런 연결성을 충족할 다른 방법은 없나? 아이와 함께 계정을 만드는 것은 어떨까? 어떤 창의적인 엄마는 열한 살 딸아이와 함께 반려견의 인스타그램 계정을 개설했다. 포스팅은 늘 함께 했고 팔로어는 일가친척이 대부분이었다. 이 활동 덕분에 부모와 아이 모두 앱을 잘 다루게 되었고, 그

간 딸의 포스팅을 가까이에서 지켜본 엄마는 딸이 열세 살이 되어 자기 계정을 가졌을 때 딸의 앱 사용을 신뢰할 수 있었다. 이 방법은 낯선 기술을 터득하는 초보자에게 자신감을 북돋고 미리 사고를 예방함으로써 디지털 '보조 바퀴'를 훌륭히 사용한 예다.

부모는 아이에게서 배울 수 있다

당신이 좋든 싫든 우리 아이들은 디지털 원주민이다. 이것은 우리가 바꿀 수 없는 현실이니 열린 마음으로 받아들이자. 당신은 테크놀로지와 공존하는 가족문화를 만들 수 있다. 일단 아이들의 디지털 세상을 이해하기 시작하면 테크놀로지와 어우러진 일상이 그리 낯설지 않을 것이다.

아이가 디지털 세상에서 무엇을 하는지 관심을 갖자. 아이와 함께 배우자. 함께 마인크래프트 게임을 하고, 인스타그램에 사진을 공유하자. 당신의 온라인 활동을 보여 주며 페이스북에 어떤 게시물을 올릴지, 링크드인LinkedIn* 프로필에 뭐라고 쓸지 아이에게 조언을 구하자. 당신의 목표는 테크놀로지 전문가가 되는 것이 아니다. 목표는 아이가 테크놀로지를 어떻게 생각하고 테크놀로지와 어떻게 상호작용하는지 새롭게 이해하는 것이다.

* 세계 최대의 비즈니스 중심 소셜 네트워크 서비스.

앱을 허락하는 과정

하나부터 열까지 당신이 다 알 필요는 없다. 당신의 아이가 어떤 앱을 원한다면 그것이 허락할 만한 앱인지 아닌지 판단하는 데 다음 단계들이 도움이 될 것이다.

1. **뛰어들기** 아이에게 앱에 관해 아는 것을 전부 말해 달라고 하고, 그 앱을 갖고 싶은 이유를 물어보자.("친구들이 다 쓰고 있어서"는 제외다.) 어떤 점에 끌렸는가? 어떻게 사용할 것인가? 소셜미디어 앱인가, 게임 앱인가? 개인정보는 어디까지 제공해야 하는가? 그 공간에서 아이들은 어떻게 행동하는가? 그 행동에 다른 아이들은 어떻게 반응하는가? 앱을 내려받거나 구매하기에 앞서 아이와 마주 앉아 소통해야 한다.

주변의 '전문가'에게 조언을 구해 보자. 당신의 아이보다 조금 나이가 많은 아이, 베이비시터, 대학생 조카 등 누구나 대상이 될 수 있다. 당신의 아이보다 좀 더 나이가 많고 믿음직한 젊은이에게 물어 앱의 실체를 파악하자. 또한 내 웹사이트 디지털 원주민 키우기 raisingdigitalnatives.com와 미국 비영리 미디어 교육 사이트 코먼센스미디어 CommonSenseMedia.org 등 여러 온라인 자원을 참고하자.

2. **파고들기** 아이와 함께 앱을 조사해서 아이가 이용할 영역을 구

석구석 이해하자. 물론 아이 없이 당신 혼자서 앱을 탐구해도 좋다.

게임 앱: 구매하기 전에 우선 그 앱에 대해서 알아보자. 시험판을 해 보고 아이와 유튜브에서 플레이 영상을 함께 보자. 아마존Amazon 에서 구매 후기도 읽어 보자.

소셜미디어 앱: 유튜브에서 뮤지컬리Musical.ly* 같은 앱을 검색해 보자. 데스크톱 컴퓨터 버전으로 인스타그램이나 스냅챗을 둘러보자. 원숭이나 고양이, 저스틴 비버, 혹은 좀 더 외설적인 단어를 검색해 보자. 당신의 열두 살 아이는 과연 무엇을 검색할까? 당신이 미리 탐색해 보되, 앱에서 음란물이 발견될 가능성이 있다고 해서 섣불리 아이의 의도를 의심하지는 말자. 아마 아이가 앱을 원하는 목적은 새로운 사회적 공간에서 친구들과 어울리려는 것일 테니까.

3. 참여하기 조사한 끝에 앱을 허용해도 괜찮겠다 싶다면 그 전에 아이와 몇 가지 사항을 의논해 보자.

- 아이더러 원하는 앱에서 부적절해 보이는 계정이나 혹은 기발하거나 멋지다고 생각하는 피드를 보여 달라고 하자.
- 새로운 앱을 사용할 때 지켜야 할 규칙을 함께 만들자.
- 소셜미디어 앱에서 누구와 어떤 기준으로 관계를 맺을지 생각

* 중국에서 개발한 소셜미디어 앱. 15초가량의 동영상을 찍어 공유할 수 있으며 유명 가수의 노래를 따라 부르는 립싱크 영상이 콘텐츠의 주를 이룬다.

해 보자.

- 앱 안에서 불화를 겪을 가능성은 없을까? 아이가 불화를 피할 방법을 찾을 수 있을까?
- 앱 사용 시간은 어느 정도로, 어떤 조건에서 허용할까?
- 개인정보보호 설정은 어떻게 할까?
- 아이가 앱 사용 조건으로 당신과 비밀번호를 공유해야 할까? 당신과 '친구 맺기'를 하거나 당신의 팔로 요청을 수락해야 할까?
- 아이가 위치 정보 삽입을 피하거나 데이터 흔적을 지우는 방법을 알까?

뛰어들기, 파고들기, 솔직하게 의논하기는 아이가 쓸 앱을 파악하고 다운로드한 앱이 안전하고 재미있는지 확인할 수 있는 좋은 방법이다. 만일 그 앱이 스트레스를 낳고 수면, 숙제, 가족과의 시간 같은 다른 우선순위를 방해하거나 기타 부정적인 영향을 준다면 앱 허용을 재고해야 한다.

소셜미디어 전문가가 되지 않고도 정보를 얻을 길은 많다. 가족 모두에게 자신이 즐겨 쓰는 앱을 보여 달라고 하자. 가족만의 '발표' 시간을 마련하는 것이다. 아이와 앱스토어를 둘러보며 각종 앱을 평가하는 시간을 갖자. 시간과 에너지를 절약할 수 있는 테크놀로지 관련 꿀팁life hack을 검색해 보자. 어떤 앱이나 게임이 실망스럽거나 아이를 화나게 한다면 그것을 그만두거나 지우는 식으로 함께 해결책을 찾을 수 있다. 또는 머리를 식힐 수 있는 곳에서만 앱을 사용하기로 정할 수 있다. 이런 기회에 당신은 디지털 관련 문제점을 아이에게 자세히 설명하면서 가족끼리 즐거운 시간을 보낼 수도 있다!

아이의 도움을 받아 트위터 계정을 만들고 당신과 같은 분야에서 활동하는 사람들을 찾아 팔로해 보자. 트위터 이용자에게 지식을 얻는 이런 방식을 '개인 학습 네트워크personal learning network'라고 부른다. 이 개인 학습 네트워크를 아이 교육에 어떻게 응용할 수 있을까? 당신의 관심사에 도움을 줄 수 있는 플랫폼부터 한번 탐색해 보자. 당신의 아이가 트위터 같은 앱을 이용한다면 아이가 관심 있는 분야를 주로 포스팅하는 사람을 찾아 팔로하게 도울 수도 있다.

디지털 경각심digital awareness을 키울 수 있는 또 다른 방법은 인터넷에 자신의 이름을 검색해 보는 것이다. 로그인하지 않은 상태로 시도해야 공개적인 결과를 볼 수 있다. 또는 당신 이름에 구글 알리미Google Alerts처럼 인터넷 경보 기능을 걸어 두자. 온라인에서 당신 이름이 언급되면 당신에게 알림이 올 것이다. 당신에 관한 정보가 어디까지 드러나는지 알아 두어서 나쁠 건 없다. 당신은 아마 당황할지도 모른다. 어쩌면 당신이 연루된 사건의 재판 과정부터 당신의 집값까지, 삶의 갖가지 세부 사항이 인터넷에 올라와 있을 수도 있으니 말이다.

아이와 함께 이런 실습을 하면 '디지털 발자국'을 둘러싼 쟁점들을 보여 줄 수 있다. 디지털 발자국에 관해서는 9장에서 자세히 다루겠다. 테크놀로지에 관한 일방적인 설교는 효과가 없다. 디지털 세계를 함께 탐험하다 보면 아이에게 잠재적 위험들을 짚어 줄 수 있을 것이다. 무엇보다도 아이와 의견을 주고받을 기회가 생긴다. 아이들은 디지털 세상에서 당신이 **함께** 있으며, 당신이 자기편이라고 느낄 것이다.

그러니 긴장을 풀자. 테크놀로지를 익히느라 골몰할 필요는 없다. 그저 아이의 세상을 이해하고 아이와 함께할 수 있을 만큼만 배우면 된다.

궁금해하고 물어보기

이왕 아이들의 세상을 배우자고 나섰으니 좀 더 구체적으로 파고들어 보자. 이를테면 온라인에서 소통하거나 교류할 때 각각의 방식과 범주에 어떤 사이트나 앱이 유용한지 아이가 분명하게 설명할 수 있는지 확인하는 것이다. 이렇게 물어보자.

- 왜 메신저 앱이 친구들과 약속을 잡기에 좋니?
- 어떤 온라인 활동에 시간을 가장 많이 쓰니?
- 메신저 앱으로 채팅할 때 어떤 부분에서 갈등이 생기는 것 같니?
- 좀 더 사적으로 공유하고 싶을 때는 어떤 플랫폼에 포스팅하니?

뻔한 질문이라도 괜찮다. 시치미는 떼지 말자. 그냥 좀 알아보고 싶다고 말하면 된다.

너무 당황하지 말자

아이들이 인터넷이나 앱으로 뭘 하든 아마 당신의 가슴이 철렁할 만큼 나쁜 짓은 아닐 것이다. 하지만 우리가 친구나 뉴스를 통해 전해 듣는 문제들은 어떤가? 우리는 인터넷과 소셜미디어, 스마트폰이 우리 아이들을 망치고 있다는 끔찍한 이야기를 늘 듣고 있다. 반가운 소식은 아이들이 생각보다 조절을 잘한다는 것이다. 그렇다. 아이들은 당신의 도움과 조언이 필요할 뿐이지 대부분 옳고 그름에 대한 지각은 있다.

우정이라는 개념을 예로 들어 보자. 초등학교 3학년 아이들을 모아 놓고 이야기해 봤더니, 아이들이 생각하는 좋은 친구란 "친절한, 함께 있으면 기분 좋은, 믿음직스러운, 함께 놀면 재미있는" 친구였다. 그렇다면 함께 게임을 하기 좋은 친구는 어떤 유형이냐고 물었더니 비슷한 대답이 돌아왔다.

아이들은 자신이 어떤 사람이 되고 싶은지 안다. 이번에는 함께 게임을 하고 싶지 **않은** 유형을 묻자 아이들은 "속임수를 쓰고, 내가

해 놓은 것을 망치고, 패배를 인정하지 않는 사람"이라고 대답했다.

관찰 결과를 보면 아이들은 디지털로 소통할 때도 자신이 원하는 바를 알고 있고, 현실에서 교류할 때와 비슷한 기준과 기대를 가지고 있다. 또한 아이들은 의외로 안전 의식이 강하다. 예를 들어 낯선 사람이 같이 게임을 하자고 하면(많은 공개 서버와 네트워크, 플랫폼에서 일어나는 일이다), 아이들은 "저는 모르는 사람이랑 게임하면 안 돼요."라고 말하지 않는다. 자기가 어린이라는 것을 드러내는 발언이니까! 그런가 하면 또래보다 경계선을 더 잘 긋는 아이들도 있다. 이 모든 것이 당신이 멘토가 될 기회들이다.

안전하게 게임하기

당신의 아이가 낯선 사람들과 게임을 하고 있다면, 아이가 따랐으면 하는 규칙들을 되새기고 게임이 대화 공간을 포함한다는 점을 명심하자. 마인크래프트 같은 온라인게임이든 플레이스테이션이나 엑스박스 같은 콘솔형 게임이든, 다양한 플랫폼에서 게임 유저들은 서로 대화하고 관계를 맺을 수 있다. 이때 아이들은 자신의 실명과 나이를 밝혀서는 안 된다. 유저들이 사적으로 대화할 수 있는 게임은 많다. 어떤 게임은 '모두에게', '친구에게만' 또는 '혼자만' 같은 대화 옵션을 통해 특정 플레이어가 '듣게' 할 수 있다.

당신이 이 책을 읽을 때쯤에는 내가 제공하는 게임별 정보들은 얼마든지 바뀌었을 수 있다. 다만 내가 강력하게 추천하는 바는 다음과 같다. 첫째, 주변에 같은 게임을 하는 아이들이 있다면 그 부모와 상의해서 주의 사항을 파악해 두자. 둘째, 특정 게임의 최신 영상과 안전한 이용법을 다룬 기사를 찾아보자. 셋째, 아이와 함께 게임을 해 보거나, 적어도 아이가 플레이할 때 누구와 어떻게 대화하는지 귀를 기울이자. 누가 개인적인 내용을 묻거나, 따로 개인적으로 만나길 원하거나, 협박성 언어를 사용하는 경우처럼 당장 부모에게 알려야 하는 상황을 아이에게 미리 일러 주자.

종합하자면, 아이의 경험을 관찰하자. 아이가 게임을 해서 활력을 얻는가, 스트레스를 받는가? 게임이 아이의 관심사나 친구 관계에 유익해 보이는가, 해로워 보이는가? 아무래도 아이나 가족 전체에 좋지 않다 싶으면 아이와 함께 대책을 세워야 한다.

결정을 내리는 기준

혹시 디지털과 관련해 결정을 내릴 때 외부와 단절되어 있다고 느끼는가? 두려워 말고 다른 부모들과 상의하자. 잘 아는 사람부터 다가가면 된다. 사실 나는 잘 모르는 부모들과도 얘기해 보길 권한다. 그들의 생각을 물어보면 당신의 친교 범위 안에서는 접하지 못했던 관점들을 얻게 될 것이다. 편견을 내려놓고 다른 부모들과 솔직하게 터놓고 이야기하자.

때때로 당신은 아이에게 (스마트폰을 갖는다든지 인스타그램 계정을 만드는 것처럼) 어떤 단계를 밟게 할 마음의 준비가 되기 전에 모종의 음모가 아이를 부추긴다고 느낄 수 있다. 당신은 당신의 속도로 가고 싶을 것이다. 혼자 별난 사람이 되거나 아이가 소외감을 느끼는 일 없이 말이다.

디지털 시대의 아이 키우기라는 과제를 중심으로 다른 부모들과 공동체를 꾸리고 싶다면 페이스북 같은 온라인 플랫폼에서 토론 그룹을 만들 수 있다. 전혀 어렵지 않다! 지인들끼리 부담 없는 소모임으로 출발해서 원한다면 규모를 키워도 된다. "테크놀로지와 아이들을 주제로 토론 자리를 마련했어요. 함께 이야기 나누었으면 해요."라고 초대장을 날려 보자. 멤버 모두가 볼 수 있게 질문을 올리거나 다른 멤버의 질문에 답할 수도 있다. 나 또한 부모이자 다른 부모들과 협력하는 사람으로서 이 전략은 엄청나게 유익하다고 생각한다.

소셜미디어에 뛰어들기

아이들에게 소셜미디어는 놀이터나 마찬가지다. 저마다 재잘대며 즐기고 있다. 그렇게 생각하면 메신저 채팅은 더 쉽고 덜 부담스러운 통화나 다름없으며, 온라인게임은 보드게임에 가깝다. 부모로서 당신은 이런 유사성을 삐딱하게 바라볼 수도, 평행 세계처럼 그저 보이는 대로 받아들일 수도 있다. 하지만 아이의 세계도 여전히 타인과 관계 맺기가 중요하다. 아이가 디지털기기를 들여다보고 있을 때 '스마트기기를 마음껏 쓰고 싶구나.'가 아니라 '친구들과 연결되고 싶구나.'라고 생각해 보자. 디지털기기를 어떻게 사용하는가를 떠나서 당신이 할 일은 아이가 더 좋은 친구, 더 나은 시민, 더 나은 사람이 되도록 돕는 것이다.

한꺼번에 다 배우려고 하지 말고 한 번에 하나씩 익히자. 스냅챗이나 인스타그램을 배우려면 당장 무엇부터 하면 좋을까? 개인정보보호 설정일 수도 있고, 프로필 사진 설정일 수도 있다. 부담 갖지 말고 하나씩 차근차근 알아가 보자.

아이 하나를 키우려면 온 마을이 필요하다

만약 당신이 소셜미디어에 영 젬병이거나 게임 환경에서 아이를 보호하기 벅차다면 도와줄 사람을 구할 수도 있다. 주변에 대학을 갓 졸업한 동료나 인턴사원이 있는가? 그렇다면 그의 도움으로 빠르게 기본기를 다질 수 있다. 혹시 소셜미디어 계통에서 일하는 조카는 없는가? 게임광인 고등학생이나 대학생 친척은? 핀터레스트 Pinterest나 텀블러Tumblr 같은 이미지 공유 앱에 빠진 아이에게 조언해 줄 조카는? 당신의 친구와 가족은 훌륭한 자원이 될 수 있다.

불편하지 않은 선에서 가족이나 가까운 지인을 온라인 울타리로 삼을 수 있다. 가령 열세 살짜리 딸에게 인스타그램 사용을 허락할 때 열 살 많은 사촌 언니가 팔로해서 지켜볼 거라고 일러두는 것이다. 물론 당신도 동참할 수 있지만 아마 조카의 인스타그램 접속 시간이 더 길고 조카의 감이 더 좋을 것이다!

온라인 공간에서 아이와 어울려 줄 사람을 구하지 못하더라도 보호를 부탁할 수 있다. 믿을 만한 어른에게 아이의 활동을 슬쩍슬쩍 지켜봐 달라고 하자. 그러면 아이가 '디지털기기로 뭘 하는지' 대강이나마 파악할 수 있다. 유익한 동시에 든든할 것이다.

실제 생활에 적용하기

다른 부모들과 함께한 자리에서 당신이 아는 바와 궁금한 점을 공유하자. 이를테면 **콘텐츠 소비**와 **콘텐츠 창작**의 차이처럼, 특정 앱보다는 아이들이 하는 상호작용의 경험과 범주에 초점을 맞추자. 아이들이 특정 앱에 끌리는 이유는 무엇일까? 다른 집 아이들은 디지털기기를 사용하면서 불쾌하거나 무섭거나 당황스러운 경험을 한 적이 있을까? 예기치 못한 사건이나 불순한 접촉은 없었나? 다시 한번 말하지만 앱이나 기기는 그저 더 큰 문제의 일부일 수 있다. 테크놀로지와 관련된 문제는 무작정 막을 것이 아니라 더 깊이 파고들어야 한다. 당신의 아이보다 한두 살 더 많은 아이를 둔 부모에게 아이의 디지털 생활을 지켜보면서 가장 놀랐거나 불쾌했던 일은 무엇인지 물어보자.

마지막으로, 당신은 전문가처럼 아이와 아이 친구들을 상담할 수 있다. 간식을 사 주면서 인터뷰해 보자. 특정 게임이나 소셜 앱을 이용할 때 어떤 점이 가장 좋고 가장 나쁜지 물어보자. 아이들은 자기들 세상에 대해 할 말이 많다. 당신이 진심으로 흥미를 보인다면 아이들은 솔직하게 털어놓을 것이다.

이제 당신 스스로 테크놀로지를 어떻게 생각하는지 확인했으니, 새롭게 시작하자. 디지털기기 사용에 현명한 부모로 거듭날 시간이다. 두려워하지 않고 자신 있게 테크놀로지에 접근하는, 모르는 게 있으면 곧바로 뛰어들어 배우는, 테크놀로지의 잠재적 위험을 잘 알고 각종 툴을 적절히 사용할 줄 아는, 미숙한 디지털 원주민을 성숙한 디지털 시민으로 일깨울 부모가 될 때다!

단순히 테크놀로지를 이용하는 법이 아니라 언제 어떻게 이용해야
가장 좋은지 가르칠 때 당신은 아이의 미래에 투자한다고 할 수 있다.
테크놀로지를 활용해 목표를 이뤄 본 아이,
사람을 직접 만나 해결할 때와 다른 해결책을 찾을 때를 구분하는 아이는
삶에서 마주하는 여러 도전에 잘 대처할 것이다.

제4장

기술 친화적인
부모 되기

주변을 둘러보자. 테크놀로지가 세상을 발전시키기보다는 침해하는 것처럼 보일지 모른다. 레스토랑에서 옆자리에 앉은 어떤 가족은 아이들을 조용히 시키려고 테크놀로지를 이용한다. 초등학교 4학년 아이를 학교에 데려다주면서 살펴보니 상급생 아이들이 서로 어울리기는커녕 저마다 아이치고는 심각한 얼굴로 휴대폰을 뚫어져라 들여다보고 있다. 다들 서로 피하는 것만 같다.

즉각적이고 전 세계적인 커뮤니케이션은 우리에게 엄청난 기회를 제공한다. 과연 어떻게 하면 우리는 그 기회들을 사람들이 뭘 입고 뭘 먹고 휴가 때 어딜 갔는지 알아내는 것보다 더 요긴하게 쓸 수 있을까? 이 장에서는 당신이 적당한 경계선 안에서 테크놀로지를 긍정적으로 사용하도록 가족을 이끌 수 있는 방법들을 소개하겠다. 디지털기기를 현명하게 사용하는 습관은 가족을 서로 이어 줄 뿐 아니라 아이가 테크놀로지를 바탕으로 하는 활동을 넘어 현실에서도 원활히 소통할 수 있도록, 또한 앱에서 불만 사항을 발견했을 때 기지를 발휘할 수 있도록 도와준다.

교육학 교수 하워드 가드너와 미디어 학자 케이티 데이비스는 『앱 제너레이션』에서 십 대 청소년과 앱의 관계를 관찰한 최근 연구 결과를 간추려 서술했다.[1] 앱을 매개로 한 삶의 변화는 확실하면서도(맞춤법 검사 앱과 길 안내 앱의 기능을 떠올려 보자) 미묘하다. 가드너와 데이비스는 아이들이 앱을 매개로 세상과 연결되는 두 가지 방식을 묘사하고, 부모는 아이가 '앱 능력자app enabled'가 되길 원하지 '앱 의존자app dependent'가 되길 원치 않는다고 설명한다.[2] 더 나아가 나는 우리 아이들이 앱을 잘 다루는 수준을 넘어서 테크놀로지를 이용해 문제를 해결할 수 있도록 북돋아야 한다고 생각한다.

단순히 테크놀로지를 이용하는 법이 아니라 언제 어떻게 이용해야 가장 좋은지 가르칠 때 당신은 아이의 미래에 투자한다고 할 수 있다. 테크놀로지를 활용해 목표를 이뤄 본 아이, 사람을 직접 만나 문제를 해결할 때와 다른 해결책을 찾을 때를 구분하는 아이는 삶에서 마주하는 여러 도전에 잘 대처할 것이다.

디지털 시민이 되는 것은 비단 테크놀로지만의 문제가 아니다. 그래서 당신이 나서야 한다. 먼저 당신 스스로 준비가 되어 있어야 한다. 긍정적인 면을 충분히 이해하지 못한 상태로 테크놀로지의 무궁한 잠재력을 간과해서는 안 된다. 당신 스스로 기술 친화적인 부모가 되어야 한다.

기술 친화적인 부모란 어떤 모습일까?

- 기술 친화적인 환경을 조성한다. 여기에는 계획적으로 디지털 기기를 사용하지 않는 공간과 장소를 만드는 것이 포함된다.
- 스스로 디지털기기와 어떤 관계를 맺고 있는지 돌아보고 자신의 행동이 집안 분위기를 좌우한다는 점을 인식한다.
- 온라인과 오프라인에서 친구나 동료, 아이의 선생님과 교류할 때 정중한 행동으로 모범을 보인다.
- 경계선을 분명히 설정하고, 가족에게 기대하듯이 자신도 그 경계선을 지킨다. 디지털기기를 사용하지 않기로 한 시간을 준수한다.
- 가족의 사진을 게시하기 전에 허락을 구하는 등 스스로 모범이 되어 디지털 세상에서 다른 사람의 경계선을 존중하도록 가르친다.
- 자신을 과시하려는 욕구, 타인에 대한 강박관념 따위에 디지털 연결망이라는 엄청난 혜택을 낭비하지 않도록 디지털 윤리 의식을 키운다.
- 테크놀로지의 힘을 이용해 세상에 긍정적인 변화를 만들어 낸다.

최악을 가정하지는 말자

부모이자 멘토로서 당신의 역할은 온라인이든 오프라인이든 아이를 위해 올바른 환경을 만드는 것이다. 그렇게 하는 가장 좋은 방법 중 하나는 아이도 스스로 올바르게 행동하길 원하며 그저 방법을 모를 뿐이라고 가정하는 것이다. 이렇게 단순히 가정하는 것만으로도 아이들은 자기 세계에 대해 여러모로 이야기하기 시작할 것이다. 자신들의 사회적 상호작용, 게임, 고민과 실망에 이르기까지 전부 말이다.

현장 연구를 하다 보면 아이들이 테크놀로지를 "함부로 쓴다"라며 끊임없이 엄청난 불신을 드러내는 부모와 교육자가 많다. 나는 이런 태도가 기술 친화적인 양육법을 가로막는 요인 가운데 하나라고 생각한다. 열린 대화는 아이와 건강한 관계를 맺는 열쇠이고, 아이에게 나쁜 의도가 있다고 지레짐작해 버리면 대화의 문은 쾅 닫히고 만다. 아이가 테크놀로지로 '시간 낭비'를 하고 있다고 넘겨짚는 것만으로도 진솔한 대화는 어려워진다.

부모와 교육자들은 최선을 가정할 때 아이들에게 보다 가까이 다가갈 수 있다. 아이들의 의도는 대개 꽤 단순하다. 그저 친구들과 소통하고, 마음이 맞는 또래를 찾고, 자신의 정체성과 감정을 공유하고 싶어 한다. 테크놀로지는 이런 자연스러운 욕망을 좀 더 복잡하게 만들 수 있고, 바로 그래서 당신의 도움이 필요한 것이다. 낯설게 들리겠지만, 아이들은 때때로 당신의 도움을 원한다.

대화의 틀 잡기

긍정적인 언어와 다정한 태도가 반영된 학습 네트워크는 아이들에게 큰 영향을 미친다. 소셜미디어의 세계는 디지털 원주민이 아닌 이들에게 낯설게 보일 수 있으나 실제로는 현실 세계와 아주 흡사하다. 아이들이 디지털 세상에 기꺼이 참여하도록 이끌어 준다면 그 효과는 집과 학교, 그 너머의 소통 범위까지 미칠 것이다.

원칙적으로 사람들이 지닌 긍정적인 인상은 건드리지 않는 편이 좋다. 아이에게 "너 지금 못되게 굴고 있잖아."라고 말하는 것보다 "너는 착한 아이이고 좋은 친구잖니. 그런 점이 드러나도록 포스팅하는 게 어때?"라고 말하는 편이 훨씬 낫다. 다만 다소 심각한 문제를 바로잡아야 하거나 이런 긍정적인 접근법이 효과가 없을 때는 좀 더 직접적으로 주의를 주어도 좋다. 상황에 따라 결정을 내리되, 바람직한 행동부터 칭찬하는 것이 실수를 비난하는 것보다 대체로 훨씬 효과적이다.

디지털기기를 현명하게
사용하도록 돕기

당신 주변에는 훌륭한 교육 기회들이 있다. 당신의 아이가 서식하는 바로 그 네트워크 안에 말이다. 아이에게 신중함을 길러 주는 한 가지 좋은 방법은 자신이 이용하는 미디어를 객관적으로 평가하게 하는 것이다. 아이에게 다른 아이들의 디지털 프로필을 보여 달라고 하고 바람직한 프로필과 그렇지 않은 프로필을 구별해 보라고 하자. 아이에게 판단을 맡기고, '답은 정해져 있어' 하는 식으로는 묻지 말자.

객관적으로 평가하기가 아이에게만 득이 되는 것은 아니다. 당신에게도 유익하다. 이 실습은 아이가 가진 기준을 파악하고 멘토로서 당신이 첫발을 내딛기에 안성맞춤이다. 당신은 아이의 가치관과 의견, 판단 기준을 가늠할 수 있을 것이다. 내가 중학교 1학년 학생들과 인터뷰를 진행해 보니 아이들은 종종 다른 아이들을 무척이나 날카롭게 판단하고 있었다.

물론 우리는 아이들이 무엇을 공유할 것인가에 대한 기준을 제대로 세우길 바란다. 하지만 아이들이 남의 게시물을 너무 가혹하게 평가할 수 있다는 점도 주의해야 한다. 우리는 분명 아이가 다른 아이에게 욕을 하거나 해를 끼치기를 원치 않는다. 여기서는 균형이 중요하다. 판단을 가르치되, 지나친 비판은 삼가도록 이끄는 것이다. 부모로서 우리는 아이 또래들의 사진을 비난하듯이 평가해서는 안 된다. 속으로는 '이 녀석이 센 척하고 있네.'라고 생각할 수 있지만, 아이에게는 "이 친구가 어떤 인상을 주려는 것 같니?"라고 묻는 편이 낫다. 그 친구가 의도한 효과를 실제로 거두었는지는 아이 스스로 깨닫게 하자. 물론 그런 사진을 공유하는 것은 좋지 않다고 말해 주어도 된다. 하지만 그 친구나 친구 부모의 성격을 아이 앞에서 재단하지는 말자. 그 대신 자기과시욕의 함정을 동정 어린 말투로 설명하면 경계선을 분명히 하기에 좋다. 이를테면 이렇게 말하는 것이다. "사람들은 가끔 자기가 올리는 사진에 더 **많은** 관심이 필요하다고 느끼는데, 그런 감정은 올바른 선택에 걸림돌이 된단다."

결과는 밑거름이 될 수 있다

어떤 경우에 아이들은 디지털 세상에서 제 무덤을 파는 실수를 범한다. 때로는 별생각 없이 한 행동이 안 좋은 결과를 몰고 오기도 한다. 이를테면 아이가 무언가를 공유했는데 다른 친구들이 불쾌해하며 화를 내는 것이다. 여기에 부모가 끼어들면 상황만 더 나빠질 수 있다. 이럴 때는 아이에게 친구들과 어떻게 화해하면 좋을지 조언해 주는 편이 더 낫다.

어느 학교에서 나에게 한 5학년 학생이 사귀던 친구와 나체 사진을 교환했다고 자문해 왔다.(그렇다, 그 나이에 벌어질 수 있는 일이다!) 학교는 그 사진을 주고받은 학생들 전체의 정학 처분을 고려하고 있었다. 하지만 그 사건에서 열한 살짜리 사진 주인이 겪은 수치심은 어떤 처벌보다 가혹했을 것이다. 이런 경우 학교는 학생들을 처벌하는 대신 상대방의 분명한 동의 없이 그런 사진들을 전송하면 안 된다고 교육할 수 있다. 그 사진을 전달한 못된 아이들에게 적절한 처벌도 있었겠지만, 이런 아이들에게조차도 성찰 교육과 멘토링은 행동을 교정하는 데 최선의 기회를 제공한다.

어떻게 하면 아이에게 실수가 가져올 잠재적 결과들을 설명하고 그런 일이 발생하기 전에 대비시킬 수 있을까? 아이가 스스로 좋은 친구가 되고자 하고 그런 인상을 심어 주고 싶어 한다는 점에 초점을 맞추자. 아이에게 "좋은 친구라면 어떻게 행동할까?"라고 물어보자. 만약 당신이 학교 교사나 관리자인데 당신이 정한 방침이 전부 최악의 상황을 가정해서 아이들을 단속하는 것처럼 보인다면 어떻겠는가? 혹은 사무실 동료가 당신의 이메일을 감시한다면 어떻겠는가? 결국 가장 바람직한 것은 학교와 학부모 모두 긍정적인 방향으로 규칙을 정하는 것이다.

엄격한 사용 시간 제한에서 벗어나기

우리가 테크놀로지를 사용하는 모든 시간을 '스크린 타임'이라고 딱지 붙이면 창작 활동과 소비 활동의 결정적인 차이를 흐리게 된다. 사실상 테크놀로지 사용은 연속선상에 있기 때문이다. 예를 들어 텔레비전 시청은 수동적 소비라고 할 수 있지만, 유튜브에서 마인크래프트 플레이 영상을 찾아보는 것은 어떤가? 마인크래프트 플레이 영상을 직접 **제작하는** 것은? 텀블러 같은 블로그를 '퍼 온' 콘텐츠 위주로 꾸미는 것은? 스크랩북이나 콜라주 형태로 게시하는 것은? 아예 오리지널 콘텐츠로 채우는 것은? 이 모든 참여 활동은 저마다 무지갯빛만큼이나 다채롭다.

우리 중 많은 사람들에게 소셜미디어는 (주로) 소비 활동이다. 우리는 친구와 가족이 올린 사진이나 영상, 공유한 링크를 통해 콘텐츠를 소비한다. 하지만 어떤 사람들에게 소셜미디어는 창조적인 통로다. 뭔가를 만들어 내고, 창의력을 뿜내고, 피드백을 받고, 공유하며 배울 기회다. 이는 귀중한 경험이며 아날로그 세상의 창작 활동과 별반 다르지 않다.

모든 디지털기기 사용이 질적으로 같지는 않다. 그러니 사용 시간 제한 방침을 다시 생각해 보자. 적어도 엄격하고 절대적인 시간제한에서는 벗어나도록 하자. 당신의 아이가 개러지밴드^{GarageBand} 앱을 이용해 노래를 작곡하는가? 아니면 넷플릭스로 드라마를 몰아 보는가? 물론 드라마 몰아 보기가 (감기에 걸렸거나 가족이 함께할 때처럼) 유익할 때도 있다. 하지만 나라면 이 두 활동의 제한 시간을 다르게 두겠다.

아이의 미디어 활동이 소비에서 창조로 이행하도록 도울 방법 가운데 하나는 아이에게 제일 좋아하거나 싫어하는 쇼를 패러디해 보라고 제안하는 것이다. 또는 북 크리에이터^{Book Creator} 앱을 통해 자신만의 책을 만들어 보거나 간단한 동영상 편집 소프트웨어를 이용해 자신만의 쇼를 제작해 보게 할 수도 있다.

온라인 커뮤니티에 참여하고 기여할 수 있는 아이디어를 아이와 공유하자. 관심사를 공유하는 온라인 커뮤니티에는 뜨개질, 그리스 요리, 마인크래프트를 비롯해 상상할 수 있는 분야는 뭐든 다 있다. 당신이라면 무엇으로 커뮤니티에 기여하겠는가? 멘토로서 당신은 디지털 세상과 현실 세상의 공동체에서 아이에게 모범이 되어 건전한 참여 개념을 심어 줄 수 있다. 그것이 바로 디지털 시민의식을 키우는 길이다!

아이의 성취감 높여 주기

어떻게 하면 아이가 인터넷의 방대한 가능성을 잘 활용할 수 있을까? 부모이자 멘토인 우리가 의미 있는 방식으로 디지털 세상에 참여할 기회를 마련해 줘야 한다. 아이에게 다른 나라의 신문을 보여주거나, 가족 모두에게 자기와 다른 관점을 드러내는 기사를 찾아보라고 제안하자. 다른 의견을 접하는 것은 공감 능력을 기르고 타인의 관점을 존중하는 법을 배울 좋은 기회다. 다만 다른 의견과 마주친다고 해서 본인의 생각을 바꿀 필요는 없다는 점을 일러 주자. 핵심은 그게 아니다. 이런 활동을 통해 아이가 다른 의견을 접하고 자신만의 관점을 형성하도록 도울 수 있다는 점이 중요하다.

가족이 함께 휴가 계획을 세우는 것도 좋은 방법이다. 가령 초등학교 4학년 아이는 목적지의 박물관이나 자연 탐사 도보여행을 알아볼 수 있다. 6학년은 주행거리를 따져 자동차 연비를 계산할 수 있다. 가족 모두가 출발지에서 목적지까지 일정을 짜고 들러 볼 만한 곳을 검색하며 즐거워할 수 있다. 당신의 아이는 가족 여행 전용 블로그나 소셜미디어를 따로 만들 수도 있을 것이다.

진짜 수용자들의 힘

테크놀로지를 기반으로 한 공유가 즐거운 이유는 우리의 창작물이 보다 진정한 수용자들과 만날 수 있기 때문이다. 수용자가 꼭 많을 필요는 없다. 실은 아주 적어도 된다. 중요한 것은 그들이 우리의 프로젝트나 과정에 관심을 기울인다는 사실이다.

그런 창작 활동은 무분별한 소비보다 훨씬 유익하다. 가령 디지털 공간에서 글을 쓰는 당신의 딸은 소수지만 열성적인 수용자들과 함께 작문 기법을 익힐 수 있다. 이 얼마나 멋진 글쓰기 훈련법인가! 또한 당신은 블로그나 텀블러에 당신이 고안해 낸 유용한 생활 정보나 레시피를 올릴 수 있다. 고작 열두 명이 본다고 해도 그들은 당신의 노력을 알아봐 주는 사람들이다.

수용자를 고려해 콘텐츠를 제작하는 것은 작문 과제를 하는 것과는 또 다른 경험이다. 반 친구들과 공유할 수 있는 콘텐츠를 만드는 것은 선생님이 읽어 주는 대로 받아 적는 것보다 훨씬 능동적인 행위다. 늦어도 고등학생쯤 되면 아이들의 창작물은 디지털 포트폴리오의 일부로서 공개할 만한 수준이 된다.

협업을 북돋아 주자

공동 창작은 아이들에게 좋은 훈련이 된다. 디지털 창작 활동이 선사하는 엄청난 이점 가운데 하나가 협업을 지원하는 툴이다. 문제는 당신의 가족이 그런 협업 툴을 어떻게 이용하느냐이다. 아마도 당신은 일터에서 이미 협업을 하고 있을 것이다. 집에서라고 왜 못하겠는가? 당신은 아이에게 중요한 기술들을 가르칠 수 있다.

한 가지 간단한 방법은 아이와 구글 캘린더를 만들어 공유하는 것이다. 축구 연습, 놀이 약속, 기금 모금 행사, 학교 연극 리허설까지, 가끔 보면 우리는 이 활동에서 저 활동으로 쉴 새 없이 뛰어다니는 것만 같다. 캘린더를 공유하면 책임감과 의무감, 그리고 시간 관리 요령을 기를 수 있다. 아마 당신은 아이에게 섣불리 공유 캘린더의 편집 권한을 주고 싶지 않을지도 모른다. 하지만 실행 가능한 일정을 함께 짜는 것은 매우 좋은 기술이다. 웬만한 고등학생은 자신만의 캘린더를 관리할 수 있다(할 수 있어야 한다!).

게임을 더 효과적으로 하기

게임은 가족을 한자리에 모으기에 효과적인 활동이다. 전통적인 보드게임은 유서 깊은 가족 놀이지만 인터렉티브 디지털 게임 또한 그런 아날로그 게임에 맞먹을 만큼 효과적이다. 아이들이 신나게 참여하길 원한다면 일주일에 한 번은 가족만의 게임의 밤으로 정하고 '온라인' 게임과 오프라인 게임을 번갈아 해 보자. 아이더러 제일 좋아하는 게임을 소개해 달라고 하고 당신이 좋아하는 것도 보여 주자. 컷 더 로프Cut the Rope나 아가리오, 마인크래프트 같은 게임은 생각보다 훨씬 재미있을 것이다.

창의력을 발휘할 기회도 많다. 아이에게 자신만의 게임을 설계하거나 기존 게임을 개선해 보라고 권하자. 실제로 비디오게임을 설계

할 준비가 안 된 아이들에게는 펜과 종이를 이용해 어떻게 게임할지 원형을 만들어 보게 하자. 이 방식을 통해 아이들은 테크놀로지로 일상생활을 개선하는 법을 궁리해 볼 수 있다. 좋아하는 앱이나 게임을 다양한 버전으로 되풀이하게 하는 것도 좋은 방법이다.

아이가 즐겨 하는 게임이 있다면 아이에게 시범을 보여 달라고 하고 가끔은 같이 해 보자. 함께 게임하기는 부모에게도 은근히 유익하다. 그 안에서 아이가 다른 사람과 상호작용하는 모습을 보면 아이의 세상을 더 잘 이해할 수 있다. 그 세상을 당신이 직접 체험해 볼 기회다. 물론 아이가 열정적으로 즐기는 게임을 함께할 정도로 익히려면 시간이 걸린다. 하지만 여러 부모와 이야기를 나눠 보니 과연 시간을 투자할 만한 일이다. 참여자로서 얻을 수 있는 통찰을 손쉽게 대체할 수 있는 묘안은 없다.

아이의 새로운 취미가 당신에게 생소한 체스나 라크로스*라면 아마 당신도 아이의 경험을 이해하기 위해 팔을 걷어붙일 것이다. 디지털 게임도 마찬가지다. 그러니 망설이지 말고 마인크래프트를 실행해 보자! 기본기를 닦고 싶다면 '서바이벌 모드'를 시도하고, 다른 아이들이 창조하는 디지털 세계를 엿보고 싶다면 '크리에이티브 모드'를 시도해 보자. 이따금 아이들과 게임을 하고, 곁에서 지켜보자. 게임 세상에서의 위험 요소를 미리 알아 두자.

---

* 각각 열 명의 선수로 이루어진 두 팀이 그물 달린 스틱으로 상대의 골에 공을 넣어 득점을 겨루는 구기 종목.

인터렉티브 게임의 장점 또한 이해해야 한다. 아이들은 게임에서 갈등을 해결하고, 팀의 능력을 평가하고, 역할을 분담하는 법을 배울 수 있다. 어떤 게임을 할 때 아이들은 플레이어의 능력에 따라 역할을 나눈다. 당신이 아이와 함께 클래시 오브 클랜을 할 때 아이의 클랜원이 된다는 것은 어떤 의미겠는가?

물론 아이가 낯선 이와 인터렉티브 게임을 하다가 문제가 생길 수도 있다. 이는 부모들이 가장 두려워하는 일이다. 웬만하면 12세 이하 어린이들은 잘 알고 지내는 사람과 게임을 해야 한다. 몇몇 학교와 가정에서는 마인크래프트 개별 서버를 설치해서 아이들이 낯선 어른과 소통할 걱정 없이 게임을 즐길 수 있도록 했다. 만약 개별 서버를 설치하는 데 도움이 필요하다면 아이의 학교나 인근 대학의 IT 담당자에게 부탁해 고등학생이나 대학생을 연결해 달라고 하자. 전용 서버를 설치하는 일은 별로 어렵지 않으며, 그로 인해 한결 마음이 놓인다면 노력이 아깝지 않을 것이다.

때때로 게임 안에서의 관계성은 그 바깥세상에서의 상호작용에도 영향을 미친다. 교사들은 내게 서로 잘 몰랐던 아이들이 함께 마인크래프트 같은 게임을 하면서 친해진다고 말해 주었다. 어떤 아이들에게는 게임이 새 친구를 사귀는 통로를 열어 주는 긍정적인 매개체다.

한편, 초등학교 고학년을 가르치는 교사들에 따르면 게임에서 시작된 갈등이 수업 시간까지 영향을 미치며 온종일 해소되지 않을 때도 있다고 했다. 초등학교 고학년이라면 자기들끼리 갈등을 해결하는 방법을 이미 알거나 배워야 하지만, 그래도 혹시 온라인게임 안에서의 갈등이 학교에서도 불거지지 않는지 부모가 교사와 연락하며 확인하는 편이 좋다. 당신은 아이의 커뮤니티 내 상호작용에 신경을 써야 한다. 특히 그것이 학교 같은 생활 영역에 영향을 준다면 말이다.

마인크래프트에 푹 빠진 학생들의 학부모와 면담을 진행했던 한 교사에 따르면 일부 부모들은 게임도 아이 사생활의 일부라며 면담에 불려 온 사실에 격분했다고 한다. 하지만 만약 당신이 이런 상황에 놓인 부모라면 교사에게 고마워해야 한다. 그 교사는 수업에서 다루지 않는 사회성을 아이들에게 가르칠 기회를 포착하는 교사일 테니 말이다. 또한 잊지 말자. 당신의 아이가 문제없이 크고 있더라도 아이의 친구 중에는 도움이 꼭 필요한 아이들이 섞여 있을 수 있다.

어린 게이머들에게 말 걸기

초등학교 5학년 남자아이인 조너선과 엘리엇은 나와 오후 한때를 보내며 마인크래프트를 비롯해 공개 서버에서 하는 게임들에 관해 설명해 주었다. 한 아이는 요즘 마인크래프트에서 공원과 건물을 짓느라 바쁘다고 했다. 아이들이 게임에서 여러 옵션과 모드를 폭넓게 다루는 점이 인상 깊었다. 유저가 자유롭게 '세계'를 구축할 수 있는 게임은 어린이와 어른 모두에게 매력적이다.

두 아이와 그들의 부모에 따르면 게임 때문에 친구 관계, 숙제, 가정생활, 수면에 차질을 빚지는 않는다고 했다. 엘리엇의 엄마는 게임 허용 시간이 다른 할 일을 다 했는지에 달려 있다는 점을 분명히 했다. 엘리엇은 숙제와 집안일 등 가정에서 할 일을 마쳐야 게임을 할 수 있었다. 무엇보다 인상적이었던 것은 함께 게임을 하는 아이들이 서로 매우 사이가 좋다는 점과 게임에서 쌓은 지식과 기술에 대한 자부심이 대단히 크다는 점이었다.

앱을 선택하는 기준

마리나 유머시 버스는 터프츠 대학교 교수이자 게임 연구자이다 (그녀의 멋들어진 테드엑스TEDx 강연*을 찾아보시라!).[3] 나는 버스가 제시한 '놀이터 대 놀이방' 개념을 특히 좋아한다. 그래서 아들과 함께하고 싶은 활동이나 앱을 고를 때마다 이 비유를 곧잘 써먹는다. 나는 아이의 창의력을 자극하고 가능성을 제한하지 않는 앱에

---

* 세계 최대의 강연 플랫폼 TED로부터 라이선스를 받아 각 지역에서 독자적으로 진행하는 기술·오락·디자인 분야 강연회.

매력을 느낀다. 버스 교수가 지적했고 나도 동의하는 점인데, 놀이방 유형의 경험(단어 카드 암기 앱을 떠올려 보라)은 딱히 유해하지는 않지만 아이들에게 모험심과 자율성, 통제력을 기르면서 성장할 기회를 제공하지 않는다.[4]

교육자(와 많은 부모)들이 코딩 교육에 열을 올리는 것은 무리가 아니다. 특히 어린이용 스크래치Scratch나 코드카데미Codecademy 같은 코딩 교육 프로그램은 숱하게 많고, 간단한 코딩 기법만 배워도 아이들에게는 무한한 창조와 탐험의 길이 열린다. 버스 교수는 "코딩은 새로운 문해력literacy"이라며 아이들이 이른 나이부터 STEM, 즉 과학·기술·공학·수학 분야를 학습해야 한다고 주장한다. 아이들이 스스로 STEM 분야에 '능하다'거나 '서툴다'는 고정관념을 내면화하기 전에 말이다.

놀이방은 아이들을 작은 공간이나 정해진 활동에 제한하는 것을 의미한다. 위험이 없지만, 배움도 제한된다. 한편, 디지털 미디어 환경, 특히 리틀빅플래닛LittleBigPlanet이나 마인크래프트 같은 게임의 환경은 '놀이터' 쪽에 가깝다. 늘 그런 것은 아니지만 다른 사람과 협력할 기회가 주어진다. 이런 게임 안에서 아이들은 자신만의 세계를 설계하고 어떻게 플레이할지 결정한다. 현실 세계의 놀이터와 마찬가지로 디지털 세상의 놀이터에도 어느 정도 위험이 따른다. 좌절과 실망, 또래와의 부정적인 상호작용을 겪을 수 있다. 그러나 디지털 놀이터는 도전과 학습에 좋은 기회를 제공하기도 한다!

아이의 디지털 놀이터 방문을 허용하려면 부모가 약간은 통제권을 포기해야 한다. 하지만 나는 그로 인해 얻는 보상이 충분하다고 생각한다. 다음은 앱과 미디어 콘텐츠를 선택할 때 놀이터 개념을 적용하는 방법이다.

- 다른 사람들과의 소통을 권장하는 앱을 선택하자.
- 문제 해결에 협동과 협업을 권장하는 게임을 선택하자.
- 단순 플레이에 그치지 않고 창의력을 발휘할 수 있는 게임을 찾자. 아이가 직접 캐릭터와 레벨, 환경을 만들고 입맛대로 바꿀 수 있는 게임이 많다.
- 되도록 공감 능력을 키워 주는 게임을 찾자.
- 여성 캐릭터와 여성 아바타를 지나치게 성적으로 대상화하지 않는 게임을 찾자.

이런 게임들을 어떻게 찾을까? 당신의 아이보다 조금 나이가 많은 아이들에게 가장 좋은 게임이 뭔지 물어보고 그 이유를 들어 보자. 초등학교 6학년들은 어떤 게임이 2학년에게 좋고 나쁜지에 대해 뚜렷한 소신이 있다! 또한 '쿨 맘 테크coolmomtech.com'나 에이미 크래프트의 '미디어 마카로니mediamacaroni.com' '긱 대드geekdad.com' 같은 블로그도 방문해 보자. 부적절한 언어를 사용하지 않는 마인크래프트 플레이 영상을 원한다면 아이들이 고른 멋진 사이트인 '클린 마인크래프트 비디오'cleanminecraftvideos.com'에서 확인할 수 있다.

얼마나 제한하고 싶은가?

간단히 말해, 게임은 즐겁다. 아이들은 자신을 에워싸는 듯한 게임 세계와 그 안에서의 상호작용에 사로잡힐 수 있다. 그 엄청난 매력에 '중독'되기도 한다. 혹은 게임에 너무 몰입해서 올바른 판단을 내리지 못할 때도 있다. 게임이 가정불화를 일으키는 것도 무리는 아니다.

게임을 제한하는 방식에는 두 가지가 있다. 시간제한과 콘텐츠 제한이다. 사용 시간 제한에 대해서는 앞서 이야기했으니 넘어가고, 특정 앱이나 게임의 콘텐츠가 아이에게 부적절해 보이면 어떻게 해야 할까? 나는 부모들이 무작정 암호를 걸거나 '모니터링 앱nanny apps'을 설치해 디지털기기 사용 자체를 통제하려는 모습을 흔하게 본다. 일부 모바일 기기는 유해 콘텐츠를 차단하도록 설정할 수 있지만, 이렇게 자동화된 제어 기능에 너무 의존해서는 안 된다. 완벽하지 않을뿐더러 몇몇 훌륭한 콘텐츠까지 차단할 가능성도 있다.

불안 요소를 차단하는 대신 아이가 창의적으로 사고하고 게임을 비판적으로 바라볼 수 있도록 이끌자. 그랜드 세프트 오토Grand Theft Auto, GTA 게임을 예로 든다면, 왜 차를 훔치는 게임을 다들 아무렇지 않게 즐기는지 아이에게 물어보자. 혹은 아이도 이미 차를 훔치는 것이 나쁘고 그런 게임은 오직 가상현실에서만 즐긴다는 점을 안다고 전제하고 대화를 시작해도 좋다. 이런 대화는 중요하다.

다양한 게임이 갖고 있는 장단점을 이해하려고 노력하자. 당신의 진짜 목적은 제한에 대한 아이의 반발을 최소화하는 것이다. 게임을 하는 아이의 동기와 관점을 이해하면 입씨름할 필요 없이 제한선을 지켜 내기가 한결 쉬울 것이다.

취향과 선택

만일 우리 엄마였으면 내 취향이 마음에 들지 않을 때 "눈이 발가락에 달렸다."라고 타박했으리라. 그간 내가 쓸데없는 텔레비전 쇼를 보느라 날린 세월을 따지면 엄마의 혹평을 탓할 수만은 없다. 부모로서 우리는 아이의 미디어와 책, 음악이나 음식 취향에 영향을 끼칠 수는 있지만 궁극적으로 통제할 수는 없다. 지금부터 아이들의 선택과 취향을 깔보거나 모욕하지 않고 '불량 식품' 같은 미디어를 벗어나게끔 비판적 사고력을 길러 주는 실용적인 방법들을 소개하겠다.

아이에게 영향을 주려면 어릴수록 좋다. 당신은 과거에 영화 「머펫 무비The Muppet Movie」를 좋아했는가? 당신의 아이도 마찬가지일 것이다. 비틀스는? 조니 캐시는? 마돈나는? 이 기회에 아이의 취향을 싹틔워 보자. 넷플릭스, 아이튠스, 유튜브를 통해 그때 그 시절의 멋진 미디어를 소개하자. 실제로 내 아들은 가수 피트 시거가 타계했을 때 무척 슬퍼했는데 반 친구들이 피트 시거가 누군지 모른다고 해서 약간 충격을 받았다. 이는 집에서 성공적으로 세뇌한 결과다!

요즘 아이들이 즐기는 텔레비전 쇼, 앱, 게임을 따라잡으려면 큰 노력이 필요하다. 그렇다면 남을 시키자! 어린이용 앱과 방송, 게임을 비평하는 블로거를 찾아 팔로하자. 내가 좋아하는 블로그는 에이미 크래프트의 '미디어 마카로니'와 '긱 대드'이며, 그 밖에도 훌륭한 온라인 자원이 많다. 나아가 배운 것을 바탕으로 당신만의 블로그를 운영할 수도 있겠다!

최고의 앱과 최악의 앱에 대해 소셜미디어 커뮤니티에 물어보자. 쓰레기 같은 앱도 많지만 어쩌다 보물 같은 앱을 건질 수도 있다.

사회성이 부족한 아이들을 위한 기회

소셜미디어 플랫폼은 복잡한 점도 많지만 특별한 도움이 필요하거나 사회성이 부족한 아이들을 실질적으로 도울 수 있다. 사회적으로 고립된 아이들도 온라인 커뮤니티에서 공통 관심사를 지닌 또래를 찾을 수 있다. 오프라인에서 직접 만나려고 했다면 아마 훨씬 어려웠을 것이다. 아이들은 소셜미디어의 후행적後行的이고 연출적인 특성 덕분에 어색함 없이 여유롭게 자신을 표현할 수 있고, 따라서 또래와 좀처럼 어울리지 못하는 아이들도 한껏 자신감을 얻을 수 있다. 당신이 소셜미디어 같은 디지털 도구를 통해 할 수 있는 일은 다음과 같다.

- 당신의 경험과 네트워크를 다른 부모나 가족과 공유할 수 있다.
- 밋업Meetup 같은 온라인 플랫폼을 통해 게임이나 공예 분야에 독특한 취미를 가진 아이들에게 공통 관심사를 가진 커뮤니티를 찾아 줄 수 있다. 어린아이라면 오프라인에서의 만남은 물론이고 온라인 활동도 반드시 부모가 함께해야 한다.
- 특별한 도움이 필요한 아이들을 위한 앱을 찾을 수 있다. 굳이 특별한 도움이 필요하지 않더라도 초이스워크스Choiceworks 같은 개인 맞춤형 앱은 아이들이 할 일을 점검하는 데 유익하다. 어떤 아이들은 끝낸 일을 목록에서 밀어서 지우기를 좋아한다. 게으르거나 자기 관리가 필요하다면 이 앱이 큰 도움이 될 수 있다.
- 아이의 선생님에게 그날그날의 활동을 사진이나 영상, 혹은 오디오로 기록해 달라고 할 수 있다. 어려운 부탁일지 모르지만 아이의 세계를 더 깊이 알 수 있는 한 가지 방법이다. 특히 아이가 말수가 적은 편이라면 말이다.

특별한 도움이 필요한 아이를 둔 부모가 소셜미디어를 이용할 때 특별히 고려할 점이 있다. 가령 소셜미디어에 세 살 아이의 병원 진단서를 공개하는 것은 당신의 고충을 나누고 위로를 얻을 좋은 방법처럼 보이겠지만, 막 스무 살이 되어 취업 면접을 볼 무렵의 아이가 보면 달가워하지 않을 것이다.

당신은 현명하게 디지털기기를 사용하는 부모일까?

나는 이 장을 통해 당신이 관점을 재설정하게 되었길 바란다. 당신이 이미 기술 친화적인 부모라면 이 장에서 얻은 정보로 자신의 역할을 재확인했을 것이다. 아니면 당신은 아이가 테크놀로지에 푹 빠질까 봐 걱정스러우면서도 아이의 세상을 이해하고 싶어졌을 것이다. 디지털 세계의 상호작용을 하루아침에 새로운 시각으로 바라보기란 어렵다. 사고방식이 한 번에 확 바뀔 리 없다. 매일 조금씩 가다듬자. 그러면 당신은 아이에게 전보다 쉽게 공감하면서 아이의 디지털 세계를 더 깊이 이해할 수 있을 것이다.

다음 질문을 통해 당신이 기술 친화적인 부모인지 스스로 평가해 보자.

- 집에서 기술 친화적인 환경을 조성하고 있는가?
- 제대로만 사용하면 인터넷이 매우 긍정적인 도구라고 보는가?
- 아이의 테크놀로지 사용 습관을 섣불리 재단하기보다 공감하려 하는 편인가?
- 가족을 위해 책임감 있게 디지털기기를 사용하는 모범을 보이는가?
- 테크놀로지를 활용해 창의력을 기를 기회를 제공하는가?
- 아이가 즐기는 디지털 게임을 해 보는가?
- 집에서의 테크놀로지 사용 규칙을 아이뿐 아니라 당신 자신에게도 적용하는가?
- 테크놀로지를 사용하는 시간과 사용하지 않는 시간을 명확히 정해 놓았는가?
- 디지털기기에 대한 시간제한이나 콘텐츠 제한으로 아이와 마찰을 빚는 일이 있는가?
- 아이의 사진을 올리기 전에 허락을 구하는가?
- 디지털 연결성의 잠재적 위험을 입증하고 예방할 수 있는가?
- 테크놀로지를 활용해 세상에 긍정적인 변화를 만들어 내고자 하는가?

지금까지 당신은 디지털 리터러시를 스스로 평가해 보았다. 이제 지식을 실생활에 옮길 차례다.

결국, 당신은 아이의 동기를 이해해야 한다.
아이의 세상을 진심으로 궁금해해야 한다.

제5장

공감은
필수

자, 이제 당신은 기술 친화적 부모이고, 미디어 멘토의 길에 들어설 준비를 마쳤다. 그런데 실제 생활은 어떤 양상으로 펼쳐질까? 어떻게 당신의 가치관에 충실하면서 아이 키우기에 따르는 걱정을 덜 수 있을까?

이 장에서는 당신의 관심과 지혜를 활용해 항시 접속되고 연결된 세상에서 자라는 아이들과의 공감에 이르는 길을 소개하겠다. 이는 단순히 아이에게 자율권을 주는 차원의 문제가 아니다. 나는 당신이 재단하기보다 공감하기를 통해 가족에게 알맞은 결정을 내리도록 돕고 싶다.

관심은 이해의 열쇠

먼저, **궁금해**하자. 당신의 아이, 혹은 친척의 아이들을 생각해 보자. 그리고 여느 평범한 날(이나 주)에 아이가 해야 할 일들을 떠올려 보자. 학교 수업, 숙제, 방과 후 활동, 가족 모임, 집안일, 종교 또는 사회 활동, 악기나 체조 연습, 그리고 그 사이사이에 디지털기기와 연결망이 어떻게 스며드는지에 대해 생각해 보자.

대충 헤아려 보니 뭐가 보이는가? 당신의 아이는 당신이 일어나지도 않은 이른 시간부터 온라인에 접속하는가? 학교를 벗어나자마자 채팅방을 확인하는가? 하굣길에 당신에게 전화해 이야기를 나누는가? 그때마다 아이가 왜 그런 행동을 하는지 생각해 보자. 메신저는 떨어져 있는 친구와 연결되기 위한 수단인가? 텔레비전 쇼를 보는 것은 휴식을 취하는 방법인가? 물론 그때마다 아이들이 원하는 결과를 얻는 것은 아니다. 어른들도 머리를 식히려고 소셜미디어를 이용했다가 역효과를 느낄 때가 있다.

다른 질문을 해 보자. 아이가 하고 싶어 하는 온라인 활동이 항상 다른 오프라인 활동보다 우선순위에 있을 만큼 매력적인가? 가령 어떤 소셜 앱이나 온라인게임이 너무 재미있어서 아이가 푹 빠져 버린 것 같은가? 그래서 못마땅한가? 결국, 당신은 아이의 동기를 이해해야 한다. 아이의 세상을 진심으로 궁금해해야 한다. 그래야 아이를 지도하기에 훨씬 유리한 위치에 놓인다.

동기와 환경

당신의 삶과 마찬가지로 아이의 삶도 사회적, 육체적 스트레스로 가득하다. 어떤 아이들은 다른 아이들에 비해 스트레스에 잘 대처하지 못한다. 스트레스는 아이마다 다른 양상을 띤다. 가령 당신의 아이가 유난히 밥을 천천히 먹는다고 치자. 학교 점심시간에 제대로 밥을 못 먹은 아이는 방과 후 활동을 할 때나 집에 올 때 허기져서 힘이 없는 상태일 것이다. 좀 더 나이가 차서 자기 상태를 잘 인식하게 되면 모를까, 비교적 어린 아이들은 배가 고프거나 피곤하거나 도움이 필요해도 그 사실을 자각하지 못하며, 그래서 나쁜 선택에 이끌릴 수 있다.

당신도 속이 허하면 몸에 해로운 음식이 잔뜩 당길 것이다. 현실 세계와 마찬가지로, 결핍된 기분으로는 디지털 활동에서 바람직한 결정을 내리기 어렵다.

일주일 동안 아이의 테크놀로지 사용을 지켜보면 당신은 눈살을 찌푸릴 수도 있다. 딸이 마인크래프트를 하는 것은 괜찮지만 딸의 유튜브 이용 습관은 못마땅할 수 있다. 아들의 구글 행아웃 스터디 그룹은 마음에 들지만 아들이 좋아하는 넷플릭스 드라마는 참을 수 없을지도 모른다.

자신이 무엇을 걱정하는지 솔직하게 인정하자. 당신의 딸이 남자

아이들의 관심을 받기 시작해 다소 들떠 보인다고 치자. 만약 남자 아이들이 노출 사진을 보내 달라고 하면 딸은 어떻게 반응할까? 호감의 표시라고 생각하며 순순히 보내 주지는 않을까? 최악의 상황을 가정하지는 말되, 심각한 일이 절대 벌어지지 않으리라고 장담하지도 말자. 많은 아이가 혼자 디지털기기를 사용할 때 남과 함께라면 절대 하지 않을 일들을 시도한다.

아이들이 충동적인 선택을 하는 사례는 얼마든지 있다. 어느 지역 고등학생들이 저마다 휴대폰에 저장한 나체 사진으로 섹스팅^{Sexting}을 한다더라는 이야기는 심심찮게 들린다. 일례로 콜로라도주의 캐넌시티에서 고교생들끼리 성적인 사진을 공유하는 일이 비일비재하다는 사실을 주요 언론에서 다룬 바 있다.[1] 인터뷰에서 캐넌시티 학생들은 자신이나 타인의 나체 사진을 주고받는 일이 흔한 관행이라고 밝혔다. 욱하는 마음을 잠시 가라앉히고, 당신이 요즘 고등학생이라고 상상해 보자. 주변에서 다들 이성 친구나 사귀는 사람과 헐벗은 사진을 주거니 받거니 한다. 당신도 시도하지 않으리라 장담할 수 있을까?

이런 일에는 격렬한 반응을 보여도 괜찮다! 특정 행위를 제한하거나 금지해도 좋다. 어쨌든 당신은 부모니까. 다만 무엇이 아이들에게 동기를 부여하는지 파악하도록 노력하자. 아이들이 무언가를 하는 **이유**를 이해한다면 멘토로서 당신의 능력은 더 강해질 것이다.

공감대를 형성하는 법

공감은 나 자신을 향한 공감에서 출발해야 한다. 부모로서 우리는 흔히 생각하는 것보다 더 너그럽게 자신을 이해할 필요가 있다. 그리고 공동 양육자나 다른 부모와도 공감해야 한다. 이 미친 세상에서 아이 키우기란 보통 일이 아니다. 그런데 우리는 자기 자신과 다른 부모들을 쉽사리 재단한다. 아이와 사랑스럽게 눈을 맞추는 대신 놀이터에서 휴대폰에 열중한 엄마, 나라면 허락하지 않을 나이에 아이에게 스마트기기를 쥐여 주는 아빠, 나라면 선택하지 않을 재료로 아이의 도시락을 싸 주는 아빠가 있다. 우리는 그런 선택을 하게 된 맥락에 공감해야 한다. 그 부모는 집안에 아픈 사람이 있거나 사업상의 위기를 헤쳐 나가고 있을지도 모른다. 그 부모가 통화하는 상대는 아이의 사회복지사일 수도 있다. 우리는 타인의 사정을 속속들이 알 수 없다. 이사 문제, 학교의 변화, 재정적 스트레스, 직업의 변동을 겪으면 가정 상태는 평소보다 불안정할 수 있다. 다만, 그날 될 수 있는 최고의 부모가 되자. 다른 날에는 더 잘할 수 있다고 믿되, 늘 최선을 다하자. 그런 의미에서 우리의 공감이 필요한 영역들을 헤아려 보자. 우리가 길러야 할 것들은 다음과 같다.

- 다른 부모를 향한 공감
- 아이들을 향한 공감

- 교사들을 향한 공감
- 나 자신을 향한 공감(부모 노릇은 힘들다!)

우리가 교사에게 감정이입을 해 본다면 아이더러 쉬는 시간에 불필요한 용건으로 선생님을 귀찮게 하지 말라고 주의를 줄 것이다. 숙제를 받아 적지 못한 아이는 옆 친구에게 물어볼 수 있다.

마지막으로, 아이의 고충을 헤아리자. 아이는 또래와 끊임없이 연결되어야 한다는 압박과 또래가 올리는 게시물을 자신과 끝없이 (휴가, 생일 파티, 가족까지) 비교하는 스트레스를 받는다. 이를 공감해 줄 때 당신은 아이와 같은 눈높이에서 신뢰할 수 있는 멘토로 자리 잡을 것이다.

바른 행동의 모범이 될 기회 잡기

우리가 어렸을 때 통신수단은 대개 공개적이거나 반*공개적이었다. 이를테면 우리는 집 전화로 부모님이나 형제의 통화를 엿듣기도 하고 모르는 사람이 건 전화를 받기도 했다. 우리는 전화를 제대로 받는 방법과 예의 바르게 끊는 법을 배웠다. 그 과정에서 언제 전화를 걸거나 받으면 **안 되는지**도 배웠다. 우리는 통신수단의 우선권이 누구에게 있는지 알았고, 통화할 때도 시간제한이 있어서 누군가가 부모님이나 형제에게 전화를 걸 때 통화대기음이 나오지 않도록 주의했다. 이 가운데 일부는 명확한 지침이었고 나머지는 자연스럽게 습득했다.

이제 누구나 개인 휴대폰이나 태블릿 피시를 들고 다니기 때문에 우리는 아이에게 신중한 습관을 길러 줄 기회를 일부러 찾아 나서야 하게 되었다. 디지털 상호작용은 대개 사적으로 이루어지며 개인 기기를 사용할 때 특히 그렇다. 다른 말로 하면 그 안에서의 활동이 다분히 '비공개적'이라서 아이들의 행동에 대한 단서를 수집하기가 매우 까다롭다.

부모들은 요즘 아이들의 디지털 생활이 너무 공개적이라고 혀를 차면서도 사적일 때는 또 너무 사적이라며 걱정한다. 개인 기기를 가지면 공유의 순간은 은밀해지고, 자칫 가장 내밀한 생각을 타인과 공유하는 정보의 '흐름'에 흘려보낼 수 있다는 사실을 잊게 되기 때문이다.

우리의 어린 시절을 돌이켜 보자. 친구가 전화하면 부모님이 받을 수 있었다. 다른 사람의 통화를 엿들을 수 있고 다른 사람이 내 통화를 엿들을 수도 있었다. 요새는 초등학교 저학년 때부터 자기 기기로 소통하는 아이가 있고 5학년쯤 되면 스마트폰을 가진 아이가 태반이다. 하지만 통신의 수단과 규칙이 변했다고 해서 그것이 꼭 난장판을 의미하지는 않는다. 오히려 우리는 좀 더 분명히 가르쳐야 한다. 의사소통 방식은 사람마다 다르기 때문에 미리 준비되어 있어야 한다. 당신이 간단한 시범으로나마 본을 보여야지, 아이가 스스로 깨우칠 리는 없다.

가정에서의 디지털 생활은 다음 장에서 자세히 다룰 텐데 여기서는 우선 아이에게 디지털 통신 예절을 알려 줄 몇 가지 간단한 방법을 소개한다.

- 괜찮다면 당신이 언제 어떻게 문자메시지를 사용하는지 아이에게 보여 주자. 분명 아이와 공유하고 싶지 않은 문자메시지도 있겠지만, 일부만 공유해도 아이에게 의사소통의 좋은 예를 보여 줄 수 있다.
- 아이에게 지나치게 게시물을 공유하는 것에 관해 이야기하자. 위험하거나 노골적인 것뿐 아니라 지루한 것들도 말이다! 우리가 어떤 부류의 게시물을 지겨워하는지 보여 주고 심지어 그 때문에 팔로를 취소할 수도 있다는 점도 알려 주자.
- 페이스북에는 정치적 견해를 담은 메시지나 이미지를 올리면서 현실에서는 딱히 변화를 모색하지는 않는 경우처럼, '슬랙티비즘slacktivism'*의 예를 보여 주자. 우리가 어떤 주제 의식이나 명분을 강하게 느낄 때 관련 포스팅 말고 할 수 있는 건 무엇이 있을까? 그것이 자신에게 정말 중요한 문제라면 오프라인에서

---

* 게으름뱅이(slacker)와 사회운동(activism)의 합성어. 온라인 공간에서 비판적인 의견을 드러내지만 정작 실생활에서 실천하지 않는 소극적인 사회 참여 방식.

의 행동에도 반영되어야 할 것이다.

매일매일이 졸업 사진 찍는 날

학교에서 졸업 사진을 찍던 날을 기억하는가? 나는 그날이 싫었다. 사진의 무시무시한 영속성 때문이다. 부모님이 그 사진을 지갑에 고이 간직하리란 걸 알았기에 단 한 번의 촬영 기회를 망칠 수 없었다. 부디 자연스럽게 웃자. 제대로 된 옷을 입자. 그리고 제발 눈을 똑바로 뜨자! 그런데 오늘날, 우리 아이들에는 매일매일이 졸업 사진 찍는 날이나 다름없다.

우리가 아이들의 삶에서 관심을 가져야 할 일면은 끊임없이 사진을 찍힌다는 게 과연 어떤 의미냐는 것이다. 지금이야 수시로 아이들의 사진을 찍지만, 우리 어린 시절에는 집집마다 특별한 경우에만 카메라를 꺼냈다. 당신은 당신의 열 살 때 사진이 더 있었으면 좋겠는가? 아마 아닐 것이다. 십 대 초반으로 돌아가 가장 당혹스러웠던 순간 열 가지를 떠올려 보고, 그때마다 기록된 사진들이 있다고 상상해 보라.

중학생이 되면 스마트폰으로 무장한 아이들은 서로 끊임없이 사진을 찍어 댄다. 누구나 언제든 아이의 사진을 찍을 수 있다. 수학여행을 마치고 돌아오는 버스에서 침을 흘리며 잘 때라든지, 탈의실에서 옷을 갈아입을 때라든지, 그 어떤 부적절한 순간에라도 말이다.

또한 우리 아이들에게 사진은 우리와 좀 다른 의미로 다가간다. 요즘 아이들은 좀 더 시각적인 문화 속에서 살고 있다. 카메라가 어디에나 있고 항상 들고 다니는 기기에도 내장되어 있다. 디지털 사진은 찍거나 저장하거나 공유하는 데 돈도 들지 않는다. 사진을 찍자마자 좋은지 나쁜지 판별하는 경험("안 돼. 이건 아빠한테 보내지 마. 이걸 보내!")은 성장과정의 일부이다. 아이가 사회적 인식과 정체성을 확립하는 단계에 접어들어 또래들과 사진을 찍기 시작하면 사진 경험(어떤 사진을 선호하고 공유하고 싶은지, 어떤 사진을 삭제하고 싶은지)은 아이에게 또 다른 의미로 다가올 것이다.

오늘날 아이들은 모든 경험을 사진으로 기록하고자 하지만, 찍은 사진이 늘어날수록 아이들 마음에 자리한 사진 한 장 한 장의 영향은 줄어든다. 우리는 아이의 기록이 '영구적'으로 남을까 봐 불안해하면서도, 소셜미디어를 가족 앨범으로 사용할 때는 그 영속성과 공개성을 충분히 고려하지 않는다.

허락 구하기의 힘

당신도 아이의 사진 장수를 늘리는 데 일조하고 있는가? 쉴 새 없이 사진을 찍으며 자잘한 일들을 기념하고 있는가? 참 매력적이지 않은가? 우리는 과거 여느 시절과 마찬가지로 어떤 식으로든 아이의 소중한 유년기를 보존하고픈 충동을 느낀다. 하지만 사진은 의사소통의 한 방식으로서 미처 몰랐던 복잡성을 더해 주기도 한다.

당신은 자부심 있는 부모로서 순수하게 아이의 사진을 공유한다고 생각할 수 있다. 하지만 아이는 이를 다르게 받아들일지도 모른다. 당신 눈에 귀여워 보이는 사진이 아이에게는 재앙일 수도 있다. 이 빠지기 쉬운 함정에 도움이 되는 요소가 바로 공감 능력이다. 여기 내가 늘 추천하는 방법이 있는데, 당신의 가정에 엄청나게 긍정적인 문화적 변화를 불러올 방법이다. 바로 사진을 올리기 전에 허락을 구하는 것이다. 그렇다, 아이에게 허락을 구하자. 그럼으로써 당신은 아이에게 다음과 같은 메시지를 전달하고 몇 가지 중요한 효과도 거둘 수 있다.

- 그 사진이 아이의 것이라는 점을 일깨운다. 따라서 아이는 사진을 공유하거나 공개하는 것이 자신의 선택에 달렸다는 사실을 인지할 수 있다. 당신이 솔선해서 사생활을 배려하고 존중하는 모범을 보였으니 아이는 친구의 사진을 공유하기 전에 친구에게 물어볼 가능성이 더 크다.
- 적절한 경계선을 가르친다. 거절해도 된다는 점을 아이가 아는 것이 중요하다. 허락을 구하는 바로 그 행위로 인해 아이는 잠시 멈춰 고민해 볼 수 있다. 이 멈춤은 매우 유익하다. 우리 모

두에게 도움이 된다.

- 권한을 부여한다. 허락을 구하는 행위는 아이에게 힘을 실어 준다. 사진 포스팅은 이제 아이의 선택이지 부모의 선택이 아니다. 권한이라는 멋진 선물을 받은 아이는 친구들에게 같은 배려를 기대하게 될 것이다. 당신의 딸은 누가 자신의 사진을 찍을 때 "어디 올리지 마."라고 말할 수 있을 것이다. "내 앞에서 지워 줘."라고 주장할 수도 있다.
- 자제력을 가르친다. 당신이 존중의 기준을 세웠으니 아이더러 '셀피'를 찍거나 공유할 때 스스로에게 허락을 구하라고 권하자. 소셜미디어는 일기를 쓰고, 감정을 기록하고, 크고 작은 순간들을 기념하는 활동의 일부이다. 그 활동을 억누르기보다 아이가 그 결과를 생각해 보도록 이끌어야 한다.

사진을 공유하기 전에 허락을 구하는 태도는 존중하는 관계의 밑거름이 된다. 당신이 본을 보였기에 아이는 이 복잡한 사회적 교류를 더 잘 이해할 수 있다. 그런 태도가 왜 중요한지도 깨닫게 될 것이다. 아이에게 존중받는 느낌이 어떤지 물어보고, 친구들의 사진을 찍을 때 친구들이 어떻게 느낄지 생각해 보라고 권하자.

당신은 아이의 바람을 존중함으로써 건강한 관계의 기반을 다질 수 있다. 사진 공유의 차원을 넘어선 효과를 얻을 것이다. 다시 말해 이는 아이에게 좋은 토대가 되어 아이가 새로운 참여형 미디어를 탐색할 때 더 나은 결정을 내리게 만들어 줄 것이다.

모니터링보다는 멘토링

아이 키우기는 어렵다. 삶의 다른 영역이라면 최대한 효율적인 방편을 찾아보겠지만 아이 키우기는 그럴 기회조차 제공하지 않는 듯하다. 지름길은 없다.

예를 들어 보자. 온라인에서 아이가 무엇을 하는지 속속들이 알거나 통제할 수 있는 소프트웨어는 매력적으로 다가올 수 있다. 당신은 콘텐츠를 차단하거나 시간을 제한하는 앱을 설치하고서 문제를 '해결했다'고 여길 수 있다. 하지만 유감스럽게도 테크놀로지가 아이를 대신 키워 줄 수는 없다.

내가 모니터링보다 멘토링 방식을 강력하게 지지하는 이유가 여기에 있다. 테크놀로지와 관련해서라면 멘토링이 훨씬 효과적이며 아이가 오프라인 세상에서 올바른 결정을 내리게 하기에 유리하다. 당신이 온라인 소통에 대해 가르치는 가치는 당신과 가족 모두에게 중요한 가치일 것이다.

부모들이 내게 하는 굵직한 질문 가운데 일부는 균형에 관한 것이다. "어떻게 하면 고압적이지 않게 개입할까요?" 당신은 아이의 디지털 세계에 들어가고 싶지만 무작정 끼어들었다가는 '쫓겨날' 수도 있다. 당신은 양육 수단으로서 부분적으로 모니터링 방식을 취하고 싶을지도 모른다. 문제는 '아이의 온라인 활동을 제대로 모니터링하려면 어떻게 해야 하는가'이다. 멘토에게 모니터링은 약이 될 수도 있지만, 독이 될 수도 있다.

넷 내니Net Nanny 같은 모니터링 앱은 숱하게 많다. 그런데 과연 우리는 아이들을 감시해야 하는가? 어떤 도구든 어떻게 사용하느냐가 중요하다. 모니터링 앱이 아이의 디지털 세상을 관리할 유일한 수단이라면 분명 실망스럽겠지만, 이런 앱이 멘토링과 결합하면 효과적인 도구가 될 수 있다.

아이를 모니터링할 생각이라면 반드시 아이에게 미리 알려 줄 것을 권한다. 어쨌거나 뒤통수 맞는 걸 좋아할 사람은 없으니 말이다. 당신의 감시는 아이에게 폭력처럼 느껴질 수 있다. 그리고 사실상 폭력이 맞다. 게다가 아이는 자신이 감시하에 있다는 사실을 알면 행동을 골라 하려 들 것이다. 어떻게 보면 아이에게 통제권을 준다고도 할 수 있다. 비록 당신이 지켜보고 있더라도 말이다.

아이에게 디지털 활동을 모니터링하는 이유를 알려 주는 것도 중요하다. 당신이 아이의 행동보다는 잠재적 위험을 걱정한다는 점을 아이에게 알려 주자. 당신은 아이가 건전하게 행동하길 바라지, 아이의 나쁜 짓을 '포착하길' 바라지는 않을 것이다. 오히려 아이에게 좋은 행동을 보여 줄 기회를 주고 싶을 것이다.

우리는 아이들을 멘토링해야 한다. 염탐의 득과 실을 따져 볼 필요가 있다. 만약 당신이 아이를 비밀리에 감시하고자 한다면 아이는 이미 그 사실을 직감하고 있을지도 모른다. 어떤 아이들은 자신의 온라인 활동을 애써 숨기려고 한다. 이를테면 가족 친화적인 인스타 그램 계정에 포스팅을 하지만, '비공개' 계정을 따로 갖고 있거나 가짜 이름을 사용할 수도 있다. 아이가 다른 사람들과 활발히 소통하는 계정이 '실제' 프로필일 가능성이 크다.

자기 아이를 '염탐'해서 알게 되는 것과 그에 따른 아이의 반응은 제각각이다. 미국 국가 안보국[NSA] 수준의 감시 기법을 이용해 딸의 온라인 활동을 추적한 어느 아버지가 올린 블로그 게시물은 네티즌의 거센, 대개는 부정적인 반응을 불러일으켰다.[2] 아버지는 딸의 온라인 활동을 광범위하게 추적했고 그 결과는 놀라웠다. 이를테면 그는 딸이 팬픽션 창작에 깊은 관심이 있고 거기에 많은 시간과 공을 들인다는 사실을 알게 되었다. 아버지는 딸의 창작 활동이 대견했고 몰랐던 딸의 취미를 알게 되었다는 점, 그리고 파티와 마약이 언급된 문자메시지를 발견했다는 점을 들어 자신의 염탐 행위를 정당화했다. 게시물에 달린 댓글은 대부분 부정적이었으며, 네티즌들은 아이들에게 자신의 가치관(무신론과 채식주의를 예로 들었다)이나 정체성(동성애를 예로 들었다)에 대해 사적으로 이야기할 공간이 필요하다고 지적했다.

한 네티즌은 그 블로그 주인을 유독 거세게 비판했다. "아이를 모니터링하는 것과 아이의 사생활을 심각하게 침해하는 것은 다릅니다. 당신은 딸의 사생활을 침해해서 알게 된 소설 창작이라는 취미에 놀라워하기보다 왜 딸이 스스로 당신에게 말하지 않았는지를 더 궁금해해야 합니다."[3]

나는 네티즌들의 말에 대체로 공감한다. 우리는 우리 아이를 알고 싶다. 삶에서 어떤 경험을 하는지 아이의 입으로 듣고 싶다. 물론 그렇지 않을 수도 있다. 하지만 아이에게 우리가 항상 곁에 있으며 지켜야 할 온라인 생활 규칙이 있다고 알려 주는 것은 아이의 게시물을 낱낱이 검사하는 것과는 차원이 다르다.

염탐 행위가 제기하는 문제점의 또 다른 예는 훌륭한 책 『이것은 동성애자 아이의 부모를 위한 책이다This Is a Book for Parents of Gay Kids』에 나온다. 이 책은 부모에게 아이를 '포착'하려고 기웃거리지 말고 아이 스스로 성적 정체성을 공개할 기회를 주라고 현명하게 제안한다. 이 책에서 저자들은 동성애 성향인 아이가 부모와 편하게 소통할 수 있는 환경을 만들기 위해 부모가 무엇을 할 수 있는지에 초점을 맞춘다.[4]

아이들의 메신저를 모니터링하는 것

우리 부모들은 아이들이 메신저를 이용하는 목적을 이해할 필요가 있다. 그리고 기술에 힘입은 염탐 행위에 의존하지 말고 아이들을 지도해야 한다. 메신저가 전화와 비슷하다고 생각한다면 우리는 아이의 메신저 사용을 감독하고 싶을 것이다. 요즘 아이들은 이메일과 전화를 애용하지 않지만 나는 그 적절한 사용법을 가르칠 필요가 있다고 본다. 아이들을 훈련할 때 부모가 곁에서 통화 내용을 듣거나 이메일 주고받기를 지켜보는 것은 좋은 방법이다.

아이들에게 메신저 채팅은 친구들과 노는 행위이다. 당신은 어린 시절에 친구들과 놀 때 어른의 감독을 별로 받지 않았을 것이다. 1970년대에 내 남편은 혼자서 유치원에 갔다고 한다. 오늘날 혼자 등원하는 유치원생이 얼마나 있겠는가? 감독의 기준은 급변했고 우리 아이들이 조직된 활동이나 모임, 계획된 놀이 약속을 벗어나 친구들과 어울릴 기회는 갈수록 적어진다. 메신저와 소셜미디어는 그 일상적인 교류의 빈자리를 채우는 것이다.

우리 아이들이 직면한 문제 중 하나는 바로 디지털의 영속성이다. 친구에게 보낸 메시지가 맥락을 떠나 공유될 수 있고, 심지어 심판을 목적으로 저장될 수도 있다. 문자메시지는 상대방의 표정에서 읽을 수 있는 메시지와는 다르다. 얼굴에 드러나는 단서는 오해나 문제를 더 간단하게 해결할 수 있다. 또한, 메신저 채팅에는 그 나름의 에티켓이 있으며 시시각각 진화하고 있다.

무엇을 찾고 싶은가?

아이의 문자메시지를 검사하고 싶어 하는 부모를 향한 내 첫 번째 질문은 "무엇을 찾으십니까?"이다. 과연 무엇을 확인하고 싶은가? 우리는 아이의 잘못된 행동을 포착하려고 하기 전에 우리 스스로 제대로 모범을 보였는지 돌아볼 필요가 있다. 아이의 행실을 의심할 시간에 아이가 원하는 게 무엇인지 깊이 생각해 보았는가?

우리는 외설적인 뉴스 보도를 심각하게 받아들이면서 정작 우리 아이들이 어떤 사람으로 자라날지에 대해서는 충분히 신경 쓰지 않는다. 과연 이 아이들이 신중하게 의사소통을 할까? 나아가 디지털 공유가 지닌 엄청난 위력을 이용해 바람직한 결과물을 만들어 낼까?

아이들의 디지털 활동에 대한 부모의 두려움은 대개 사실무근이다. 막상 아이들의 문자메시지를 보면 별 시답잖은 내용이 대부분일 것이다.

우리는 아이의 일상에 관심을 기울여야 한다. 그래야 아이가 자신의 일상을 특정한 방식으로 연출해야 한다는 압박감을 벗어나도록 도울 수 있다. 당신도 분명 익숙할 것이다. 페이스북에서는 모두의 삶이 가장 이상적인 모습으로 표현된다. 우리 어른들은 그 모습이 현실이 아니라는 점을 안다. 하지만 우리 아이들도 그 점을 이해하고 있을까? 또한, 디지털 발자국 문제는 정체성을 실험하는 시기에 있는 십 대 초반 아이들을 어떻게 옭아맬까? 아이들이 그저 어떤 시기를 보낸다고 해서, 가령 특정 음악, 예술, 취미에 사로잡혀 있다고 해서 평생 그쪽과 연관되리라고 볼 수는 없는데 말이다.

미디어 학자 데이나 보이드에 따르면, 사진첩 느낌을 주면서 원하는 이미지를 모아 보기 쉽다는 점에 더해 사진이 금방 사라지거나(스냅챗) 피드가 빠르게 묻혀 버리는(인스타그램) 등 콘텐츠 수명이 짧은 앱들은 아이들에게 페이스북보다 더 매력적으로 다가올 수 있다. 과연 성인인 나는 페이스북이 제공하는 '한 해 돌아보기[year in review]' 기능을 꽤 즐기는 편인데, 그것은 그 안의 내가 일 년 전과 같은 친구, 같은 머리 모양, 같은 취향을 유지하고 있어서지 내가 지워 버리고 싶은 정체성을 일깨워서는 아니다.

모니터링을 한다면

일단 아이에게 모니터링을 하겠다고 일러두었다면 다음 단계는 당신이 알아낸 정보로 무엇을 할지 따져 보는 것이다. 아이의 문자 메시지를 읽기 전에 다음 사항에 대한 당신의 반응을 예상해 보자.

- 욕설
- 또래를 비웃고 헐뜯기
- 어른이나 교사를 비웃고 헐뜯기
- 당신이나 다른 부모를 비웃고 헐뜯기

아이들의 사적인 대화를 읽고 나면 아이의 친구를 다르게 보게 되지 않을지 자문해 보자. 당신은 그 나이 때 친구들과 어떤 대화를 나누었는가? 당신에게는 어느 정도가 주의 수준이고 어느 정도가 경고 수준인가? 마음 불편한 메시지를 받는다면 어떻게 해야 할지 아이에게 일러 주었는가? 가령 부적절한 사진이나 반 친구를 헐뜯는 말, 또는 의심이나 협박을 받는다면? 당신은 아이에게 이런 상황에서 당신에게 도움을 청하면 어려움에 처하지 않으리란 점을 확신시켜 주어야 한다.

만약 당신이 아이의 메신저 대화창을 보는데 아이나 아이 친구가 탐탁지 않은 말을 한다면, 조심스레 접근해야 한다. 아이에게 직접 따지기보다 상황에 대해 열린 질문을 던지는 편이 좋다. "션은 얼마나 막돼먹은 녀석이길래 너에게 이따위 말투를 쓰니?"라고 묻는 대신 "너와 션 사이의 상황을 어떻게 생각하니?"라고 물어보는 것이다.

아이가 곤란을 겪고 있다면 당신은 새롭게 디지털기기 사용을 제한하고 싶을 수도 있다. 그러나 신중해야 한다. 당신이 과민 반응을 보이면 아이는 '비밀 작전' 모드가 되어 은밀하게 행동할지도 모른다. 만약 당신이 보기에 부정적인 교류가 보통 밤늦게 이뤄지는 듯하다면 밤중에는 스마트폰과 태블릿 피시를 부모 방에 가져다 두는 식으로 제한해도 좋다. 와이파이를 꺼 둘 수도 있지만 아이가 무선통신망을 사용한다면 별로 효과가 없을 것이다.

혹시 아이가 왕따나 학대를 당하거나 또래나 어른에게서 부적절하거나 위협적인 메시지를 받는다고 짐작되면 마땅히 조처를 해야 한다. 하지만 문제가 초중고 학생들 사이의 일상적인 불화라면 고압적인 태도보다는 힘을 보태 도와주려는 자세가 훨씬 유익하다.

마지막으로, 아이가 잘못을 저질렀다면 어떤 불이익을 줄 것인가? 전화나 메신저 사용을 금지할까? 아니면 (친구들이 아이에게 화를 내거나 시간이 부족해 숙제를 못 끝내는 등) '자업자득'하도록 내버려 둘까? 아이가 허락 없이 앱을 사거나 내려받은 경우, 당신이 내건 특정 조건을 지킬 때에만 앱 사용을 허락하는 식으로 대안을 제시할 것인가? 어떤 일이 발생할지 미리 알 수는 없지만 모니터링을 시작하기 전에 이런 문제들을 고려해 보는 것이 좋다.

염탐의 대안

그동안 당신이 아이의 디지털 활동에 적절히 멘토링을 해 왔다면 보조 바퀴를 떼도 되겠다 싶을 수도 있다. 한 번에 뗄 필요는 없다. 아이, 그리고 당신의 삶에서 모니터링을 거둘 때는 '단계적' 방식을 이용하자. 각 단계는 사람마다 다르며, 중요한 것은 서로에 대한 신뢰다.

간단하게는 시간을 이용할 수 있다. 가령 저녁 7시 이후로는 메신저 이용 금지라는 규칙이 있었다고 치자. 다음 단계는 8시로 해 보자. 작은 차이로 당신의 신뢰를 보여 줄 수 있다. 이런 변화에 앞서 규칙을 어기면 무효가 될 수 있다는 점을 이해시켜야 한다. 그다음 단계는 9시다. 대수롭지 않은 변화 같아도 아이에게는 큰 의미가 있을 수 있다. 이제 아이는 농구 경기를 보면서 친구와 문자메시지를 주고받을 수 있을 것이다.

만약 구체적으로 규칙을 정하는 것이 아이를 너무 옭아매는 것 같다면 처음 일 년간은 부적절한 언행을 하지 않는지 가끔 불시에 메신저를 점검하겠다고 일러 주자. 이렇게 접근하면 아이는 부모가 자신을 지켜보고 있더라도 기본적으로는 자신을 신뢰한다는 점을 알 수 있다. 다만 당신이 부적절하다고 생각하는 선을 확실히 짚어 주자. 다시 말하지만, 당신의 목표는 가르치는 것이지 '적발'하는 것이 아니다.

또 다른 전략은 아이들의 온라인 활동을 '엿보는' 대신 그들이 뭘 하는지 스스로 보여 주게 하는 것이다. 가령 한 달에 한 번씩 아이의 안내를 받아 소셜미디어 계정들을 돌아보는 것은 어떤가? 그러면 아이에게 약간의 자유를 줘도 된다고 충분히 안심하겠는가?

좀 더 느슨한 방식을 취하더라도 당신은 잘못된 행동에 대해서는 불이익을 분명히 하고 싶을 것이다. 탐탁지 않은 것이 눈에 띄면 어떻게 할까? 아이의 테크놀로지 사용을 제한하고 더 엄격하게 통제할 것인가, 아니면 잘못을 바로잡을 방법을 찾도록 도와줄 것인가?

만약 아이가 스스로 잘못을 뉘우친다면? 당신은 아이가 실수를 바로잡고 배움의 경험으로 삼도록 이끌 수 있는가?

다시 한 번 강조하지만, 당신이 아이를 염탐하든 염탐하지 않든 혹은 둘을 뒤섞은 접근법을 사용하든, 누군가의 목숨이나 안전이 위협받는 **코드 레드**의 위급 상황이 아닌 한 아이들의 온라인 계정에 몰래 접근하는 것은 옳지 않다. 사실 당신이 어떤 방식을 취하든 어느 정도의 어려움은 맞닥뜨릴 수밖에 없다. 그것은 아이 키우기의 일부다. 하지만 정직하고 열린 자세로 출발해야 당신과 아이의 관계가 안정적으로 유지된다. 설사 당신이 테크놀로지를 삶의 군더더기처럼 여기더라도, 그것을 어떻게 사용하느냐에 따라 당신의 가치관을 드러낼 수 있고 더 나아가 신뢰를 쌓을 수 있다.

항상 접속해 있어야 한다는 압박

우리는 누구나 쉴 새 없이 몰아치는 듯한 사회적 압력을 느낀다. 한편으로는 활력이 돋지만 다른 한편으로는 진이 빠진다. 당신이나 나와 달리 우리 아이들은 태어날 때부터 이 속도로 살아간다. 다른 방식은 모른다. 과연 어떤 느낌일까?

나는 초등학교 고학년들과 대화할 때마다 "열한 살에 스마트폰으로 그렇게 많은 정보에 접근할 수 있다는 것이 어떤 것인지 말해 주렴."이라거나, "반에서 마지막으로, 또는 처음으로 스마트폰을 가지게 된다는 것이 어떤 것인지 말해 주렴."이라고 청한다. 열 살에서 열두 살 사이의 아이들은 깊고 날카로운 통찰력을 지니고 있다. 당신은 이 아이들의 응답에 놀랄지도 모른다.

나는 아이들과 함께 일상에서 접하는 문제들에 대해 구체적인 해결 방안을 탐색해 보았다. 대화를 나눠 보니 아이들은 창의적이고 직관력이 있으며 타인에게 잘 공감했다. 아이들의 이야기를 듣는 것만으로도 유익했지만, 아이들이 세상을 탐구할 때 좋은 본보기와 도움의 손길이 필요하다는 점 또한 분명했다. 우리 아이들이 디지털 원주민이라고 해서 날 때부터 디지털 리터러시를 갖추었다는 뜻은 아니기 때문이다.

공감의 자세에서 출발하기

아이들이 불평하는 가장 흔한 문제는 항상 연락이 되어야 한다는 부담감이다. 그것이 기술적으로 가능하다는 이유로 아이들은 의무감을 느낀다. 우리 대부분은 쉽게 공감할 것이다. 아마 당신도 삶에서 비슷한 압박을 느끼리라!

문제는 우리가 인간이기에 늘 즉각적으로 반응하기 어렵다는 것이다. 아직 사회적 교류의 이모저모를 배우는 중인 십 대 초반 아이들에게는 더욱 버겁다. 이것은 때로 다음과 같은 양상으로 나타난다. 당신의 아이가 친구에게 문자메시지를 보냈는데 답장이 바로 안 온다면 아이는 이렇게 생각하기 쉽다. '얘는 이제 나랑 친구 하기 싫은가 봐!' 그래서 아이는 메시지를 보내고, 보내고, 또 보낸다. 당신은 왜 이런 일이 일어나는지 안다. 주변에 같은 문제를 겪는 어른들이 있을지도 모른다.

다시 말하지만, 우리는 아이의 일상에 관심을 기울여야 한다. 아이의 친구는 이때 무엇을 하고 있을까? 절교를 원하고 있을 가능성은 거의 없다. 뭔가 다른 걸 하느라 바쁠 가능성이 크다. 자고 있을 수도 있고, 숙제하고 있을 수도, 부모와 저녁을 먹을 수도 있다. 아이와 함께 다른 가능성을 이야기해 보는 것만으로도 아이의 공감 지수를 키워 줄 수 있다.

한 걸음 더 나아가자면, 함께 해결책을 만들어 낼 수도 있다. 나는 창의력 넘치는 초등학교 5학년 학생들에게 친구 사이의 갈등을 해결하는 데 도움이 될 앱을 설계해 보라고 제안했다. 물론 실제 앱이 아니라 원형을 구상해 보는 실습이었다. 하지만 아이들은 이 실습으로 친구들끼리 어울릴 때 어떤 문제가 생기고, 그 문제를 어떻게 다룰 수 있는지 더 잘 이해할 수 있었다.

아이들은 친구가 문자메시지에 회신하지 않는 상황의 해결책으로 훌륭한 앱을 고안해 냈다. 상대방이 일정 시간 내에 응답하지 않을 경우 상대에게 보낼 수 있는 메시지의 수가 제한되는 앱이었다.

아이들이 '문자 자물쇠Text Lock'라고 이름 붙인 이 가상 앱은 한 번에 보낼 수 있는 메시지 수가 한정돼 있어서 상대방이 응답하지 않으면 더는 보낼 수 없다. 안타깝게도 당신이 앱스토어에서 구매해 성가신 친구에게 써먹을 수는 없는 앱이지만, 이 해결책은 아이들 사이에서 어떤 문제가 불거지곤 하는지 예리하게 보여 준다. 아이들은 또래와 연결이 끊길까 봐 불안해하며 언제든 재깍재깍 응답해야만 한다고 느낀다. 우리는 아이들이 이렇게 느낀다는 점을 이해하고 완곡하게 경계선을 긋도록 도와줄 수 있다.

또한 우리는 아이가 친구들에게 당장 응답하라는 부담을 주지 않게끔 아이의 공감 능력을 키워 줄 수 있다. 나는 워크숍에서 아이들에게 이렇게 말한다. "잠시 눈을 감고 친구가 숙제 중이거나 마당에서 아버지와 농구를 하거나 가족과 저녁을 먹고 있다고 상상해 보자. 당장 응답하지 못할 수도 있겠지?" 이 접근법은 매우 유익하다. 아이들에게는 '문자 자물쇠' 앱이 필요한 것이 아니다. 공감이 필요하다.

스파클 챗, 안전한 채팅을 위한 솔루션

워크숍에서 아이들은 흔히 맞닥뜨리는 또 다른 문제를 제시했다. 불쾌한 문자메시지를 받았을 때 어떻게 해야 할지, 또는 누군가가 무심코 보낸 문자메시지가 친구나 가족의 감정을 상하게 하면 어떻게 해야 할지 잘 모르겠다는 것이었다. 워크숍에 참가한 아이들은 모두 문자메시지를 주고받다가 마음이 상하거나 다른 사람을 불쾌하게 만든 적이 있다고 했다. 문자메시지를 보내거나 소셜미디어에 포스팅할 때는 자신의 의도가 분명히 전달되지 않을 수도 있다는 점을 아이들에게 상기시키자. 온라인상에서는 상대방의 표정을 보고 농담인지 진담인지, 짓궂게 구는지 실없이 구는지 파악할 수 없기 때문이다. 중요한 맥락이 빠진 것이다.

그래서 우리는 앱을 하나 고안했다! 한 6학년 여학생 그룹은 일명 '스파클 챗Sparkle Chat'이라는 앱을 발명했다. 이 앱은 입력된 메시지를 전송하기 전에 아주 중요한 질문을 던진다. "정말로 이걸 보내고 싶니?" 우리는 누구나 가끔 이런 방지턱이 필요하다! 이 얼마나 기발한 발상이며, 또 흥미로운 사실을 드러내는가? 심지어 아이들은 레벨까지 고려했다. 앱의 심화 버전에서는 "정말로 이걸 보내고 싶니?"라는 경고창을 클릭한 뒤에도 입력한 메시지를 한 번 더 검토해야 한다. 만일 앱에서 모욕적인 언어가 감지되면 수신자와 발신자 양측의 부모에게 자동으로 복사본이 전송된다.

아이들에게 제대로 소통하는 법을 이보다 더 잘 가르칠 앱은 부모인 나조차도 고안할 수 없었을 것이다! 이를 보면 아이들이 아무리 테크놀로지에 빠삭해도 우리의 지도가 필요하다는 것을 알 수 있다. 우리는 모니터링 소프트웨어 프로그램으로 아이들의 문자메시지를 일일이 검사하기 전에 아이들이 얼마나 쉽게 서로 혹은 스스로 상처받을 수 있는지 이해할 필요가 있다. 의사소통할 때 마찰을 어떻게 풀어야 하는지, 가능하면 어떻게 갈등을 피할 수 있는지 아이들이 알아내도록 우리가 곁에서 도와야 한다. 게다가 아이들도 또래 때문에 감정이 상하면 어른에게 도움을 구하고 싶을 때가 있다.

온라인 접속에 빠진 부모

아이들도 종종 자기 부모가 온라인 환경에서 헤어나지 못한다고 불평한다. 내가 초등학교 6학년과 중학교 1학년 학생들에게 일상 속에서 테크놀로지가 악화시키는 문제를 물었더니, 한 명도 빠짐없이 테크놀로지 때문에 자신의 삶에서 가장 중요한 사람과 소통하기 어렵다는 점을 들었다. 부모로서 나도 참 뜨끔했다.

우리가 스마트폰이나 이메일에 몰두하고 있을 때 아이들은 자신이 불필요한 존재라고 느낀다. 아이들은 이 문제를 해결하기 위해 또 다른 앱을 고안했다. 내 워크숍에서 학생들이 부모를 위해 구상한 '문자는 그만, 인생을 즐겨라Stop Texting, Enjoy Life' 앱이다. 이 앱의 원리는 간단하다. 음성을 기반으로 작동하며, 아이의 목소리를 인지하면 엄마나 아빠의 휴대폰 전원이 꺼진다.

기발하게도 아이들은 목소리를 식별하도록 앱을 '훈련'해서 남의 아이가 낯선 어른에게 접근해 휴대폰을 꺼 버리는 일이 발생하지 않도록 설계했다. 기발하지만 좀 과격하긴 하다. 여기서 필요한 요소가 바로 공감 능력이다. 이 기발한 아이들은 아이의 테크놀로지 사용에 거침없이 시간제한을 거는 우리 부모들에게 자신들도 같은 수준의 배려를 원한다는 점을 일깨운다. 아이들은 자신이 부모에게 중요한 사람이라는 느낌을 받고 싶어 하고 바쁜 일상과 주변 사람들보다 우선순위가 밀리지 않길 바란다.

부모의 관심에 목마른 어린아이들보다 더 우울한 집단은 부모의 관심을 포기해 버린 십 대들이다. 『대화를 잃어버린 사람들Reclaiming Conversation』의 저자 셰리 터클에 따르면 수많은 십 대 청소년들이 부모의 스마트폰과 경쟁할 자신이 없어서 시도조차 하지 않는다고 한다. 터클은 집에서 얼굴을 맞대고 대화하면서 메신저와 이메일을 수시로 확인하는 행위가 가족관계에 끼치는 영향을 설명한다. 터클과의 인터뷰에서 한 청소년은 말했다. "엄마에게 말을 걸면 엄마는 이메일을 쓰다가 '잠시만'이라고 말해요. 아니면 엄마는 나한테 말하다 말고 이메일을 다 쓰고 나서 말을 이어가요. 그러고는 또 말을 멈췄다가 다시 시작하죠."[5] 또 다른 청소년은 자신의 부모가 식탁에서 휴대폰을 만지지 않기로 한 규칙을 자주 어기고, 휴대폰에 정신이 팔려 자신의 질문에 단답형으로만 대답한다고 했다. 그런가 하면 어느 열다섯 살 아이는 "우리 엄마는 대화하는 법도 까먹은 것 같아요."라고 말했다.[6] 뜨끔! 우리 중 누구도 아이에게 이런 평가를 받고 싶지 않을 것이다. 하지만 우리 모두는 우리의 손이나 주머니 안에서 징징대는 기기보다 같은 공간에 있는 사람이 더 중요하다는 사실을 명심해야 한다.

경종이 필요하다면 지금이 기회다. 얼굴을 맞대고 대화하면서 자꾸만 디지털기기를 만지작거리는 버릇을 줄일 방법을 찾자. 그래야 배우자, 아이, 친구들, 동료들과 진정으로 소통할 수 있다. 머릿속으로나마 '문자는 그만, 인생을 즐겨라'라는 앱이 존재한다고 상상해보자. 아이가 말을 걸려고 할 때 눈을 맞추고 귀를 기울이자. 필요하다면 입 밖으로 되뇌자. "자, 문.그.인.즐. 문자는 그만, 인생을 즐기자. 나는 지금 여기에 있다."

테크놀로지, 세상을 보는 창

내가 앱 설계 실습을 특히 좋아하는 이유는 아이들이 일상에서 테크놀로지로 어떤 경험을 하는지 들여다볼 수 있기 때문이다. 아이들은 우리의 관심을 원한다. 안 그래 보일 것이다. 자기 모바일 기기를 가질 무렵에는 더더욱 말이다. 하지만 아이들은 우리의 관심을 원하고, 우리의 지도가 필요하다.

'문자 자물쇠' 앱을 고안한 열한 살짜리가 물었다. "가끔 메신저 채팅을 하고 싶지 않은데 괜찮나요?" 이 말에 나는 마음 한구석이

찡했다. 물론 괜찮다. 항상 연결되어 있지 않아도 된다.

아이들의 기발한 앱 아이디어가 아무리 많아도 디지털 시대에 부모를 대신해 아이를 키워 줄 앱은 없다. 가상의 앱이나 오늘날 앱스토어에 있는 어떤 실제 앱도 마찬가지다. 그 대신 우리는 아이들이 일상에서 어떤 경험을 하는지 꾸준히 궁금해해야 한다. 아이들의 디지털 세상에 뛰어들어 경험하자. 함께 앉아 무슨 생각을 하는지 묻고, 아이들의 창의력과 당신의 지혜를 이용해 해결책을 만들어 내자.

아이에게 휴대폰이나 스마트폰을 사 주기가 왜 그리 두려운가?
반대로, 사 주지 않는다면 무엇이 두려운가?

제6장

디지털
시대의
가정생활

아이의 일상에 관심을 기울이면 아이들이 학교와 사회에서 네트워크로 연결될 때 어떤 어려움에 직면하는지 더 잘 이해할 수 있다. 그렇다 해도 하루 24시간, 일주일 내내 바깥세상과 연결된 생활은 가정생활에 부담을 준다. 아마 부모들이 보기에 아이에게 올바른 의사소통의 모범을 보일 기회와 휴대폰과 컴퓨터, 기타 디지털 미디어를 이용해 적절히 소통하도록 가르칠 기회는 흔치 않을 것이다. 디지털기기는 보통 사적으로 쓰이기 때문이다. 식구들은 더 이상 집 중앙에 놓인 전화기를 쓸 때처럼 서로의 곁에서 소리 내어 통화하지 않는다.

테크놀로지는 뛰어난 연결성을 선사하는 만큼이나 아이 키우기에도 중대한 과제를 안겨 준다. 디지털기기를 통해 우리는 아이와 쉽게 연락할 수 있지만 아이들은 우리가 잘 모르는 세계에 접근할 수도 있다. 저널리스트인 제니퍼 시니어에 따르면 "아이들은 가정과 초^超연결되어 있지만, 그러면서도 한편으로 상당히 분리되고 동떨어진 삶을 산다."[1] 우리가 테크놀로지 사용을 엄격하게 제한하든 멘토의 마음으로 너그럽게 다가가든, 아이들이 또래끼리 끊임없이 연락하는 현실을 다루기는 쉽지 않다.

나아가, 테크놀로지가 대인관계에 미치는 영향을 전문적으로 연구한 셰리 터클에 의하면, 오늘날 많은 가정이 한때 언성을 높이거나 으름장을 놓거나 야심한 시간의 대화로 풀었던 갈등을 문자메시지로 다룬다.[2] 터클이 관찰한 가정들은 어느 정도 거리를 두고 갈등을 다루는 것이 '깔끔'하다고 여겼다. 하지만 터클은 우리가 정녕 현실의 즉흥성과 복잡함, 순간적으로 표출되는 노골적인 감정을 잃어도 괜찮은가 고민한다. 이는 집집마다 곰곰이 생각해 볼 흥미로운 문제다. 조용히 넘어갈 것인가, 아니면 감정에 충실할 것인가?

우리는 아이가 타인과 얼굴을 마주하고 잘 소통하길 바라듯이 갈등도 잘 해결하기를 바란다. 한편으로는 관계가 꽉 막힌 상황에서 상대방을 불러내 이야기할 수 없는 경우에 다정한 문자메시지 한 통이 더 나을 수도 있다. 내가 '디지털 원주민 키우기'에 참여하는 부모들에게 문자메시지나 이메일로 아이와의 갈등을 풀어 본 적이 있느냐고 묻자 다양한 대답들이 돌아왔다. 한 엄마는 말했다. "아니요. 턱도 없어요. 일단 '사랑한다'라고 문자메시지를 보내 감정을 추스를 수는 있겠죠. 하지만 일단 얼굴을 보면 어깨를 꽉 잡고 이야기해요." 다른 엄마가 말했다. "저는 둘 다예요. 문자메시지를 먼저 보 낼 때도 있지만 언제나 대화로 마무리를 짓죠." 그런가 하면 한 십 대는 학교 가는 차 안에서 엄마에게 소리 지르고 난 뒤에 '죄송해요. 제가 나빴어요.'라고 문자메시지를 보냈다고 했다. 비록 엄마는 그 사과의 메시지를 고맙게 받아들였지만 그 아이도 직접 말하는 편이 가장 좋고 진심 어린 사과라는 점을 인정했다.

전화기를 집 안 한가운데 두지 않는 요즘에는 부모가 아이에게 올 바르게 소통하는 습관을 보여 줄 기회가 드물기 때문에 어떤 선택 을 할 때마다 의식적으로 설명하는 편이 좋다. "나는 가족과 저녁을 먹는 동안 방해받지 않도록 휴대폰을 끄고 다른 방에 둘 거야."라든 가, "이메일을 보내려고 했는데 이 시간에 누군가를 귀찮게 하고 싶 지 않아. 그래서 내일 아침으로 예약 발송할 거야."라고 말하자. 각 각의 선택 뒤에 숨은 이유를 아이들 스스로 깨닫게 하는 것은 훌륭 한 방법이다.

아이가 보고 있다, 당신 자신을 돌아보라

아이들은 우리를 보고 가치관과 태도를 배운다. 아이가 말을 걸 때 당신은 메신저 채팅을 하는가? 아이 곁에서 이메일을 확인하는 가? 저녁 식사 중에 일을 핑계로 전화를 받는 것이 '허용'되는가?

오늘날 우리는 끊임없이 연결되는 세상에 떠밀려 자꾸만 멀티태스킹을 하게 된다. 나도 똑같은 압박을 느끼기에 그 어려움에 깊이 공감한다. 하지만 우리 아이들은 이를 어떻게 받아들일까? 과연 우리가 더 좋은 본보기가 될 수 있을까?

당신은 수시로 휴대폰을 확인하지 않기로 약속함으로써 아이에게 강력한 메시지를 전할 수 있다. 당신이 자신의 기기에 휘둘리지 않고 그것을 통제할 수 있다는 메시지다. 경계선을 긋고 지키는 태도는 당신을 해방할 뿐만 아니라 아이에게도 좋은 모범이 된다. 다시 말해, 가족이 함께하는 시간에 휴대폰을 치워 두면 아이도 그렇게 하리라는 것이다. 가족끼리의 시간이 얼마나 소중한지 보여 줘야 아이들도 그 가치를 중요하게 여긴다. 우리 중에는 하루에도 수백 번씩 이메일을 확인하는 사람들이 많다. 생산성 전문가와 가정 문제 전문가들은 이런 행동이 생산성과 관계 향상에 득이 되지 않는다고 입을 모은다. 그러니 당신은 저녁 식사 중에 누군가에게 문자메시지를 보내면서 당신의 십 대 아이가 휴대폰을 다른 데 두거나 꺼 놓으리라고 기대하지는 말자.

당신이 디지털기기를 균형 있게 사용하는 모범을 보이면 아이는 테크놀로지가 가정에 어떤 역할을 하는지 가장 효과적으로 알 수 있다. 테크놀로지를 벗어나 공원이나 놀이터에 가자. 식사 시간이나 가족과 함께하는 시간에는 테크놀로지를 막아 두자. 가족만의 '행동 신호safe word'를 만드는 것도 재미있고 효과적인 방법이다. 우리 집에서는 서로 '스크린 괴물'이라고 놀리는 식으로 "지금 여기 있으라."라고 일깨워 준다.

가족이나 친구가 밥을 먹으면서 스마트폰을 확인하는 모습은 우리에게 낯설지 않다. 레스토랑에 가면 일상적으로 보게 되는 장면인데, 꼭 남이 그러면 더 거슬리지 않는가? 가정을 혼자 꾸려 나가든 배우자나 동거인과 함께 이끌어 가든, 가정에서 '함께 있어도 외로운' 순간들을 떠올려 보자.[3] 가족이 한자리에 모였을 때 각자 자기 스크린을 들여다보는 시간이 얼마나 많은지 파악해 보자. 특별한 모임은 제외하고 객관적으로 따져 봐야 한다. 지난주를 돌아보거나 여느 평범한 주를 떠올릴 때 식구들이 구석에서, 또는 서로의 옆에서 자신만의 디지털 세계에 몰두해 있지 않았는가?

저널리스트 수전 모샤트는 6개월간 온 가족(자신과 십 대 아이 셋)의 전자기기 사용을 전면 금지하는 실험을 했다. 처음에 세 남매는 화가 나서 씩씩댔지만 모샤트는 아이들이 서로 가까워지는 모습을 발견했다.(엄마에게 단체로 화가 나서만은 아니었다!) 그리고 비디오게임과 메신저 채팅에 자유 시간을 빼앗기지 않자 잊고 지낸 취미와 특기, 특히 아들의 악기 다루는 재능이 다시 솟아났다. 전면적인 로그아웃은 극단적 조치지만 네트워크 연결이 가족이 함께하는 시간을 방해하지 않도록 좀 더 신경을 쓴다면 당신의 가족관계는 더욱 돈독해질 수 있다. 모샤트 가족의 경험을 다룬 책 『로그아웃에 도전한 우리의 겨울The Winter of Our Disconnect』을 읽으면 당신도 일상

에서 고개를 들어 가족의 디지털 습관을 파악하고 싶어질 것이다.[4]

다음에 해 볼 실습은 그리 유쾌하지 않을 수 있다. 아이에게 제일 싫어하는 당신의 디지털 습관을 물어보자. 당신도 이미 자신의 약점을 알고 있을 수 있지만, 아이들의 눈으로 확인하는 것은 정말로 유익하다. 식구들이 말을 걸 때 당신은 어떻게 하는가? 노트북을 닫거나 휴대폰을 내려놓는가? 만약 당신의 생활을 녹화해서 본다면 충격을 받을까? 마음에 들까? 나는 전업 상담가이자 강연자로서 이런 면에서 참 곤혹스럽다. 일의 경계가 보통의 직장인과 약간 다르기 때문이다. 물론 아침 9시에서 오후 5시까지 정규적으로 일하는 부모의 상당수도 언제든 연락이 닿아야 하는 처지일 테니 비슷한 부담을 느낄 것이다.

가족의 미디어 사용 습관을 바꾸기 위해 당신은 무엇을 할 수 있을까? 일부러 오프라인에서 시간을 보내거나, 같이 영화를 보는 등 미디어를 함께 즐길 기회를 만들자. 한편, 내향적인 사람은 사회 활동으로 소모한 에너지를 벌충하기 위해 집에서 '홀로' 테크놀로지를 이용하기 쉽다. 만약 당신이나 다른 가족구성원이 그런 편이라면 건전하게 고독을 즐기면서 내향적인 성향을 만족시킬 다른 활동이 있을지 궁리해 보자.

미디어 생태계 구축하기

나는 종종 '우리 집 미디어 생태계 구축하기'라는 주제로 강연을 하곤 한다. 청중은 보통 만 3~9세 아이를 둔 부모들로, 강연 뒤에는 놀라운 대화들이 이어지게 마련이다. 그중에서 유독 많은 생각이 들게 한 대화가 있다. 우선, 질문자는 아빠였다. 그동안 나는 수많은 부모 대담을 진행했지만 청중의 약 80퍼센트가 엄마였기에 성비가 균형이 맞을수록 흡족하다. 이 아빠는 먼저 내게 자신이 나쁜 부모가 아니라고 느끼게 해 줘서 고맙다고 했다. 이는 내가 굉장히 중시하는 부분인데, 우리가 다른 부모를 재단할수록 서로의 아이들을 함께 돌보는 탄탄한 공동체를 이루기 어렵다고 믿기 때문이다.

이 아빠는 텔레비전 앞에서 식사하는 습관에 대해 질문했는데, 그런 습관이 아이들의 사고방식과 사회성에 해를 끼칠까 봐 염려하고 있었다. 그의 집에서는 어쩌다 한 번씩, 또는 저녁 식사 중에 부모에게 어른들만의 시간이 필요할 때 아이들에게 텔레비전을 보면서 밥을 먹는 것을 허락한다. 나의 목적은 가정마다 알맞은 방식을 찾도록 도와주는 것이기에 그 질문에 분명한 답을 제시하기는 어려웠다. 하지만 내가 믿기로 가족 식사는 아이의 사회성 교육에 중요하다. 저녁 식사 자리의 대화는 아이의 세상을 점검하고 아이 앞에서 가족관계에 집중하는 모범을 보이기에 좋은 기회다.

그럼에도 가끔 배우자나 동거인과 오붓하게 식사하고 싶은 심정은 이해할 만하다. 아이들이 다 커서 집을 떠날 때까지 기다려야 할 필요는 없으니까 말이다! 나는 이 문제를 다룰 두 가지 방식을 제안한다.

1. 오프라인 식사법 하루 중 특정 식사 시간마다 '인터넷 연결 금지'에 중점을 두는 것이다. 식사마다 매번 그럴 필요는 없다. 이때 아이들은 부모가 식사하며 대화를 나누는 동안 텔레비전 정도는 봐도 된다. 이렇게 하면 가족은 온라인에 접속하지 않을 힘을 얻어 식사 자리에 둘러앉아 이야기를 나눌 수 있을 것이다.

2. 이교대 식사법 어른들이 식사하기 전에 아이들 먼저 스크린 없는 환경에서 먹이는 것이다. 이 경우 적당한 시간 동안 아이들을 앉혀 놓고 대화할 수 있다. 그런 뒤 당신이 식사할 동안에는 텔레비전을 보거나 게임을 하도록 아이들을 '풀어 줄' 수 있다. 원래 아이들에게 이른 저녁을 먹이는 집도 있으며, 부모의 귀가 시간이 다소 늦어 아이들을 먼저 먹이는 것이 효율적인 집도 있으니 말이다.

'주의 깊은 식생활mindful eating'을 강조하는 사람들은 아마 이교대 식사법을 선호할 것이다. 일단 식사를 마치기 전까지는 어떤 미디어도 접하지 않기 때문이다. 다른 데 집중한 채 먹는 행위는 나쁜 식습관으로 이어진다. 내 생각에 당신이 시작할 가장 중요한 일은 어떤 식이든 오프라인 식사 습관을 만들고 지켜서 아이들이 그 습관에 익숙해지고 실제로 식사 시간을 점차 기대하게 만드는 것이다!

가족이 함께하는 이상적인 저녁 식사는 현실과 조화를 이루기 어렵다. 진 빠지는 일과를 마치고 나서도 아이나 어른이나 과제에 파묻히는 것이 현실이기 때문이다. 하지만 비록 미디어가 끼어들지 않는 평화로운 가족 식사가 불가능한 목표처럼 보이더라도 일부러 시도해 보면 유익한 첫걸음이 될 것이다. 둘 중 한 가지 방식을 골라 이번 주 어느 저녁에 시도해 보자.

항상 스스로를 점검하자. 가족과 함께하는 시간에 대화에 집중하고 제대로 눈을 맞추는가? 스마트기기는 꺼 두었는가? 그렇지 않다면 당신의 십 대 아이가 스스로 온라인 환경을 벗어나기는 영영 어려울 것이다.

새로운 가족 앨범

디지털 사진 찍기로 이미지가 급속히 늘어나면서 문화에 엄청난 영향을 끼쳤다. 디지털 이미지는 이제 엄연한 의사소통 수단이지만 아직 충분히 명시된 문화적 규범은 없다. 쉽게 이미지를 만들고 공유하는 문화는 즐겁고 풍요롭지만 사진을 자유롭게 공유하다가 마찰을 빚거나 감정이 상하는 경우도 생긴다. 그런 점에서 사진 공유는 여느 소통 방식과 다를 바 없다.

4장에서 언급했듯이, 가족구성원 모두가 서로의 사진을 어딘가에 공유하거나 게시할 때 같은 규칙을 따라야 한다. 허락이 우선이다. 아이의 사진을 공유하기 전에 허락을 구하는 태도는 당신이 아이의 사생활을 존중한다는 것을 알려 준다. 또한 이 습관을 계기로 올바른 경계선에 대해 의논할 수 있다. 아이들은 당신에게 어떤 사진은 올리기를 원치 않는다고 말할 수 있으며 그 이유는 중요하지 않다. 아이에게 어느 정도 권리를 주장하게 하자. 아이는 아주 중요한 교훈을 배울 것이다.

친구 모임에서 사진을 어떻게 다룰지 살펴보자. 아이들의 생일 파티는 널리 공개해도 좋은 것과 그렇지 않은 것을 가르칠 좋은 기회다. 나이와 성숙도에 따라 어떤 아이들은 사진을 찍는 것과 사진을 공유하는 것 사이에 차이가 있다는 사실을 안다. 그 아이들은 예를 들어 초대받지 못한 친구들이 인스타그램에 올라온 파티 사진을 보면 기분이 상할지도 모른다는 점을 이해한다.

그렇다고 사진 찍기를 자제해야 한다는 뜻이 아니다. 다만 소셜미디어에서 사진을 공유할 때 다른 사람들이 어떻게 느낄지 생각해야 한다는 뜻이다. 늘 그렇듯이, 당신이 신중하게 사진을 공유해 공감 능력의 모범을 보인다면 당신의 아이가 다른 아이를 상처 주는 일은 잘 일어나지 않을 것이다.

다른 가족들은 어떨까?

아이의 할아버지와 할머니, 이모와 삼촌, 가까운 친척들은 모두 호의를 갖고 있다. 그들은 당신의 아이를 사랑하며 애정 어린 눈으로 성장과정을 지켜본다. 하지만 그들의 관심도는 다른 사람들과 같지 않을 수 있다. 예를 들어 당신의 부모에게 당신 아이의 사진은 봐도 봐도 질리지 않지만 페이스북 친구인 고교 동창이나 직장 동료들의 반응은 사뭇 다를 수 있다. 이런 불일치를 해소하려면 소셜미디어를 벗어나 가족 앨범 공유를 대안으로 삼을 수 있다.

- 드롭박스^{Dropbox}, 박스^{Box}, 구글 드라이브^{Google Drive}를 이용하자.*
- 플리커^{Flickr}처럼 비밀번호로 보호된 웹사이트를 통해 사진의 공개 수준을 조정하거나, 크리에이티브 코먼즈 라이선스^{Creative Commons license}를 통해 다른 사람이 당신의 사진을 이용하는 것을 선별적으로 허락할 수 있다.
- 이메일로 정말로 원하는 사람들에게만 이번 주의 사진들을 공유하자!

당신이 온라인에서 교류하는 지인들은 이런 노력을 고마워할 것

---

* 드롭박스, 박스, 구글 드라이브 모두 클라우드 컴퓨팅을 기반으로 한 파일 공유 서비스이다.

이다. 이미 당신을 차단하지 않았다면 말이다! 게다가 아이의 디지털 발자국을 줄여 놓으면 나중에 아이가 고마워할 수도 있다. 장담하건 대 삼백 명의 지인들에게 당신 아이의 일상 사진은 필요 없다. 한편 으로 당신은 가족만의 소셜미디어 이용 방침을 마련해 공유 수준을 다양하게 조정할 수도 있다.[5] 나는 테크놀로지 연구자 알렉산드라 새뮤얼이 자신의 가정을 위해 작성한 규칙이 특히 마음에 든다.*

당신이 가족만의 소셜미디어 이용 방침을 시행하려면 그 방침에 당신도 포함되어야 한다는 점을 잊지 말자. 자신의 페이스북, 트위 터, 기타 소셜네트워크 공간에 아이를 드러내지 않는 부모들도 있 다. 하지만 굳이 아이의 사진을 포스팅하겠다면 어떻게 아이의 사생 활과 경계선을 존중할 것이며, 어떻게 아이에게 사진을 보는 사람들 과 사진 속 당사자를 향한 공감을 가르칠 것인지 생각해 보아야 한 다. 만약 아이가 사진을 공유한다는 개념을 이해할 만큼 나이가 찼 다면 아이의 사진을 공유하기 전에 허락을 받아야 한다. 만약 아이 가 너무 어려서 물어볼 수 없다면 아이가 사생활에 예민한 열두 살 이나 열다섯 살, 또는 서른 살이라고 상상해 보자. 아이가 반대할까? 그렇다면 그 사진을 공유하는 것은 다시 생각해 보자.

될수록 어려서부터 사진 공유와 관련해 공감하고 존중하는 자세

---

* 가족구성원 각자가 선호하는 온라인 활동을 정하고 자율적으로 통제하기, 동의 없이 가족구 성원의 이미지, 발언, 활동을 페이스북, 트위터, 블로그 등에 공유하지 않기, 개인정보 보호, 각 자의 비밀번호 보호 등의 상세한 방침이 담겨 있다. https://www.alexandrasamuel.com/ parenting/creating-a-family-social-media-policy 참조.

를 가르치자. 아이에게 디지털기기를 사 줄 무렵부터 대화를 시작하면 좋다. 적절한 경계선과 부모의 기대라는 보조 바퀴를 달고 출발하는 것이다. 이런 대화를 바탕으로 당신도 집에 있는 디지털 도구 및 기기들과 당신의 관계를 돌아보게 될 것이다.

가족의 미디어 환경 만들기

미디어 사용의 올바른 틀과 습관, 실제 체계를 마련해 놓으면 결과적으로 당신이 원하는 방향으로 가정을 꾸리기가 수월해진다. 아마 당신은 다른 영역에서 이미 그런 체계를 갖추고 있을 것이다. 예를 들어 당신은 계절에 맞지 않는 옷들을 치워 둠으로써 여섯 살짜리 아이가 영하 5도의 날씨에 반바지 차림으로 등교하지 않도록 하고 아이에게 입을 옷을 스스로 고르는 자립심을 키워 줄 수 있다. 틀과 습관, 실제 체계가 자리 잡히면 가정에서 테크놀로지를 균형 있게 사용하기가 한결 수월해진다. 나는 이를 '미디어 생태계'라고 부르는데, 이런 체계를 마련하는 것은 당신의 가정에 엄청나게 긍정적인 영향을 끼칠 것이다.

매력적인 오프라인 공간 만들기

전자기기에 덜 의존하는 효과적인 방법의 하나는 오프라인에서 보내는 시간을 좀 더 흥미롭게 만드는 것이다. 약간의 계획과 창의력을 더하면 당신은 매력적인 오프라인 공간을 구상해서 아이패드나 플레이스테이션으로부터 아이를 꾀어낼 수 있다. 스크린은 언제나 유혹적이기에 가장 불편한 장소에 놓아둔다 해도 아이와 어른 모두의 주의를 잡아끌기 마련이다.

집에서 가장 편안하고 아늑한 공간에 스크린이 끼어들지 않게 하자. 아이를 단순한 소비자가 아닌 창작자로 거듭나게 할 공간을 마련하자. 온라인과 오프라인에서 아이와 함께 무언가를 만들자. 디지털 영역에서는 가족 스크랩북을 만들고, 비디오게임을 설계하고, 보물찾기 게임을 구상하고, 할머니를 위한 일정표를 만들고, 스크래치 프로그램으로 코딩을 하고, 영상을 제작해 유튜브에 올릴 수 있다.

오프라인 영역에서는 모형으로 꿈의 도시를 만들고, 쿠키를 굽고, 아끼는 청바지에 헝겊 패치를 달 수도 있다. 이런 활동에는 큰 공간이 필요하지 않다. 부엌 한구석에 책상을 마련하고 미술용품을 담은 통을 두어 예술 공간으로 삼을 수 있다. 집 안에서 고장 난 물건을 찾아 유튜브 영상을 보면서 고쳐 보는 것도 훌륭한 활동이다.

집 밖에서도 창의력을 발휘할 기회는 많다. 당신의 아이가 손재주가 있거나 뭐든 분해하길 좋아한다면, 또는 당신이 이런 활동을 북

돌고 싶다면 자신이 직접 만든 것들을 선보이고 공유하는 축제인 메이커 페어Maker Faire에 데려가자. 단체로 로봇을 만들거나 의상을 디자인하거나 코딩을 하는 캠프에 아이를 보내는 것은 어떤가? 물론 집에서 할 수 있다면 집에서 해도 좋다. 내가 속한 공동체에서는 요즘 팝업 플레이그라운드pop-up playground가 인기를 끌고 있다. 이는 여러 가족이 모여 종이 상자 같은 뜻밖의 건축자재로 만드는 가설 놀이터인데, 아이들은 다양한 재료와 참신한 방법으로 여러 사람들과 상호작용을 할 수 있다.

어린아이들에게는 텔레비전과 비디오게임, 컴퓨터가 집에서 가장 편안하고 흥미로운 공간을 침해하면 안 된다는 점을 분명히 하자. 아이들의 손이 닿는 부엌 서랍에 흥미로운 물건들을 채워 두고 정기적으로 내용물을 바꿔 아이들을 놀라게 하자. 변장 놀이용 의상, 간단한 게임, 새로운 퍼즐, 미술용품 같은 것을 텔레비전이나 게임기, 태블릿 피시만큼이나 쉽게 집어 들 수 있도록 하자.

좀 더 큰 아이들에게는 스스로 창의력을 발휘하도록 돕자. 자기 손으로 뭔가 만들어 낼 수 있도록 상자에 재활용품을 가득 채워 놓자. 악기나 요리책, 요리 도구들을 항상 손 닿는 곳에 두자. 아이가 친구들과 피자나 컵케이크를 만드느라 부엌을 실컷 어지럽히게 내버려 두자. 식구들이나 친구들과 보물찾기나 장애물 코스를 만들게 해서 함께 겨뤄 보자.

집에서 모바일 기기 사용이 자유로운 편이라면, 아이들이 (웬만

하면 어른들도) 자기 방 대신 열린 공간에서 기기를 사용하도록 이 끄는 게 좋다. 집 안에 가족 공용 충전 공간을 마련해 두면 전자기기를 야간에 빼돌리지 말라는 메시지를 한층 강조할 수 있다. 게다가 아침에 부랴부랴 출근할 때 덜 충전된 기기를 들고 나갈 일도 줄어드니 당신에게도 이득이다!

체계를 당신의 친구로

디지털기기 이용 시간과 사용 공간을 신중하게 정하면 아이와의 마찰을 줄일 수 있다. 규칙적인 습관을 들이면 이용 시간이 끝난 뒤의 짜증을 최소화할 수 있다. 이용 시간이 다른 일정과 뒤섞이지 않도록 짜임새 있게 설정하자. 아이가 마인크래프트를 좋아하면 마인크래프트를 할 시간을 따로 정해 두자. 일정표를 만들고, 디지털기기에 푹 빠졌다 나온 뒤에 할 일을 정해 놓자. 만약 제한 시간이 끝난 뒤에 아이가 '스크린 괴물'로 돌변해서 언짢게 군다면 스스로 멈출 수 있을 때까지 15분간 연장해 주겠다고 일러두자.

많은 가정에서 주중에는 디지털기기 이용 시간을 최소한으로 설정하거나 아예 이용을 금지한다. 학교생활과 숙제, 방과 후 활동과 맞물려 관리하기가 너무 까다롭기 때문이다. 물론 그래도 괜찮다. 당신의 가족에게 맞는 균형을 찾으면 된다. 그리고 잊지 말자. 어떤 습관이든 자리를 잡으려면 시간이 필요하다. 인내심을 가지고 계획

을 고수하되, 적절한 균형을 찾을 때까지 필요에 따라 계획을 조정
하자.

미디어를 심각한 문제에 대한
대화의 출발점으로

우리 부모들은 미디어 리터러시를 통해 아이들의 사회의식을 키
울 수 있다. 미디어에 드러나는 고정관념을 지적하되 찬물을 끼얹지
는 말자. "저 드라마는 성차별적이야."라고 말하는 대신 아이들 눈
에 남녀 등장인물이 어떻게 비치는지, 서로 다른 인종이 각각 어떻
게 묘사되는지 물어보자.

당신 집의 시청물을 여성 영웅이 주인공이거나 똑똑한 유색인종
이 등장하는 작품으로 한번 채워 보자. 쉬운 일은 아니지만, 최근 몇
년 사이 선택의 폭이 많이 늘었다. 어 마이티 걸amightygirl.com 같은 훌
륭한 사이트를 참고하자. 딸 키우는 부모가 아니더라도 말이다!

당신이 어떤 텔레비전 쇼나 등장인물, 장르나 제작사를 싫어한다
면, 특히나 아이에게 금지한다면 그 이유를 설명해 주자. "내가 안
된다면 안 되는 거야."라는 식의 우리 부모 세대 화법보다는 논리적
인 설명이 더 바람직한 결과를 낳을 수 있다. 아이들은 자기가 이해
하는 규칙을 더 잘 따르기 마련이다.[6]

그러면 당신의 아이는 금지된 프로그램을 몰래 시청하더라도 등장인물들의 행동 양식이 왜 당신을 거슬리게 했는지 이해할 것이다. 가령 당신은 등장인물들이 금전적 또는 성적 이득을 얻으려고 서로를 이용하는 방식이 불편하지만 주인공의 동생이 동성애자라는 사실에는 거부감이 없을 수 있다.

되도록 구체적으로 설명해서 아이에게 당신의 논리를 이해시키자. 어린이를 위한 쇼를 포함해 요즘에는 많은 프로그램이 까다로운 주제들을 담아낸다. 십 대 성관계, 마약, 폭력적 관계, 섭식장애 등은 모든 연령대를 통틀어 골치 아픈 쟁점들이다.

매주 휘몰아치는 충격적인 사건들을 다루기가 살짝 부담스럽겠지만 몇몇 시사 프로그램은 이런 문제들에 관해 아이와 이야기할 기회를 제공한다. 가끔 불편해진다 해도 대화는 많이 할수록 좋다. 특히 정체성을 형성하는 과정에서 정보를 닥치는 대로 흡수하는 십 대 초반 아이들에게는 부모가 곁에서 지도하고 올바른 가치관을 심어 주어야 한다. 다만, 전략적으로 끼어들자. 쇼를 볼 때마다 번번이 진지한 대화를 시도하면 아이들이 당신과 함께 텔레비전을 보기 싫어할 수도 있다. 하지만 아이들에게 미디어 속 묘사를 주의 깊게 보도록 하고 인종차별이나 성차별 같은 문제에 대해 한층 깊이 의견을 나눈다면 아이들은 보다 잘 알고 비판적인 시청자로 자라날 것이다.

휴대폰과 가족 간의 연락

언제 아이에게 휴대폰을 사 줘야 좋을까는 부모들이 내게 흔히 하는 질문 중 하나다. 아이를 데리러 가면서 약간 늦어질 때, 게임을 하거나 친구 집에 간 아이를 불러올 때, 또는 이와 비슷한 상황에서 많은 부모들은 아이와 연락하고 싶어 한다. 『플레이버후드 Playborhood』의 저자 마이크 랜자가 말한 대로, 휴대폰은 어떤 면에서 아이들에게 자율성을 준다.[7] 그러나, 우리는 아이에게 첫 휴대폰을 사 줌으로써 아이와 소통할 수 있지만, 기능이 극히 제한된 기기가 아니라면 이는 또래 간 소통의 새로운 장(특히 스마트폰이라면 인터넷 전체)을 열어 주는 셈이기도 하다.

내가 참여하는 한 육아 관련 페이스북 토론 그룹의 최근 글타래는 "요즘 아이에게 휴대폰을 사 주려면 몇 살이 적당한가?"라는 질문으로 시작되었다. 금세 여러 반응이 쏟아졌다. 아이가 자전거나 대중교통을 이용해 학교에 가는 등 혼자서 동네를 돌아다닐 수 있다면 적당한 시기라고 생각하는 부모들이 많았다. 아이의 친구들에게 휴대폰이 생기면 '따라서' 사 줘야 한다고 느끼는 부모들도 있었다. 그런가 하면 엄마 아빠하고만 통화가 가능한 손목시계형 기기를 사 준다거나, 초등학교 4학년 때 기본적인 폴더폰을 허락한다거나, '열다섯 살까지 휴대폰 금지' 방침을 고수한다는 등 부모들의 응답은 다양했다. 그중에서도 상당수는 초등학교 6학년이나 중학교 1학년 때 아이에게 스마트폰을 사 주었다고 답했다.

이 글타래에 달린 반응들을 보면 알 수 있듯이, 아이에게 휴대폰을 사 주는 것은 아이의 성숙도를 고려해서 내렸으면 싶은 결정이다. 특히 스마트폰의 영향력은 엄청나다. 스마트폰이 아닌 일반 휴대폰 역시 책임감이 따르지만 스마트폰만큼 큰 책임감과 주의력을 요구하지는 않는다. 글타래 속 많은 부모는 초등학교 고학년 아이에게 일반 휴대폰이면 충분하다고 느꼈고 스마트폰은 적어도 중학교 2학년 때까지 기다렸다가 사 주는 편을 선호했다. 하지만 내가 상대하는 여러 부유한 사립학교와 공립학교에서는 보통 첫 전화기가 스마트폰이고, 초등학교 5, 6학년에 주어지는 듯하다.

당신의 아이는 언제 휴대폰을 가져도 될까?

아이에게 휴대폰을 쥐여 주는 것은 부모로서 내리는 가장 중대한 결정 가운데 하나다. 이것이 지나친 의견인 것 같다면 이렇게 생각해 보자. 첫 휴대폰은 아이에게 세상 전체로 나가는 문이자 삶의 전환점이다. 아이는 어디서든 인터넷에 마음껏 접속할 수 있고 지구상의 거의 모든 사람과 연락할 수 있다. 그 모든 일이 어쩌면 당신의 눈이 미치지 않는 곳에서 벌어질 수 있다. 무섭게 들릴지도 모르지만,

사실 이로 인해 얻는 긍정적인 면도 많다. 바로 그렇기 때문에 내가 멘토링의 중요성을 강조하는 것이다. 아이가 올바른 선택을 하도록 가르치는 것은 당신이 아이를 보호할 수 있는 최고의 방법이다.

자신의 두려움에서 출발하자

휴대폰을 둘러싼 갖가지 문제들, 그리고 아이에게 휴대폰을 사 줄 시점은 고민스럽지만, 바로 그렇기에 당신이 걱정하는 바가 무엇인지 점검해 보아야 한다. 아이에게 휴대폰이나 스마트폰을 사 주기가 왜 그리 두려운가? 반대로, 사 주지 않는다면 무엇이 두려운가? 아이가 함께 노는 무리에서 혼자만 휴대폰이 없을까 봐 걱정스러운가? 또래가 따돌릴까 봐? 당신이 아이에게 휴대폰도 사 주지 않는 **유별난** 엄마가 될까 봐? 아니면 단순히 휴대폰이 없어서 온종일 아이와 연락이 닿지 않을까 봐 불안한가?

다음은 당신이 생각해 볼 주요 문제들이다.

1. 사회성 문제 당신의 아이는 휴대폰이 없어서 또래집단에서 배제되거나 고립될 수 있다. 하지만 막상 휴대폰이 생기면 스크린에 중독되거나 일부러 가족의 연락을 안 받을 가능성도 있다. 또한 디지털기기로만 소통하다 보니 얼굴을 맞대고 소통하는 능력을 잃어버릴지도 모른다. 혹은 타인의 관심을 받으려고 적정선을 넘어 공유하

고 싶은 유혹에 이끌릴 수도 있다.

2. 계층 문제 예를 들어 아이폰은 또래 사이에서 부의 상징으로 비칠 수 있다. 당신은 당신의 가정이 아이에게 휴대폰 하나 못 사 줄 형편이라고 비치길 바라지 않을 것이며, 반대로 전교에서 당신의 아이 혼자만 아이폰을 가졌기를 바라지도 않을 것이다. 디지털 지형은 지역마다 다르기 때문에 주변을 둘러볼 필요가 있다.

3. 보안 문제 스마트폰이 있으면 음란물을 비롯한 부적절한 콘텐츠에 더 쉽게 접근할 수 있다. 부모들은 아이가 유혹을 잘 이겨 낼지 궁금할 것이다. 그 밖에도 부모들은 아이가 스마트폰 앱과 채팅, 웹사이트 등을 통해 낯선 사람과 접촉할 가능성이 크다고 걱정한다. 과연 당신의 아이는 건전하고 올바른 결정을 내릴 수 있을까?

4. 사생활 문제 이제는 휴대폰마다 카메라가 내장되어 있다. 따라서 부적절한 사진이 찍히고 공유될 기회가 늘어났다. 아이가 남기는 정보나 데이터 흔적은 또 어떤가? 온라인에서 포스팅하고 소통하는 족족 디지털 발자국이 찍힐 것이다. 당신의 아이는 디지털 정체성이라는 중요한 문제를 이해하고 있을까?

이 모든 문제를 종합해 보면 왜 휴대폰, 특히 스마트폰 사용이 가족에게 그토록 스트레스를 주는지 쉽게 알 수 있다. 다음 몇 가지 예를 살펴본 뒤에 이 전환점을 언제, 어떻게 다룰지 당신만의 기준을 세워 보자.

실제 사례에서 배우기

내가 함께하는 한 토론 그룹의 도미니크라는 여성에게는 책임감이 남다른 딸이 하나 있다. 그녀는 믿음직스러운 딸이 늘 대견하다. 어느 날 도미니크는 딸 앤이 잘 시간에 친구와 문자메시지를 주고받는 것을 발견했다. 그 친구는 앤의 도움을 필요로 했고 앤은 친구의 요청을 차마 거절할 수 없었다고 했다. 도미니크는 그날부로 잘 시간에는 딸의 휴대폰을 부모 방에 보관하기로 했다. 또한 아이들이 고작 만 열두 살, 초등학교 6학년이었기 때문에 그 친구의 부모에게도 주의해 달라고 당부했다.

여기서 우선, 중요한 것은 도미니크가 앤이 왜 그토록 늦은 시간에 친구에게 응답해야 했는지를 먼저 알아본 것이다. 그 덕분에 도미니크는 딸이 친구를 도우려 했다는 것을 알았고, 6학년 동급생의 조언을 넘어 어른의 도움이 필요할지도 모르는 문제들에 대해 딸과 의논할 수 있었다. 아이가 부모의 규칙을 어기더라도 그 행동의 선의를 이해하면 우리는 적절하게 반응할 수 있다.

'디지털 원주민 키우기' 커뮤니티의 한 엄마는 열한 살, 열 살 자매에게 모두 휴대폰을 사 주었다. 아이들이 스스로 버스를 타고 등교하기 시작했을 무렵이었다. 그녀는 말했다. "열 살 딸에게는 큰 변화가 없었어요. 이틀에 한 번꼴로 휴대폰을 깜빡하고 다녔죠. 그런

데 열한 살짜리는 좀 달랐어요. 큰딸 휴대폰이 부엌의 충전하는 장소에 없던 날, 밤 10시에 메신저 채팅을 하는 걸 제가 발견해서 일주일간 휴대폰 사용권을 '박탈'했죠. 그러자 큰딸이 스스로 흥미로운 결론을 내리지 뭐예요. 휴대폰이 동생과의 관계에 어떤 영향을 미치는지에 대해서요. 휴대폰 없이 집에 온 큰딸이 말하길, 휴대폰이 없으니 버스에서 동생과 더 많이 어울릴 수 있었대요."

또 다른 엄마는 아이들이 휴대폰 사용에 따르는 경제적 책임을 지길 바랐다. "저는 우리 아이들이 매달 휴대폰 요금을 낼 수 있을 때쯤 휴대폰을 사 줄까 해요. 열세 살 큰아이는 아이팟을 가지고 있는데 와이파이 환경에서 통화와 채팅이 가능한 앱을 내려받아 쓰더라고요. 집에는 방과 후에 아이들끼리 있을 때 사용할 수 있는 공용 전화기가 있어요. 열한 살짜리 딸아이는 제 아빠에게서 휴대폰을 물려받았는데(제가 원한 건 아니었지만요), 자기 관리에 철저한 애라서 별문제는 없는 듯해요. 우리 아이들은 상당히 자유로운 편이에요. 방과 후에 몇 시간씩 부모 없이 지내기도 하죠. 우리 집은 매주 가족회의를 열어 꾸준히 소통하고 서로 기대하는 바를 분명히 해요."

내 지인이 운영하는 소아청소년과에 다니는 한 여자아이는 부모에게 휴대폰 사용을 금지당하자 극도로 불안해했다고 한다. 아이가 도무지 울음을 그치지 않기에 자세히 물어보니, 어떤 남자아이가 노출 사진으로 자기를 협박했다고 털어놓았다. 만약 노출 사진을 더 보내 주지 않으면 가지고 있는 사진을 널리 퍼뜨리겠다며 겁을 주었다는 것이다. 세상에! 상황을 알게 된 여자아이의 부모는 딸에게 상담을 받게 하고 노출 사진을 요구한 아이를 차단했다. 그 부모는 소송을 할 수도 있었으나 이 경우에는 그러지 않기로 했다. 만약 가해자가 아는 사람이고 미성년자이면 그 부모에게 연락을 취하는 방법도 있다. 가정에서 이런 상황을 법적으로 해결하는 것은 온라인 가해자들이 잘못을 반복하는 것을 막는 데 긴요한 조치일 수 있다. 하지만 이런 사건을 기소하는 일은 매우 복잡하며 현행법은 디지털 분야에서 발생하는 폭력과 침해 문제에 상당히 뒤처져 있는 것이 사실이다.

아이들이 반드시 알아 두어야 할 것은 그 누구도 자신에게 꺼림칙한 일을 하도록 강요할 수 없다는 사실이다. 낯선 사람, 동성 친구, 이성 친구 모두 예외는 없다. 또한 (부모에게 재깍재깍 답장하지 않거나 나쁜 선택을 할 경우처럼) 부모가 정한 규칙을 어겼더라도, 괴롭힘을 당하거나 곤경에 처하면 언제나 부모가 자기편이고 자신을 도와주리란 것을 알아야 한다. 이는 엄청나게 중요하다!

여기서 본 예들을 통해 우리는 중요한 교훈을 얻을 수 있다. 다른 부모들이 곤란한 상황을 어떻게 다루는지 살펴보자. 우리는 모두 서로에게서 배운다. 당신이라면 앞에서 언급한 상황들을 어떻게 처리하겠는가? 아마 여기서 본 부모들의 방식과 다를 것이다. 그래도 괜찮다. 우리는 각자 나름의 양육 방식을 가지고 있다. 그리고 다른 부모들의 행동을 바탕으로 당신만의 기준을 세울 수 있다.

디지털 기기를 사기 전에

많은 부모가 아이의 안전을 틈틈이 확인하려고 휴대폰을 사 주지만, 그러기 전에 그것이 당신의 바람인지 아이들의 소망인지 자문해 보자. 휴대폰이 꼭 필요할까? 휴대폰 기능이 절실한 상황에 놓여 본 경험이 있는가? 아이에게 휴대폰이 있으면 아이를 데리러 갈 때 약간 늦어지더라도 도중에 문자메시지를 보낼 수 있으니 스트레스를 덜 받는다. 아이에게 휴대폰이 없다면 조금 늦어도 괜찮다는 생각은 감히 들지 않을 것이다.

그래서, 당신은 준비가 되었는가, 안 되었는가? 아이에게 휴대폰을 사 줘야 할까, 말아야 할까? 지금이 아니라면 언제가 당신의 가족에게 적당한 때인가? 이 질문들을 모두 아우르는 간단한 대답이 있으면 좋겠지만, 이는 미묘하고도 사적인 영역이다. 그러나 나는 당신이 알맞은 시기를 정하도록 돕고자 다음의 로드맵을 만들어 보았다.

1. 당신의 두려움과 욕구의 실체를 명확히 하자. 내가 아는 어떤 부모는 아이가 독립심을 기르고 동네를 '자유롭게' 다니길 바랐다. 도심에 사는 그 집은 이웃들과 친밀한 사이였지만 "가로등이 켜질 때 집에 오렴."이라는 단순한 지침보다는 좀 더 안전한 소통 수단이 필요하

다고 느꼈다. 그래서 그 부모의 해결책은? 여섯 살과 아홉 살 아이들에게 무전기를 쥐여 주는 것이었다. 그러자 이웃 부모들도 곧 뒤를 이었다. 이제 그 동네 아이들은 자유롭게 돌아다니면서도 사실상 무전기 통신 범위 안에서 집과 연결되었다. 좋은 해결책이다!

2. 아이가 휴대폰을 원하는 이유를 확인하자. 휴대폰이 주로 또래와 어울리기 위한 수단인가? 다른 아이들이 휴대폰으로 약속을 잡기 때문에 당신의 아이가 소외되는가? 만약 그렇다면 다른 아이들의 부모에게, 특히 아이와 어울려 노는 아이들의 부모에게 사정을 말하자. 그 부모들이 당신에게 문자메시지를 보내 당신의 아이를 챙길 수 있을 것이다.

3. 아이에게 기본적인 전화 예절을 가르치자. 아이들에게 휴대폰을 사주기 전에 전화를 걸고 받는 법, 예의 바르게 음성메시지를 남기는 법을 제대로 가르치자. 이는 '일반' 전화기로 통화할 때도 적용할 수 있다. 할아버지 할머니, 이모나 삼촌, 가까운 친척을 대상으로 아이들을 연습시키자. 친척들에게 당신의 휴대폰에 전화해 달라고 해서 아이더러 받게 하고, 적절하고 자연스럽게 응대할 때까지 거듭 해보게 하자. 발신 통화도 마찬가지다. 전화를 걸어 소통하는 법을 이해할 때까지 연습시키자. '높은 레벨'로는 아이더러 피자를 주문하거나 가게 운영 시간을 물어보라고 할 수 있다.

이메일 소통에서의 보조 바퀴

이메일은 이제 우리 삶의 일부이자 습관이다. 우리 중 대다수에게 이메일은 일터에서의 주요 소통 수단이다. 사용법도 매우 기본적이라 당신은 아이에게 별로 가르칠 게 없다고 느낄 수 있다.

그러나 이메일은 통신수단의 하나로서 그 나름의 불문율과 에티켓이 있다. 아마 당신도 일터에서 경험했겠지만, 이메일 소통은 자칫하면 오해가 생기기 쉽다. 따라서 아이가 이메일을 제대로 활용할 수 있도록 시간을 들여 기초를 다질 필요가 있다. 아이들에게 이메일은 선생님을 비롯한 어른들의 세상과 이어지는 중요한 다리이다. 솔직히 아이가 미래의 고용주와 업무를 볼 때 스냅챗으로 채팅을 하겠는가? 적어도 지금 기준으로는 이메일로 소통할 것이다. 그러니 제대로 습관을 들일 필요가 있다.

조언하건대 아이가 새로운 기술을 접할 때마다 '보조 바퀴'를 달아 주자. 개인 이메일 계정을 허락하기 전에 가족 전용 계정을 사용하게 해 보자. 이를테면 TengFamily@gmail.com이라든지 TheThompsons@yahoo.com 같은 계정을 만들자. 이 중앙집중식 이메일 계정은 부엌에 놓인 유선전화 같은 역할을 할 것이다. 몰래 들여다볼 이유가 없다. 어차피 식구들 사이에는 '공개된' 계정으로, 함께 쓰는 주소이기 때문이다. 당신은 공용 전화기와 마찬가지로 이 공용 이메일 계정을 통해 아이에게 적절한 인사말과 맺음말을 가르칠 수 있다. 그리고 아이가 실수를 했을 때 어떻게 수습하는지 지켜보고 도움이 되는 말을 해 줄 수도 있다. 물론 부드럽게 접근하는 편이 좋다. 너무 강하게 조언하면 야단치는 것처럼 느껴지기 때문이다.

마지막으로, 그 주소로 이메일을 주고받을 때 가족 모두에게 전달된다는 점을 아이는 물론 일가친척, 아이의 친구들에게 분명하게 일러두어야 한다. 의사소통에 있어서 맥락은 매우 중요하며, 예상치 못한 수신자들로 발신자를 놀라게 하는 것은 옳지 않다. 당신의 목적은 아이의 잘못을 포착하는 것이 아니라 아이가 올바른 디지털 시민이 되도록 가르치는 것이다.

온라인에서 현명하게 돈 쓰기

인터넷 시대의 아이들은 아무것도 모르는 풋내기부터 숙련된 웹 기업가에 이르기까지 제각각인 듯하다. 당신의 아이는 아마 그사이 어디쯤일 것이다. 아이가 인터넷으로 물건을 사거나 앱을 내려받거나 프리미엄freemium* 버전에서 상위 버전으로 업그레이드해도 되냐고 묻는 순간부터 당신은 아이와 디지털 화폐에 관한 대화를 시작

---

* 'free'와 'premium'의 합성어로, 기본 서비스는 무료로 제공하고 추가 고급 기능에 대해서는 요금을 받는 마케팅 전략을 뜻한다.

할 필요가 있다. 실제로 온라인 구매에 빠지기는 아주 쉽고, 앱이나 앱 내 기능의 구매 가격은 비교적 소액이더라도 막상 청구서가 들어오면 달갑지 않은 놀라움을 선사할 수 있다.

앱 내 구매는 아이의 나이가 많든 적든 모든 부모에게 골칫거리다. 당신은 (적어도 당장은) 이를 막고 싶을 것이며, 끊임없이 앱 내 구매를 요구하는 게임들은 당신 눈에 탐탁지 않거나 아이들 사이에 널리 퍼지지 않았으면 하는 게임일 것이다.

마케팅 관련 법에 따라 더는 어린이용 프로그램에서 특정 제품을 광고할 수 없게 되었지만, 앱 내 구매 유도는 이런 규제를 교묘하게 피한다. 다음 레벨로 넘어가기 직전에 전략적으로 배치된 구매 유도는 매력적으로 다가온다. 엔도르핀이 솟구칠 때는 가짜 '금화'에 진짜 돈을 쓰고 싶은 충동이 들기 쉽다. 이런 충동은 저항하기 어려우며, 교묘한 방식으로 충족되기도 한다. 부모가 알거나 동의하지 않았는데 어린아이가 막대한 청구서를 만들어 냈다면 해당 회사에서 환불받을 수 있을 것이다. 그러고 나서는 게임 내 설정을 변경하고 아이와 대화하라.

디지털 세계에서 직불카드나 신용카드로 거래되는 돈은 다소 추상적이다. 나는 잡동사니를 싫어하기 때문에 앱을 구매할 때보다 실제 물건을 살 때 더 까다로운 편이다. 실제 세계에서 나는 늘 새 장난감이나 게임기를 어디에 둘지 고민한다. 하지만 '클라우드'라는 수납공간은 무한하다. 당신은 새로운 앱에 대해서도 비슷한 질문을 던질 수 있다. 이 앱이 내 삶에 어떤 역할을 할까? 이미 내게 드로잉 앱이 있다면 이 새 드로잉 앱은 어떤 차별성이 있는가? 잡동사니는 디지털 세계에서도 여전히 잡동사니다.

나는 '디지털 원주민 키우기'에 속한 부모들에게 디지털 시대의 아이들에게 어떻게 경제 개념을 심어 줘야 할지 물었다. 한 엄마는 중학교 1학년 아이가 방과 후에 스타벅스나 쇼핑몰에서 커피와 간식을 사 먹는 데 하루에 30달러나 쓴다고 했다. 그녀는 딸이 직불카드를 쓰기 때문에 딸의 카드 이용 내역을 알 수 있었다. 이 경우 명세서를 딸과 함께 검토하면, 나아가 딸이 스스로 청구서에 책임을 지게 하면 딸이 좀 더 알뜰하게 소비하는 데 도움이 될 것이다. 아니면 딸의 카드 사용에 제한을 두거나 일부러 계좌에 현금이 부족한 상황을 만들어 딸의 경각심을 일깨울 수도 있다. 성공한 사업주인 엄마조차 점심 한 끼에 선뜻 30달러를 쓰지는 않을 것이다. 따라서 만 열세 살짜리의 씀씀이가 그토록 헤프다는 사실은 딸의 단편적인 경제관념을 보여 주며, 딸에게는 그만한 액수가 어떤 노동이나 고생으로 환산되지 않는다는 사실을 드러낸다.

또 다른 엄마는 아이에게 금융 이해력을 가르칠 수 있는 몇 가지 전략을 제시했다.

"저는 올해 팜주Famzoo라는 웹사이트를 통해 여덟 살 아들에게 용돈을 주기 시작했어요. 아들에게 돈 관리와 씀씀이에 대해 가르칠 수 있는 좋은 경험이었죠. 저는 아들에게 용돈을 '앱' 구매에 써도 된다고 허락했어요. 물론 아들에게 여윳돈이 있다면 말이죠. 아들은 종종 제게 '앱 내 구매'를 해도 되냐고 묻더군요. 저는 아들이 유치한 온라인게임의 포인트를 사려고 용돈을 쓰지 않았으면 했기 때문에 그 부분에는 선을 그었어요. 아무래도 여덟 살짜리에게 딱 잘라 설명하기는 어렵더라고요. 아들이 앵그리 버드처럼 (시시한) 게임을 구매하는 것까지는 괜찮지만, 단지 '고급 레벨'로 넘어가기 위해 돈을 쓰지는 않았으면 싶죠."

부모가 왜 물성物性이 없는 것에 아이가 용돈을 쓰지 않았으면 하는지는 쉽게 알 수 있다. 아이에게는 중요한 것들이라도 부모 눈에는 하찮아 보일 수 있기 때문이다. 당분간 용돈을 현금으로 주기로 한 엄마도 있었다. "우리는 원래 앱이나 아이튠스에서 쓸 수 있는 '머니 트레일Money-trail'이라는 가상의 용돈을 사용했어요. 하지만 효과가 없었죠. 돈이 눈에 보이지 않으니 아이들의 실물경제 감각이 떨어지더라고요. 그래서 그냥 최근 2주 전부터는 다시 현금으로 용돈을 주고 있어요."

은행 계좌를 가진 좀 더 큰 아이들은 온라인으로 계좌 정보에 접근하는 법을 알까? 이 아이들에게 비밀번호 보안의 중요성을 가르치는 일은 매우 중요하다. 우리야 그런 중요성을 당연시하지만, 아이들은 취약한 보안의 결과를 아직 충분히 헤아리지 못할 수도 있다.

당신은 아이로 하여금 디지털 용돈으로 앱이나 책, 음원을 사게 하고 싶을지도 모른다. 또 다른 엄마는 말했다. "우리 집에서 (열한 살 아들) 큰애 혼자 태블릿 피시를 가지고 있어요. 아들은 우리와 가족 클라우드 안에서 아이튠스 계정을 함께 쓰면서 원하는 앱이나 노래, 전자책이 있으면 내려받아도 되냐고 물어봐요. 그러면 허락할 때도 있고 허락하지 않을 때도 있죠. 원하는 것이 앱이라면 아들에게 왜 그 앱을 원하는지, 무료 앱인지 유료 앱인지, 가입할 때 개인 정보를 요구하는지 확인해요. 지금 이 시점에서 '아이키즈iKids'* 내 별도의 가상 구매는 없어요."

한 차원 높은 경제 개념

일부 가정과 학교에서는 한층 수준 높은 금융 이해력을 갖도록 장려하고 있다. 예를 들면 학생들에게 글로벌 투자분석 기관 모닝스타 Morningstar나 대형 증권사 이트레이드E-trade를 이용해 온라인 주식 시황을 파악하게 한다. 내 조카가 다니는 뉴욕의 한 공립 고등학교는 일부 학부모들이 월스트리트에서 근무하는데, 매년 학생 투자대회를 열어 가장 많은 가상화폐(실제 돈으로 투자하지 않는다)를 번 학생에게 상을 준다.

* 학교와 연계해 유치원부터 초등학교 5학년까지를 대상으로 하는 미국의 온라인 방과 후 프로그램 사이트.

또한 당신은 아이에게 상장기업들을 조사해 보라고 할 수 있다. 아마도 아이들은 공정무역을 비롯해 더 윤리적인 입장을 취하는 기업들을 지지하고 싶을 것이다. 교내 모의 투자대회가 단기거래만을 대상으로 한다는 조카의 이야기가 나는 조금 못마땅했다. 실제 주주들은 대부분 학교를 마친 뒤에 투자를 시작하니, 당신이 가지고 있는 뮤추얼 펀드나 양도성정기예금*의 장기 성장세를 보여 주면 아이에게 단기 투자대회 이상의 교훈을 가르쳐 줄 수 있을 것이다.

직접 만든 물건을 파는 일에 관심이 있는 아이라면 수공예품 전문 전자상거래 플랫폼인 엣시Etsy 같은 사이트에서 직접 온라인 상점을 운영해 신경제** 지식을 쌓을 수 있다. 만약 아이가 위키피디아 같은 사이트에 무상으로 정보를 제공한다면 왜 우리가 가끔 기꺼이 대가를 바라지 않고 일을 하는지, 그리고 그것이 어떻게 공익에 기여하는지 대화하기 좋을 것이다. 아이가 은행 계좌를 개설해서 저축한 (또는 감사히 받은) 돈으로 자기 물건을 사고 인터넷뱅킹을 이용할 수 있도록 가르치는 일은 중요하다. 보통 중학교에 들어갈 무렵은 돼지 저금통에서 기초적인 온라인 돈 관리로 넘어가기에 적당한 시기다.

그런가 하면 민트Mint 같은 개인 자산관리 앱을 통해 자신의 씀씀

---

* 뮤추얼 펀드는 주식을 발행해 모은 투자금을 전문 운용 회사에 맡기고 발생한 수익을 투자자에게 배당금 형태로 나누어 주는 펀드 투자 방식. 양도성정기예금은 제삼자에게 양도 가능한 무기명식의 정기예금.
** 첨단기술·정보통신 산업이 주도하는 경제.

이를 추적하는 법을 가르쳐 줄 수도 있다. 아이에게 당신의 재정 현황을 보여 줘도 좋다. 당신의 월급이 얼마인지 아이가 몰랐으면 하더라도 가계비 지출 내역을 원형 도표로 보여 주면 당신이 왜 돈을 벌어야 하는지, 어디에 돈을 쓰는지, 어떻게 지출 계획을 짜는지 아이가 이해하기 쉬울 것이다. 이 기회에 돈을 저축하는 방법과 이유를 알려 주고, '여윳돈'에 감사하는 태도도 길러 주자! 중학교 수준의 아이들이라면 복리, 저축, 인플레이션 같은 개념을 제대로 이해하기 시작할 것이다.

'디지털 원주민 키우기'에 참여하는 한 부모는 딸에게 적극적으로 경제적 책임감을 가르치고자 했다. "남편과 저는 지금 고등학생인 아이가 열세 살이 되던 해에 예금 계좌를 개설해 줬어요. 저도 고등학생 때 엄마가 개설해 주셨거든요! 우리는 딸이 옷을 사고, 교통카드를 충전하고, 남동생을 돌보는 데 필요한 액수를 그 계좌에 넣어 주고 있어요. 딸은 그 외에 자신이 따로 벌거나 받은 현금을 계좌에 넣어 두고 평소에는 직불카드를 쓰죠. 만약 교통카드 대금이 부족하거나 하면 퀴큰Quicken 같은 돈 관리 소프트웨어를 이용해 스스로 씀씀이를 조절해요. 이제 딸은 세일 기간까지 기다렸다가 물건을 사는 식으로 가격을 엄청나게 의식하죠."

『뉴욕타임스』의 개인 자산관리 칼럼니스트이자 『내 아이와 처음 시작하는 돈 이야기The Opposite of Spoiled』의 저자 론 리버는 아이가 돈에 관해 질문할 때 되도록 아이의 눈높이에서 솔직하게 대답하라고 조언한다.[8] 아이들은 당신이 얼마나 버는지뿐만 아니라 어떻게 쓰는지도 알고 싶어 한다. 부모의 월급, 자신의 학교 수업료, 또는 자기가 사는 집이 얼마인지 궁금해할 수도 있다. 아이가 인터넷에 검색할 수 있다면, 즉 만 6세 이상일 경우에는 쉽게 정보를 얻을 수 있기에 굳이 당신에게 물어볼 필요가 없다. 하지만 성性 관련 주제가 그렇듯이 돈에 대한 궁금증도 부모에게 물어보는 편이 낫다. 조만간 아이가 인터넷 검색으로 당신의 급여나 집값 같은 개인 금융 정보를 알아 와서 질문할지도 모르니 미리 대비하자.

금융 이해력과 신용

당신은 돈을 다루는 일에 있어서 현실적으로 아이를 얼마나 신뢰하는가? 아이가 당신의 신용카드 또는 신용카드와 연동된 계좌를 마음대로 사용해도 괜찮겠는가? 당신의 지갑에 한 번도 손을 댄 적 없는 아이가 당신의 비밀번호로 인터넷에서 무언가를 주문한다면? 두 경우 모두 당신의 허락이 필요하다는 점을 분명히 했는가? 다음은 당신이 자문해 볼 몇 가지 질문이다.

- 아이가 온라인 결제나 앱 내 구매를 하지 못하도록 차단하는 방법을 아는가?
- 아이가 당신의 아이패드로 아마존에 자유롭게 접근할 수 있는

가? 만약 아이에게 아마존에서 영화나 드라마를 시청할 수 있도록 로그인 정보를 알려 주었다면 아이가 뜻밖의 결제를 하더라도 놀라지 말자.

- 당신은 애플 아이디 공유의 문제점을 아는가? 애플 기기를 애용하는 가정에서는 가족과 계정을 공유할 때의 장단점을 알 것이다. 앱을 내려받으면 모든 식구가 이용할 수 있어서 편리하지만, 당신의 신용카드가 등록된 애플 아이디는 아이에게 백지수표처럼 느껴질 수도 있다.

얼마 전 나는 착하고 예의 바른 세 아이를 둔 멋진 친구 부부의 집에서 저녁 식사를 했다. 중학교 3학년인 그 집 둘째 아들은 판타지 풋볼 리그*라는 게임을 화제로, 특히 자기가 얼마나 잘하는지 신이 나서 이야기했다. 나는 게임의 목적이 점수인지 돈인지, 어느 정도는 그저 궁금해서 물었다. 판타지 풋볼 리그 참가자끼리는 돈내기도 한다고 지인들과 동료들에게서 들었기 때문이다.

아이는 돈을 걸고 싶지만 현금을 우편으로 주고받기는 싫다고 답했다. 함께 게임을 하는 친구들이 여름 캠프에서 만난 아이들이라 직접 만나 돈을 거래하기 어려웠기 때문이다. 그래서 자기들끼리 페

---

* 실제 풋볼 선수를 뽑아 가상의 팀을 만든 후 일정한 기준을 통해 각 선수의 기록을 점수화하여 종합 점수나 팀 간의 승패를 겨루는 일종의 시뮬레이션 게임.

이팔^{PayPal}* 거래를 할까 생각 중이라고 했다. 아이의 아버지가 "아니, 안 돼. 그건 도박이야."라고 하자 아들이 웃으며 대답하기를, "그러니까 하게 되면 몰래 하겠죠."라고 했다. 헉.

아무래도 저녁 식사에 초대된 손님들이 돌아가면 긴 대화가 펼쳐질 게 뻔했다. 물론 그 집은 부모와 자식 간의 신뢰가 탄탄하며 그 가족은 앞으로도 꾸준히 그 문제를 의논할 것이다. 다만, 그 문제는 과거에 우리의 부모 세대는 굳이 다룰 필요가 없었던 문제다.

그 부모는 아들에게 "우리의 신용카드 정보로 페이팔에 가입하거나 네 은행 계좌를 페이팔과 연동하는 것은 금지야."라고 할 수 있다. 또 다른 방법으로는 아이가 도박으로 돈을 약간 잃어 보게 하는 것도 있다. 돈을 약간 잃거나 따 보면 학습효과도 있지만, 중독될 위험도 있다. 게다가 잃거나 따도 괜찮은 금액의 한도는 누가 정하겠는가?

결국 그 부모는 아이가 자신들 몰래 행동할 수도 있다는 점을 받아들이면서 허용선과 금지선을 명확히 그어야 한다. 그리고 아들이 신뢰를 저버리지 않고 바르게 행동하리라는 기대를 한껏 내보여야 한다.

이 일화는 디지털 생활에서 맞닥뜨릴 수 있는 문제들의 일부를 보여 준다. 우리 아이들은 원하는 물건이 들어 있는 택배 상자가 나타

---

* 글로벌 온라인 전자결제시스템. 당좌예금 계좌에서 돈을 외부로 이체하거나 등록한 신용카드로 돈을 송금할 수 있다. 이체나 송금 시 이메일 계정과 비밀번호만 입력하면 돼 간편하다.

나는 데 익숙하다. 특히 신용카드로 원터치 주문이 가능한 요즘은 돈을 어디어디에 썼는지 놓치기 쉽다. 나는 충동구매를 억제하려고 아마존 같은 사이트에 접속할 때 의도적으로 어려운 암호를 사용한다. 잠시 고민할 시간을 버는 것이다.

연결된 가족

디지털 시대의 가족은 매우 즐겁게 소통할 수 있다. 소셜미디어를 통해 멀리 떨어져 사는 조카의 얼굴을 보고, 할머니 할아버지와 스카이프skype로 대화할 수 있다. 시어머니와 모바일 앱으로 낱말 맞추기 게임을 하거나 십 대 아이와 문자메시지를 주고받을 수 있다. 가정에서 일찌감치 바른 습관을 들이고 적절한 환경을 만드는 것이 성공으로 나아가는 길이며, 그러면 결국 아이는 물론이고 당신 자신의 디지털 생활을 감독할 필요가 없어질 것이다! 새해 첫날이나 생일처럼 어느 특별한 날을 기점으로 현재 우리 집에서 테크놀로지를 균형 있게 사용하고 있는지 평가하고, 크고 작은 변화가 필요한지 점검하자.

소셜미디어는 '친구'라는 개념을 얼마간 재정의했다.

직접 만나거나 통화한 적이 없는 사람과도 친구가 될 수 있을까?
팔로어도 친구가 될 수 있을까?

제7장

디지털
시대의
우정과 사랑

성장기에 우정에 대해 배우는 것은 매우 중요하다. 우리 아이들은 게임과 소셜미디어, 그룹 채팅과 화상채팅을 통해 친구들과 교류하고 갈등을 겪는다. 얼굴을 마주하고 상호작용할 때와 완전히 다르지는 않지만, 그 안에는 우리가 알려 주면 좋을 새로운 사회적 규범과 미묘한 지점들이 있다. 한편, 어떤 아이들은 중학생이나 고등학생 때 연애를 시작한다. 연애 관계도 교우 관계와 마찬가지로 예나 지금이나 크게 다를 바 없지만(학교 무도회는 여전히 끔찍하게 어색하다), 우리가 고려해야 할 새로운 면도 있다. 다음은 당신이 겪을 수 있는 몇 가지 시나리오다.

• 당신은 초등학교 6학년 딸에게 휴대폰 사 주기를 여태껏 미뤄 왔지만, 어느새 딸의 친구들은 모두 휴대폰을 가지고 있는 듯

하다. 다들 휴대폰으로 약속을 잡고 끊임없이 소통하는데 딸아이도 자기만 빠지고 싶어 하지 않는다. 당신은 딸에게 당신의 스마트폰을 쓰라고 했지만 역효과만 불러왔다. 툭하면 열두 살짜리들이 당신의 휴대폰으로 문자메시지를 보내오는 것이다. 그렇다고 한밤중에 그룹 채팅이나 하라고 딸에게 휴대폰을 넘길 생각은 없다. 게다가 당신 눈에 휴대폰은 여전히 친구들과 소통하기에 가장 바람직한 수단은 아닌 것 같다.

• 당신의 초등학교 3학년 아이가 어울리는 친구들은 방과 후에 주로 온라인게임을 한다. 당신은 아들이 방과 후에 숙제나 운동을 하길 바라서 온라인게임은 주말에만 하도록 제한했다. 아들은 친구 무리에서 소외된 기분이 들고 게임에서 뒤처진다며 불평했다. 심지어 학교에서 친구들과 어울릴 때도 그 여파가 이어지는 듯하다.

• 당신은 열한 살 딸아이와 함께 딸의 이메일 수신함을 열었다가 트위터와 인스타그램, 기타 소셜미디어 앱에서 보내온 자동 회신들을 발견했다. 당신은 화가 났다. 딸은 열세 살이 되기 전까지 소셜미디어 계정을 만들지 않기로 당신과 약속했기 때문이다. 자세히 캐물으니 그 계정들의 주인은 당신도 오래 알고 지낸 딸의 절친한 친구였다. 딸의 친구가 계정을 만들기 위해 딸의 이메일 주소를 이용했던 것이다. 당신보다 더 엄격한 그 친구의 부모가 자기 딸에게 이메일 계정조차 허락하지 않았기 때

문이었다. 당신은 어떻게 대응하겠는가?

• 당신의 아들은 보이스카우트 캠프에 갔다가 돌아오는 버스 안에서 본의 아니게 남의 문자메시지 대화 내용을 보게 되었다. 친구들이 한 살 많은 여학생과 주고받은 문자메시지와 사진들을 돌려 보는 상황이었다. 아들은 몹시 기분이 상했다. 그 사진들을 보기를 거부했다는 이유로 친구들이 놀려 댔기 때문이다.

가끔은 디지털 세상에서 아이를 키우는 일도 그리 어렵지 않다는 생각이 들기도 할 것이다. 다른 아이들만 없다면 말이다! 지금부터 아이의 친구 관계가 넓어지고 변화할 때 당신이 주의할 사항과 본보기로 삼을 만한 바람직한 행동을 알아보자.

디지털 세상의 건전한 친구 관계

잠시 우리가 목표로 하는 이상적인 모습을 그려 보자. 다음은 디지털 세계와 현실 세계에서 두루 건강한 관계를 쌓아 갈 준비가 된 아이의 모습이다.

• 온라인 친구와 오프라인 친구의 차이를 알고 있다.
• 자신의 경계선을 분명히 할 수 있다.

- 인기는 인스타그램 팔로어 수로 따지는 것이 아니라는 점을 알고 있다.
- 따돌림의 기류를 민감하게 알아차린다.
- 소셜미디어에서 프로필을 정할 때 공개 수준을 설정할 수 있다.
- 데이트할 때나 연애 관계에서 안전하고 신중하게 처신한다.
- 갈등이 생기면 오프라인에서 해결해야 한다는 점을 알고 있다.
- 실생활에서 마주치는 무례함과 온라인상의 잔인함을 구분할 수 있다.

아이가 겪는 친구 관계 경험은 당신의 어린 시절과 비슷할 것이다. 보통 '절친'이 생기고 많은 시간을 함께하다가 어느새 소원해진다. 함께 노는 무리가 끊임없이 바뀌고 내부 갈등도 발생한다. 어색한 상황과 실수가 벌어진다. 그렇다. 여전히 인기 있는 아이와 따돌림을 당하는 아이, 그 사이에 다양한 아이들이 있다. 바로 당신의 학창 시절처럼 말이다.

그러니 잘됐다. 당신의 경험을 바탕으로 아이가 겪는 문제들을 이해할 수 있으니까. 하지만 실수해서는 안 된다. 당신의 아이가 늘 접속해 있는 새로운 세상에는 몇 가지 중요한 차이가 있다. 또래 사이의 소외와 갈등, 언어폭력 등의 문제를 겹겹이 쌓으면 왜 요즘 부모들의 걱정이 태산인지 알 수 있다. 나는 그런 걱정을 현장에서 매일 마주한다.

환경이 다를 뿐 본능은 같다

요즘 아이들은 돌계단, 뒷마당, 주차장, 쇼핑몰 대신 소셜미디어에서 어울린다. 당신은 어떤 지역에서 자랐는가? 도시? 교외? 시골? 친구들과 주로 어디에서 모였는가? 고등학생 때 나는 친구들과 학교 강당에서 사용하지 않는 화장실을 발견했다. 우리는 그 화장실을 아지트로 삼고 교내 식당의 와글와글한 인파를 벗어나 그곳에서 점심을 먹곤 했다. 아이들은 언제나 어른들의 시야를 벗어나 또래와 함께할 장소를 찾는다.

이제 소셜미디어와 온라인게임이 아이들의 주요 아지트가 되었다. 단순히 그룹 채팅이나 특정 소셜미디어 앱을 이용하는 것만으로 무리에 낄 수 있다. 친구끼리 노는 아이들이 있는가 하면 더 폭넓은 또래집단과 어울리는 아이들이 있으며, 무리마다 갈등이 다르고 갈등의 형태도 끊임없이 바뀐다. 짐작건대 그 안에는 규칙을 정하는 소수와 규칙을 따르는 다수가 있을 것이다.

당신의 아이는 그룹 채팅을 하면서 소외감을 느끼는데 어떤 아이는 심상찮은 기류를 눈치채지 못하고 마냥 해맑을 수 있다. 중학생이 또래의 일반적인 관행을 따르지 않는다면, 다시 말해 친구들이 자신을 어떻게 생각하든 전혀 신경 쓰지 않을 만큼 '독특'하다면 친구 관계는 누워서 떡 먹기일 것이다. 그러나 내가 중학생들을 관찰해 보면 그런 경우는 극히 드물다! 당신도 학창 시절을 돌이켜 보면 알겠지만, 독특한 아이들은 자기들끼리 '패'를 이루는 편이 낫다. 함께 점심을 먹거나 관심사를 공유할 수 있는 친구 한두 명이면 족할 것이다.

아날로그 사회와 디지털 사회의 차이점

우리 세대는 오늘날 우리 아이들보다 훨씬 독립적인 공간과 넉넉한 시간을 누렸다. 그 점은 우리 세대가 친구와 관계를 맺고 갈등을 해결하는 방식에 영향을 미쳤다. 또한 당신의 성격이 아이와 정반대라고 생각해 보자. 당신은 어렸을 때 자주 이사를 다녀서 친구를 새로 사귀는 기술을 터득해야 했던 반면 당신의 아이는 유치원 때부터 지금까지 쭉 친하게 지내는 친구가 있을지도 모른다. 우리의 유년 시절과 달라진 점은 문자메시지와 소셜미디어를 통해 학교 내의 소문과 불화가 더 쉽게 번질 수 있다는 것이다.

따라서 당신의 아이가 삶이 뒤흔들릴 만한 사회적 불화를 겪었다면 다른 공동체에 합류시키는 방향을 생각해 볼 수 있다. 학교 밖에는 보이스카우트와 걸스카우트, 여러 종교의 청소년단체, 시청이나 지역공동체가 제공하는 수업이나 동호회 등 다양한 참여 공간이 있다. 나 역시 이를 계기로 더 큰 세계에 눈을 뜬 경험이 있다. 중학생

시절, 동급생 사이에서 별로 두드러지지 않았던 나는 주로 정년퇴직 자로 이루어진 사진 동호회에 가입한 적이 있다. 내게는 아주 색다른 경험이었고 회원들도 나를 무척 반겨 주었다. 그럼으로써 열세 살 또래 세계의 거품에서 헤어나게 된 것은 뜻밖의 수확이었다!

크면서 내가 누구인지 알아 가는 과정은 복잡하다. 우리는 디지털 왕국에서 아이들이 자신의 정체성을 '크라우드소싱'하기를 원치 않는다. 매일 남의 댓글과 '좋아요^{likes}'에 집착하면 불안감만 커진다. 우리는 아이가 스스로 정체성을 확립하고 친구들과 다정하고 든든한 관계를 맺는 데 집중하기를 바란다. 이는 현실 세계의 상호작용에서 출발해 온라인 관계와 소셜미디어, 온라인게임으로 확장되어야 한다. 아이가 소셜미디어에서 부정적인 영향을 받을수록 방과 후와 저녁 시간 일부는 '인터넷 연결을 끊은 상태로' 보내는 편이 좋다.

그렇다면 과연 '그때 그 시절'은 지금과 어떻게 달랐을까?

- 학교에서 생긴 불화는 집에 돌아오면 피할 수 있었다.
- 어른들이 아이들 사이의 불화나 언어폭력을 목격하는 일이 드물었다.(요즘도 그렇긴 하지만, 아이들이 메신저 대화창이나 악성 댓글을 전달하거나 보여 주는 경우도 있다.)
- 아이들은 자신을 주변 사람들하고만 비교할 수 있었다.(폭넓은 친구 범위와 역할모델은 많은 아이들에게 유익하다.)

팔로잉이 상처가 될 때

누군가가 소셜미디어에 포스팅할 때마다 당신의 아이가 그걸 보고 소외감을 느낀다면 당신은 아이에게 일주일만 그 사람을 팔로 취소하라고 제안할 수 있다. 인터넷 연결을 끊거나 앱을 삭제해 버리는 것은 아이에게 극단적 처사로 여겨지겠지만, **임시방편**으로 눈을 가리는 것은 도움이 될 수 있다. 그렇게 해서 아이의 기분이 한결 나아진다면 바뀐 설정을 쭉 유지할 수도 있다.

때로는 앱을 삭제하는 것이 가장 좋은 방법이다. 초등학교 5학년 커리나는 다른 여학생이 앱에서 자신을 차단했다고 털어놓았다. 물론 친구에게 차단당하면 무척 속상하겠지만 막상 그 친구가 공유하는 내용을 일일이 보는 것보다는 나을 수 있다. 소셜미디어 앱 대부분이 14세 이상을 권장 연령으로 하니, 그보다 몇 살 어린 커리나가 섣불리 이용해 봐야 아무래도 득보다 실이 크다. 이 경우에는 부모의 지도가 필요하며, 아마도 잠시 앱을 지우는 것이 최선일 것이다.

정체성에 미치는 영향

십 대 초중반은 성장에서 특히 중요한 시기다. 이 무렵부터 아이들은 자신의 정체성을 형성하며, 날마다 새로운 페르소나를 쓰고 경계선을 시험한다. 당신의 아이가 현재 초등학교 6학년이라면 내가 무슨 말을 하는지 정확히 이해할 것이다. 이 시기의 정체성 탐색은 자연스러운 일이지만, 안 그래도 복잡한 격랑의 시기에 소셜미디어라는 요소가 추가되면 조금 달리 보일 것이다.

우리는 부모로서 소셜미디어에 무엇을 공유할지, 또래 사이의 규칙을 따를 것인지 거스를 것인지에 대해 아이와 이야기해야 한다.

때로는 원래 독립적인 아이들조차 중학교의 가혹한 편가르기에서 살아남기 위해 더 순응적으로 행동한다. 아이들은 대부분 또래와 어울리려고 애쓰며 대세를 따르려고 한다. 웬만하면 아이의 순응적인, 또는 반항적인 태도를 지적하지 말고 아이 스스로 깨우치도록 돕자. 당신은 아이가 자신의 선택에 당당하길 바랄 것이다. 부모라면 모두 동의하겠지만, 단지 친구들 대부분이 체조에 관심이 있다는 이유로 딸아이가 자신이 좋아하는 아이스하키를 그만두지 않기를 바랄 것이다. 그와 반대로, 딸이 친구들과 똑같은 머리띠를 갖고 싶다고 해도 섣부른 판단은 삼가자.

인기 다큐멘터리 라디오 쇼 「디스 아메리칸 라이프This American Life」의 진행자 아이라 글래스는 여중생 세 명(14세 두 명과 15세 한 명)에게 서로의 사진에 댓글을 다는 행위가 어떻게 친구 관계를 강화하는지 물었다.[1] 이 인터뷰를 통해 우리는 아이들이 어떤 무리와 어울리든 그 안에는 몇 가지 규칙이 있다는 점을 이해할 수 있다.

예를 들어 소녀들은 누군가가 올린 사진에 댓글을 달아서 그 사람을 알아 가거나 친구가 되고 싶다는 뜻을 전할 수 있다고 했다. "특히 새 학년이 시작되면 새로운 애들을 많이 만나잖아요. 이때 별로 안 친하거나 잘 모르는 애가 사진을 올리면 일부러 댓글을 달아요. 그건 너와 친구가 되고 싶다든가, 너를 좀 더 알고 싶다든가, 아니면 네가 멋지다고 생각한다든가 하는 일종의 호감 표시죠."[2]

소녀들은 쌍방 통행이 중요하다고 덧붙였다. 누군가가 내 사진에 댓글을 달았다면 나도 그 사람의 사진에 댓글을 달아야 한다. 만약 내가 공유한 사진에 친한 친구들이 댓글을 남기지 않으면 어떻겠느냐는 질문에 소녀들은 대답했다. "당연히 초조하죠. 댓글을 달아 줄 거라 기대했는데 안 달아 주면 내심 '어째서?' 하고 따져 보게 된다니까요." 제인이라는 소녀는 친구들의 '무반응'이 무시처럼 느껴진다고 했다. "친구들이 내가 올린 사진을 보고도 '좋아요'를 누르지 않는다면 그건 수치죠. 혹시 다른 애들이 그걸 보고 우리가 친한 사이가 아니라고 판단하면 어떡해요. 여태 서로 댓글을 안 달았대, '좋아요'를 안 눌렀대, 하면서요."

물론 소녀들은 서로 댓글을 요구하지 않는다. 댓글에 집착하면 '얄팍해 보인다'는 이유였다. 하지만 그러면서도 서로의 기대를 충족해 주어야 할 것 같은 의무감을 느꼈다.

그들은 자신들이 댓글에 신경 쓰는 것을 부모들이 시간 낭비처럼 여긴다고 말했는데, 부모들은 칭찬을 갈구하는 이 나이 또래 아이들의 욕구에 공감해 줄 필요가 있다. 관심을 받을지 모른다는 지속적인 가능성은 사춘기 단계의 여러 문제와 맞물려 거부할 수 없는 연쇄반응을 만들어 낼 수도 있다. 댓글을 아무리 많이 받아도 더 많은 댓글을 바라는 것처럼 말이다. 부모들은 십 대의 이런 습성이 못 미더워도 가볍게 웃어넘기는 편이 좋다. 소녀들도 부모들의 언짢음을 이해하는 것 같았다. 십 대라서 다행인 부분이다. 아홉 살이라면 자신에게 소중한 무언가를 부모가 한심하게 여기면 상처를 받을 수 있지만, 열네 살쯤 되면 상대방의 관점에서 생각할 줄 알기에 자신의 인정 욕구도 웃으며 다스릴 수 있다. 나와 동떨어진 관점을 익히는 것은 성장과정의 일부다. 엘라는 엄마의 말을 인용했다. "다들 왜 그러는 거야? 왜 오십 명이 의무적으로 너에게 예쁘다고 칭찬해야 해?" 그리고 줄리아는 자기 아빠가 그런 습성을 '바보같이' 여긴다고 단언했다.

친구 대 팔로어

소셜미디어는 '친구'라는 개념을 얼마간 재정의했다. 소셜미디어의 세계는 좋든 싫든 친구의 개념을 다소 바꿔 놓았다. 따라서 우리가 먼저 그 차이를 이해하고 아이에게 가르쳐 줄 필요가 있다. 오늘날 온라인 인맥으로 사회적 반경이 한층 복잡해졌다는 점은 확실하다. 이미 충분히 복잡한데도 말이다!

요즘 아이들은 우리 때보다 더 큰 규모의 대중을 상대한다. '대중'은 두 가지로 나뉜다. 하나는 내가 아는 사람들로 이루어진 무리, 또 하나는 내가 올린 게시물을 어쩌다 보게 된 사람들로 이루어진 더 넓은 세계다.

소셜미디어를 막 시작했든 몇 년간 이용했든 항상 나오는 질문 중 하나는 팔로어가 얼마나 많은지, 누가 팔로하는지이다. 각각의 사용자를 둘러싼 생태계는 지문처럼 독특하다. 소셜 플랫폼을 이용하는 사람은 누구나 친구나 팔로어로 이루어진 우주를 가지고 있으며, 따라서 두 개 이상의 플랫폼을 이용하는 사람은 여러 우주를 가질 수 있다. 우주의 크기는 천차만별이다. 트위터 같은 개방형 플랫폼에서는 수용자의 수가 셀 수 없이 늘어날 수 있고, 그 모든 수용자를 개인적으로 알 길은 없다.

많은 어른이 공감하듯이 페이스북 초창기에는 친구 요청을 모조리 수락하며 모든 사람과 연결되어야 할 것 같았다. 지금도 직장 동료나 직업상 아는 사람이 친구 신청을 해 오면 거절하기 껄끄러울 수 있다. 이 경우 "저는 업무상 만난 분들과는 친구를 맺지 않아요."라며 분명히 선을 긋는 게 도움이 된다.

어린아이들에게는 더욱 철저한 경계선이 필요하다. 예컨대 아이가 친구를 맺는 사람은 당신이 아는 사람이어야 한다. 어린아이와 대화하면서 또래나 친구가 어떻게 행동하길 바라는지 물어보자. 아이의 사교성을 고려해 가까운 친구 무리와 더 넓은 친구 범위의 차이에 대해 이야기해 보자. 이런 대화는 아이가 소셜미디어에 입문하기 전에 나누면 좋다. 아이에게 좋은 친구는 어떤 친구인지 물어보거나 지금의 친구가 좋은 친구인 이유를 물어보자.

나는 초등학교 3학년 아이들과 워크숍을 진행할 때 종종 좋은 친구란 어떤 친구인지 묻는다. 3장에서도 언급했지만, 아이들은 '친절한' '재미있는' '자기 것을 나누는' '짓궂지 않은' '함께 놀면 기분이 좋은' 친구라고 대답했다. 함께 게임하기 좋은 친구를 물었을 때도 역시 비슷한 대답이 돌아왔다. '쉽게 화를 내지 않는' '부정행위를 하지 않는' '졌다고 게임을 그만두지 않는' 친구였다. 이런 대화만으로도 아이들이 경계선을 세우는 데 도움이 된다.

여기서의 목표는 아이들이 친구 관계에 대해 이해한 바를, 특정 플랫폼이나 소셜미디어 전반에서의 행동 양식을 넘어서서 자신의 가치관의 일부로 바꾸는 것이다. 단순히 소셜미디어 에티켓이나 관리 능력이 아니라 핵심 가치관으로 삼는 것이다. 그것이 디지털 시민이 되는 길이다.

친구 유형 구분 짓기

우리는 아이들에게 진정한 친구와 '소셜미디어 대중'의 차이를 가르쳐야 한다. 이 둘을 가르는 기준은 무엇인가? 차이를 어떻게 구별하는가? 직접 만나거나 통화한 적 없는 사람과도 친구가 될 수 있을까? 팔로어도 친구가 될 수 있을까?

우선 간단하게 몇 가지 제한을 두는 것으로 시작하자. 아이가 소셜미디어를 처음 접할 때 디지털 보조 바퀴를 달아 주는 것이다. 가령 당신은 아들에게 이미 알고 지내는 사람만 팔로하라고 정해 줄 수 있다. 그래도 걱정이 된다면 **당신도** 아는 사람이어야 한다고 정하자. 영구적인 규칙은 아니더라도 출발점으로 삼기에는 좋다. 그리고 아이더러 계정을 '비공개'로 설정해서 승인된 팔로어만 게시물을 볼 수 있게 하라고 하자.

소셜 플랫폼의 세계에서는 개인정보 설정과 정책이 매우 자주 바뀌기 때문에 여기서 내가 구체적으로 조언하기는 어렵다. 따라서 아이에게 다른 아이들의 계정을 보여 달라고 해서 함께 의견을 나누는 식으로, 플랫폼 자체에 변화가 생기더라도 유효한 전략을 사용하면 좋다. 앱별 전략은 해당 앱 설정이 변경되거나 앱을 쓰지 않게 되면 무용지물이다! 내가 사용하는 한 가지 방법은 즐겨 쓰는 검색엔진에 '(현재 연도, 해당 앱 이름) 개인정보 설정'을 입력하여 개인정보 문제나 업데이트 내용을 다룬 최근 기사를 찾아보는 것이다. 일례로, 2015년 스냅챗이 해킹당했을 때 4,600만 명에 이르는 사용자는 소셜미디어가 지극히 사적인 게시물을 공유하기에 적합한 공간이 아니라는 사실을 깨달았다.

디지털 시대의 연애와 짝사랑

퓨 리서치 센터 산하의 인터넷 앤드 아메리칸 라이프 프로젝트 Pew Internet & American Life Project는 내가 애용하는 자료원으로, 아이들과 가정의 테크놀로지 사용 방식에 관해 유용한 데이터를 제공한다. 2015년 10월 센터의 발표에 따르면 아이들은 (놀랍게도!) 여전히 사랑에 빠지고, 홀딱 반하고, 분노하고, 앙갚음하고, 기타 등등을 한다.[3] 우리 때와 그리······ 다르지 않다. 테크놀로지가 아이의 연애 관계에 불러올 부작용을 우려하는 부모들에게 희망적인 소식도 있다. 적어도 2015년에는 아이들 대부분이 온라인에서 알게 된 사람과 실제로 만나거나 '성적인 만남'을 갖지 않았다는 것이다.

아이들의 데이트 방식이 인터넷으로 완전히 옮겨 간 것처럼 느껴질 수도 있지만, 같은 연구에 따르면 미국 십 대 청소년의 8퍼센트만이 온라인에서 연애 상대를 만났다고 한다.[4] 틴더Tinder나 그라인더Grindr 같은 훅업 앱을 사용하는 청소년들도 없지는 않지만 이런 앱은 규정상 18세 이상만 가입할 수 있다. 한 엄마가 내게 이야기하기를, 열여섯 살 아들 앨릭스가 훅업 앱의 선정적인 암시에도 불구하고 틴더에서 만난 탤리아라는 소녀와 전통적인 데이트를 시작했다고 했다. 요즘 시대에 '전통적'이라 함은 엄마가 아들을 서점 내 카페에 데려다주고 아들이 여자 친구와 만나는 동안 밖에서 기다렸다는 뜻이다. 그날 이후 앨릭스의 엄마는 탤리아의 부모를 만났고, 함께 아이들의 농구 경기와 학교 연극을 보러 가기도 했다. 탤리아는 앨릭스의 집에서 차로 20분쯤 걸리는 지역에 살고 있었고 틴더 앱이 아니었다면 만날 일이 없었을지도 모르지만, 아이들의 관계 자체는 수영 경기나 토론대회에서 만난 사이와 다를 바 없어 보였다.

한편 동성애자, 양성애자, 트랜스젠더, 또는 자신의 성정체성을 고민하는 아이들에게 인터넷과 소셜미디어는 자신을 인정받고, 정보를 얻고, 어딘가에 소속될 수 있는 매우 유익한 공간이 될 수 있다. 하지만 어른들은 이런 공간에서 괴롭힘이 벌어질 수도 있다는 점을 알아야 한다. 어떤 환경에서는 자신의 성적 정체성을 드러내지만 다른 환경에서는 그러지 않는 식으로 상황에 따라 다른 정체성을 시도하는 청소년들에게 소셜미디어는 여러 부작용을 가져다준다. 그런 아이들과 가족들을 위한 몇 가지 훌륭한 온라인 자료들은 www.safeschoolscoalition. org, www.glsen.org, www.impactprogram.org/lgbtq-youth/youth-blog에서 찾아볼 수 있다.

그리고 내가 5장에서 언급한 『이것은 동성애자 아이의 부모를 위한 책이다』도 참고하면 좋다. 모든 아이들에게는 연령대에 따라 성과 신체, 성 건강에 대한 적절한 정보가 필요하다.*

---

* 국내 청소년 성소수자 관련 사이트로 '띵동 청소년 성소수자 위기지원센터 http://www.ddingdong. kr' '십 대 섹슈얼리티 인권 모임 http://cafe.naver.com/youthsexualright' 'Rateen 모두를 위한 열림 쉼터 http://cafe.daum.net/Rateen' 등이 있고 가족 모임으로 '성소수자 부모 모임 https://www.pflagkorea.org/'이 있다. https://chingusai.net/xe/help04 참조.

끊임없는 연결 가능성에 따른
기대치의 변화

일단 십 대 아이들에게 연애 감정이 싹트면 상대에게 끊임없이 연결될 수 있다는 점은 분명 서로의 기대치에 영향을 준다. 우리 어른들의 관계도 크게 다르지 않다. 예를 들어, 남편과 나는 과거에 휴대폰 없이 연애했지만 연락에 대한 기대치는 휴대폰을 항상 끼고 다니는 지금이 더 높다(십 대 아이들보다야 훨씬 덜하지만!) 조사 결과, 적어도 하루에 한 번 이상 상대방과 연락하길 바라는 청소년은 조사 대상의 85퍼센트에 육박했다. 한 시간에 한 번씩 연락하기를 원하는 청소년도 11퍼센트나 됐다![5]

십 대 초반 아이들은 사춘기와 함께 오는 신체적, 감정적 변화에 이제 막 적응하고 있으며 그 변화 중 하나는 또래를 향한 사랑의 열병이다. 과거에는 호감을 주고받는 사이라도 함께 점심을 먹거나 가끔 극장에 가는 데 그쳤지만, 오늘날 어린 연인들은 휴대폰으로 서로 끊임없이 소통할 수 있다. 당신이 아이와 대화할 때, 좋아하는 아이에게 언제든 연락할 수 있다고 해서 꼭 그럴 필요는 없다는 사실을 일깨워 주자. 문자메시지를 자주 보내지 않아도 괜찮다고 말이다.

참고 도서로는 한국게이인권운동단체 친구사이 외 『무지개 성 상담소』, 강병철, 백조연 외 『성소수자-LGBT(Q)』, 한국성소수자연구회 『무지개는 더 많은 빛깔을 원한다』 등이 있다.

한편, 호감 가는 상대에게 마음을 표시하고, 암시하고, 공통 관심사를 알아내려 하는 오래된 습성은 디지털 영역으로 더 많이 이동했다. 퓨 리서치 센터의 보고에 따르면 페이스북이나 기타 소셜미디어 플랫폼을 이용해 상대방에게 호감을 표시한 십 대가 50퍼센트에 이르렀다.[6] 아마 아이들은 학교나 친구 무리 안에서 연애 상대를 만나는 편을 여전히 선호하겠지만, 자신의 감정을 털어놓기에는 소셜미디어가 가장 편안한 공간일 수 있다.

아이들은 관계에 서툴고 미숙하다. 그야 아무래도 아이들이니까! 내 중점 토론 그룹에 속한 어떤 소녀는 남자아이들이 문자메시지를 반복해서 보내와서 참다못해 답장을 했다. 그러자 한 소년이 마치 그 소녀가 먼저 메시지를 보낸 것처럼 이전 메시지들을 삭제하고는 자기 친구들에게 "봐, 걔가 나한테 말을 걸었어!"라며 자랑했다. 이 아이들은 모두 어른 멘토에게 도움을 받으면 좋을 것이다. 아니면 시행착오를 통해 스스로 행동을 바로잡을 수도 있다.

만약 이 이야기 속 소녀나 소년이 당신의 아이라면 어떻게 조언할지 생각해 보자. 아이에게 이렇게 물어보자. "다른 아이들이 디지털 공간에서 어떻게 행동할 때 제일 짜증 나니?" "아이들은 보통 그런 행동에 어떻게 대응하니?" 어느 부모는 아이들이 디지털 공간에서 자기들끼리 '키스냐 결혼이냐 살인이냐kiss, marry, kill' 게임*까지

---

* 질문자가 제시하는 세 명의 인물 중에서 키스해야 하는, 결혼해야 하는, 죽여야 하는 인물을 각각 선택해야 하는 게임. 보통 질문자는 일부러 대답하기 곤란한 선택지를 제시한다.

한다고 지적했다. 아이들의 사적인 답변은 디지털 연결성을 통해 널리 퍼질 수 있다. 친구와 메신저로 비밀을 공유할 때 벌어질 수 있는 일에 대해 아이와 이야기하자. 비밀이 언제나 잘 지켜질까? 아이에게 타인의 대화 내용이 담긴 이미지를 본 적이 있는지 물어보자. 사람들은 왜 사적인 대화 내용을 찍어 공유하는가? 정말로 그래도 괜찮을까? 기술적으로 가능하고 실제로도 자주 일어나는 일을 우리는 어떻게 피할 수 있을까?

원치 않는 관심 다루기

아이들은 만남을 시작하거나 지속할 때뿐 아니라 헤어지거나 호감을 거절할 때도 만나서 대화하기, 전화 통화 같은 전통적 방식과 소셜미디어, 메신저, 이메일 같은 디지털 방식을 모두 이용한다. 퓨 리서치 센터의 보고에 따르면 십 대 청소년의 25퍼센트가 소셜미디어에서 불쾌하게 접근하는 사람을 차단한 적이 있다.[7] 놀랄 일도 아니지만 십 대 여학생들은 온라인에서 불쾌한 접근의 대상이 될 가능성이 더 크며, 그 가운데 35퍼센트가 누군가를 차단하거나 친구 명단에서 삭제한 적이 있다고 답했다. 이는 같은 경험을 한 남학생 16퍼센트보다 두 배 이상 많은 수치다.[8]

이런 경험에 관해 대화를 이끌어 내는 한 가지 방법은 아이나 아이의 친구에게 너무 강하게 들이대거나 집요하게 구는 누군가를 차단했던 적이 있는지 물어보는 것이다. 불쾌감을 주는 행동은 용납될 수 없고 참을 필요도 없다는 점을 아이에게 확실히 알려 주자. 만약 아이가 가해자를 차단해도 그런 행동이 멈추지 않는다면 당신은 학교나 관련 당국에 연락을 취해야 한다.

괴롭힘은 여러 형태를 띨 수 있다. 그중 하나는 그것이 진실이든 반쪽짜리 진실이든 완전히 꾸며 낸 것이든, 상대방에 대한 성적인 이야기를 공유하는 것이다.

부모와의 대담 중에 한 엄마가 고백하기를, 딸이 휴대폰을 두고 외출했는데 메신저 앱이 열려 있길래 엿보게 되었다고 했다. 거기에는 얼마 전 청소년 종교 모임 야간 행사 후에 딸이 한 남학생과 주고받은 문자메시지가 있었다. 딸은 "우리가 ○○ 했다고 모두에게 말하다니 믿을 수 없어. 다시는 네 근처에도 안 갈 거야! 알았어?"라고 화를 냈다. 이어지는 대화에서 남학생은 사과했고, 딸은 "다시는 나에 대해 거짓말하지 마."라고 답했다. 결국 둘은 "이제 우리 사이 문제없는 거지."라며 화해한 듯했다. 그 엄마는 딸을 추궁해서 상황을 들춰낼 필요도 없이 딸이 알아서 처신한 것이 대견했다. 또한 딸의 또래들이 성관계에 관해 이야기한다는 사실을 깨달았고, 비록 그 사건을 입에 올리지는 않았지만 딸의 성관계와 연애 관계에 더 주의를 기울이게 되었다.

비록 여자아이 쪽이 추행을 당하거나 불쾌한 치근거림을 거절해야 할 가능성이 더 크더라도 나는 남녀 모두 피해자가 될 수 있다는 사실을 짚고 넘어가야겠다. 많은 부모가 어떤 여학생이 자기 아들에게 끊임없이 전화하거나 문자메시지를 보내는데 어떻게 대처해야 할지 모르겠다고 토로한다. 특히 십 대 초반에는 이성에 먼저 눈뜬 여자아이들이 아직 준비가 안 된 또래 남자아이들에게 관심을 표할 수 있다. 내 감정에 보답하지 않는 사람을 대하는 법을 배우는 것은 성장과정에서 사랑과 연애를 배울 때 중요한 이정표다. 친구 범위가 넓을수록 서로 간의 의사소통이 모호해질 수 있기 때문에 부모가 아이를 지도하고 필요에 따라 경계선을 그어 주어야 한다.

한 소년의 부모는 한 소녀의 부모와 나눈 대화를 간추려 들려주었다. "저는 그 여학생의 부모에게 그 애가 우리 아들에게 하루에 삼사십 통이나 문자메시지를 보낸다고 말했지만 그 부모는 아무런 대응도 하지 않았어요." 이는 분명히 경계선이 필요한 상황이다. 어린 소년은 이런 경우에 어떻게 해야 할지 모를 수 있다. 받은 문자메시지를 친구들과 공유하는 등 자칫 잔인하거나 곤란한 방식으로 대응할지도 모른다. 생각해 보자. 이는 상황을 악화시킬 뿐이다. 또 다른 엄마는 딸이 짝사랑하는 소년에게 문자메시지를 보냈다가 매우 짓궂은 회신을 받았다고 했다. 소년의 엄마에게 그 사실을 말했더니(그들은 서로 아는 사이였다) 대수롭지 않은 반응이 돌아와 무척 놀라고 실망스러웠다고 말했다.

만약 다른 부모가 당신에게 다가와 아이의 행실에 대해 이야기한다면 방어적으로 대응하지 않도록 노력하자. 먼저 연락해 줘서 고맙고 잘 알아보겠다고 한 다음, 진상을 파악해 문제를 해결하자.

다른 부모들과 협력하면 내 아이를 지도할 때 도움이 된다. 좋은 멘토가 되려면 분열을 부추길 것이 아니라 함께하는 공동체를 만들어 가야 한다. 우리가 아이의 또래집단에 대해 더 많이 알수록 우리 아이들이 자신들의 세계에서 당당하고 사리에 밝은 디지털 시민으로 성장하도록 더 잘 도울 수 있다.

테크놀로지는 기능적이고 사람은 감성적이다

메신저는 친구들과 연락하기 좋은 수단처럼 보이지만 몇 가지 함정도 있다. 물론 빠르게 의견을 교환하고 약속을 잡기에는 아주 좋다. 많은 어른이 기능적이고 실용적인 이유에서 메신저를 활용한다. 다만, 감정은 채팅이나 소셜미디어로 잘 전달되지 않는다. 단순한 미디어로 전달하기에 감정은 너무 복잡하다. 우리는 아이에게 메신저를 기능적으로만 쓰라고 말해 줄 수 있지만 실제로 아이들은 메신저를 통해 관계를 형성하며, 이때 강렬한 감정도 동반하기 마련이다. 무엇이 적절하고 부적절한지 감을 잡도록 메신저를 통해 발생할 수 있는 다양한 상황에 대해 아이와 대화하자.

아이는 친구들이 곧장 응답하지 않을 때도 인내심을 발휘할 필요가 있다. 식사를 하거나 숙제 중인데 누가 참을성 없이 메시지를 스무 통이나 보내온다면 얼마나 짜증스럽겠는가? 이는 메신저 앱이든 전통적인 문자메시지든 마찬가지다. 친구들이 무얼 하느라 응답하지 않는지 상상해 보고, 친구들의 사생활을 위해 선을 지키고, 친구들 사이에서 무언가를 놓칠까 봐 불안해하지 않도록 도와주자.

온라인게임에서도 이런 문제가 드러날 수 있다. 초등학교 5학년이자 내게는 마인크래프트 전문가인 조너선은 가끔 노트북에 게임을 켜 둔 채 자리를 비운다고 했다. 그러면 실제로는 플레이하지 않으면서 플레이하는 것처럼 보인다.

다른 플레이어가 재깍 응답하지 않으면 누군가는 기분이 상할 수도 있다. 조너선은 플레이어가 컴퓨터 앞에 없을 수도 있다는 점을 이해하지만, 조너선의 친구들은 가끔 상대의 무반응을 의도적인 무시라고 오해한다. 한 가지 해결책은 아이에게 자리를 비울 때 게임을 비활성화해서 오해를 방지하도록 가르치는 것이다.

메신저는 아이들 세계에서 큰 비중을 차지하므로 시간을 들여서라도 그 안의 불문율을 익히도록 도와야 한다. 내 경험상 아이들도 종종 메신저 채팅에서 발생하는 문제에 관해 이야기하고 싶어 한다. 여기 메신저와 관련해 아이에게 물어볼 몇 가지 질문이 있다. 어떤 경우에는 아이와 일대일로 대화하기보다 한 무리의 아이들과 이야기하는 편이 더 깊은 논의를 끌어내기에 좋다.

- 그룹 채팅을 할 때 재미있는 점과 그렇지 않은 점은 뭐니?
- 친구로부터 너무 많이, 또는 너무 자주 메시지를 받은 적이 있니?
- 친구에게 메시지를 보냈는데 답장이 바로 오지 않는다면 어떻게 하겠니?
- 친구가 너와 주고받은 메시지를 다른 사람에게 보여 준 적이 있니?

아이가 자신의 경험을 자세히 털어놓을 수 있도록 차분하게 귀 기울이자.

소셜미디어에서 느끼는 소외감

아이들은 의도적이든 아니든 다른 아이를 배제하기도 한다. 또래 사이의 역학 관계는 현실 세계에서도 다루기 어렵지만 디지털 세계에서는 훨씬 더 복잡한 양상을 띤다.

내가 소셜미디어를 주제로 진행하는 워크숍에서는 소셜미디어가 악화시킬 수 있는 주요 문제 중 하나, 즉 친구들이 나만 빼고 어울렸을 때의 소외감을 솔직하게 나누곤 한다. 자신이 소외되었다는 사실을 뒤늦게 알게 되는 것도 그렇지만 나만 빼고 파티나 모임에 참석한 아이들이 실시간으로 올리는 사진을 보면 더욱 상처를 받게 마련이다.

워크숍에 참여한 아이들은 그런 사진을 봤을 때 친구가 내게 거짓말을 했다는 사실이 드러나면 특히 속상하다고 했다. 하지만 친구가 '다른 약속' 때문에 함께 어울릴 수 없다고 미리 말했더라도 내가 포함되지 않은 사진들을 보면 기분이 상할 수 있다. 심지어 가족과 찍은 사진을 보고도 소외감을 느낄 수 있다.

왜 그럴까? 사람들은 사소한 다툼이나 뒷좌석에서 티격태격하는 아이들의 모습을 기록하지 않는다. 행복한 순간, 아니면 적어도 모두가 카메라를 바라보며 웃는 순간을 공유할 가능성이 더 크다. 우리는 소셜미디어를 통해 삶을 향한 긍정적인 시각을 드러내기도 하지만(그렇다면 다행이다), 도저히 따라잡을 수 없는 기준을 세우기도 한다.

소셜미디어의 연출적 특성

소셜미디어로 인해 우리는 나 혼자만 어떤 삶의 경험들을 놓치고 있다는 느낌을 받을 수 있다. 언제나 남보다 우월하고, 즐겁고, 기념비적인 순간을 갖지 않으면 삶을 향한 우리의 자세나 접근법이 잘

못되었다고 느낄 수 있다. 디지털로 '연결된' 시대에 우리 어른들은 아이들에게 소셜미디어에 연출적 요소가 강하다는 점을 반드시 알려 주어야 한다. 사람들은 때로는 계산적으로, 때로는 생각 없이 자신의 일부만을 공유한다는 점을 말이다.

부모로서 우리는 십 대 초중반 아이들이 스마트폰을 가진다는 것이 어떤 것인지 진지하게 생각해 볼 필요가 있다. 토요일 밤에 초등학교 6학년 아이가 집에서 소셜미디어를 통해 자신이 초대받지 못한 파자마 파티를 실시간으로 본다면 기분이 어떨까? 고등학교 1학년이라면 좀 더 자존감이 높아서 괜찮을까? 아니면 배제되는 영역이 늘어나서 더 안 좋을까? 보통 나이를 먹을수록 유연하게 대처하지만, 어떤 아이들은 고등학교와 대학교에서조차 자신이 사교 생활을 줄줄이 놓치고 있다고 조바심을 낸다.

소셜미디어에서 사람들이 행복과 인맥을 자랑하는 방식을 아이에게 설명하고, 그런 게시물들은 때때로 슬픔과 회의, 불안의 감정을 숨기고 있다는 점을 알려 주자. 일례로, 펜실베이니아 대학교의 매디슨 홀러랜이라는 학생이 우울증으로 자살했는데, 그녀의 친구들은 각자 힘든 시기를 보냈음에도 불구하고 소셜미디어에서는 새내기에 걸맞은 행복한 얼굴을 해야 했다. 홀러랜의 친구들은 자신들의 인스타그램 사진 속의 행복한 모습 이면에 숨겨 놓은 진짜 감정들을 공유했고, 그 내용을 다룬 기사 「매디슨 홀러랜의 친구들이 공유하는 여과되지 않은 삶Madison Holleran's Friends Share Their Unfiltered Life」[9]은 많은 사람에게 감동을 주었다. 이 기사는 소셜미디어가 왜 우리에게 무대처럼 느껴지는지 고등학교 수준의 아이들과 공유할 수 있는 유익한 글이다.

어떻게 도울 수 있는가?

아이가 혼자라는 기분을 덜 느끼도록 당신의 경험담을 들려주자. 소외감을 느끼는 아이에게 소셜미디어 '방학'을 권해 보자. 특히 아이가 최근에 어울리는 친구 무리를 바꿨거나 친구와 절교한 경우에 '이전 친구'에게 오랫동안 집착하면 문제가 될 수 있다. 이는 서로 사귀던 사이도 마찬가지다.(이 장 뒷부분을 참고하라.) 당신의 아이는 소셜미디어에서 전 여자 친구나 전 남자 친구를 몇 시간씩 엿보고 싶은 유혹을 느낄 수 있다. 우리는 이 괴롭고 해로운 행동의 대안을 알려 주어야 한다.

우리가 도와주면 아이들은 특정 친구를 과감히 차단하거나 부모를 핑계로 소셜미디어 이용 시간을 줄일 수 있다. 다들 나만 빼고 어울린다는 사실, 게다가 일부러 내게 그 사실을 보여 줌으로써 기분 나쁘게 하려는 의도 따위는 사실상 모르는 게 약이다.

다음은 아이와 소셜미디어에 관해 이야기 나누기에 좋은 질문들이다.

- 소셜미디어나 그룹 채팅에서 소외감을 느끼는 아이들이 있다고 생각하니?
- 인스타그램에서 어떤 사진을 보고 소외감을 느낀 적이 있니?
- 누군가가 소외감을 느낄까 봐 사진을 공유하지 않기로 한 적이 있니?
- 인스타그램을 보다가 혼자만 무언가를 놓치고 있다는 기분이 들면 어떻게 하겠니?
- 휴대폰을 잠시 멀리하면 중요한 것을 놓칠지도 모른다는 조바심이 든 적이 있니?
- 친구들이 다른 친구에게 소외감을 느끼게 하려고 자기들끼리 즐겁게 노는 사진을 공유한 적이 있다고 생각하니?
- 그렇게 해서 얻을 수 있는 것은 뭐라고 생각하니?

친구 무리에서 배제되었을 때 어떻게 하면 기분이 나아질 수 있느냐는 내 질문에 한 중학생 그룹은 다음과 같이 대답했다.

- 영화를 본다.
- 아이스크림을 먹는다.
- 다른 친구들을 집에 초대한다.
- 휴대폰을 안 보거나 아예 치워 버린다!

- 운동을 한다.
- 가족과 시간을 보낸다.

이 아이들 역시 다른 친구들을 집에 초대하면 함께 사진을 찍어 공유하고 싶을지도 모른다고 인정했다. 내가 사진을 공유하는 이유를 묻자 한 여학생은 "내게 학교 밖에서의 삶도 있다는 것을 보여 주고 싶어서요."라고 답했다. 다른 아이는 "뭔가 재미있는 일을 할 때 남들과 공유하면 즐거워요."라고 답했다. 또 다른 아이들은 소셜미디어가 순간을 기록하고 기억을 보존하는 방법이라고 말했다.

내가 아이들에게 "누군가를 소외시킬 수도 있으니 사진을 공유하면 안 된다고 생각하니?"라고 묻자 아이들은 "아니요! 사람들은 공유할 권리가 있어요."라고 대답했다. 한 여학생은 "같은 자리에서 찍은 사진이 한 장이면 괜찮은데 두 장은 좀 그렇고, 세 장부터는 불쾌해져요."라고 구체적으로 짚었다. 내가 앞에서 설명했듯이, 지역과 상황에 따라 차이는 있지만 아이들은 그들 나름의 공동체 안에서 자기들만의 사회적 규칙을 갖고 있다.

휴대폰을 치워 두는 것도 이 학생들이 생각해 낸 좋은 방법이다. 소외감을 곱씹지 않기로 마음먹는 것은 더 큰 힘이 생기는 길이라고 아이에게 말해 주자.

갈등을 해결하기

테크놀로지 자체가 십 대 초중반 아이들이 느끼는 불안의 근본적인 원인은 아니지만, 확실히 문제를 악화시킬 수는 있다. 만약 디지털 세상을 평행 세계라고 본다면 그 안에서의 문제들은 아날로그 세상, 즉 현실 세계에도 존재할 것이다. 하지만 그 문제들은 디지털 환경에서 더 복잡해지거나 적어도 복잡성이 한층 더해진 양상을 띤다.

나는 학생 워크숍에서 아이들에게 디지털 영역에서 실수를 저지를 경우 어떻게 수습할지 브레인스토밍을 해 보라고 한다. 일단 공통으로 나오는 문제는 '과잉 공유'로, 자신의 사생활을 지나치게 공유하는 것이다. 또 다른 문제는 자신이 친구의 좋은 소식이나 심지어 비밀까지 공유해 버리는 것이다.

아이들은 한번 공유한 사생활이나 비밀을 '주워 담을' 수 없다는 점을 잘 알지만, 본능적으로 피해를 막으려고 애쓴다. 그것도 황급하게. 이 워크숍에서 아이들은 불쾌한 게시물을 삭제하고 사과하거나, 적어도 실수로 그랬다는 점을 알려야 한다고 말했다.

하지만 아이들이 실수를 어떻게 바로잡을 수 있을까? 나는 청소년단체부터 종교계 학교, 공립학교에 이르기까지 다양한 환경의 아이들에게서 결국 자충수가 될 해결책을 들었다. 이를테면, 자신이 공유한 진실을 덮기 위해 '거짓말을 퍼뜨리는' 것이다. 또 하나는 "나에 대한 소문을 하나 퍼뜨려도 좋아."라는 식으로 복수를 허락하는 것이다. 실수를 저지른 아이들은 덜컥 조바심을 느껴 실수를 한 꺼번에 '무마'하려 들지도 모른다.

이런 문제 해결법은 이제 막 복잡한 인간관계 기술을 배워 나가는 초등학교 5, 6학년 아이들에게서 나온 것이다. 이 시기에 첫 휴대폰을 갖게 되는 아이들이 많은데, 이런 통신기기는 관계를 더 복잡하게 만든다.

우리는 뜬소문이나 거짓말, 복수 같은 전략이 나쁜 상황을 더 크게 키울 뿐이라는 점을 아이들에게 이해시켜야 한다. 아이들은 눈앞에 닥친 문제에 사로잡혀서 종종 더 큰 그림을 보지 못한다. 때로 신뢰가 깨지면 관계를 회복하는 데 시간이 필요하다. 당신의 아이는한 방에 균열을 메우려고 하다가 오히려 문제를 악화시킬 수 있다.

특히 감정이 북받치는 상황에서는 직접 소통하지 않으면 관계를 회복하기 어려울 수 있다는 점을 아이가 알아야 한다. 두려움을 뒤로하고 현명한 소통 방식을 택하는 것은 갈등 해결 기술의 일부다.[10] 이메일이나 문자메시지를 받고 화가 났을 때는 잠시 감정을 다스릴 시간이 필요하다는 점을 아이에게 알려 주자. 그런 다음 가능하면 상대방과 얼굴을 맞대고 대화하거나 적어도 전화로 이야기해야 한다. 가령 직장에서 어떤 이메일을 받고 격분했는데 만나서 얘기하거나 적어도 **"얘기 좀 하실래요?"**라고 공감하는 표정으로 묻는 것만으로 상황이 누그러졌던 때를 떠올릴 수 있을 것이다.

친구들 사이의 갈등에 휘말리면 어떻게 해야 할지에 대해서도 아이와 이야기하자. 친구들이 그룹 채팅에서 불쾌한 대화를 주고받거나 누군가의 사진에 무례한 댓글을 단다면 당신의 아이는 어떻게 할까? 우리는 알아서 충돌을 피할 때도 있지만 다른 사람들의 갈등에 감정적으로 개입하기도 한다. 만약 그런 갈등을 목격하거나 자신을 갈등에 끌어들이려는 의도를 느낀다면 당신의 아이는 대화가 불편하다고 말하거나 뭔가 핑계를 대며 대화창을 나갈 수 있다. 또한 비열한 행동을 당한 친구에게 따로 연락해 공감을 전할 수도 있다. 만약 그 행동이 심각하거나 위협적이라면 부모님이나 선생님, 또는 책임 있는 어른에게 알려야 한다는 점을 명확히 짚어 주자.

우리는 누구나 실수를 한다. 아이들은 인간관계가 어른들에게도 쉽지 않다는 사실을 인지할 필요가 있다. 정직함과 공감, 인내심으로 실수를 만회하는 법을 배워야 한다. 당신은 오해가 생겼을 때 어떻게 관계를 회복할지 아이에게 본을 보일 수 있는가? 오해를 해결했던 경험을 아이와 나눌 수 있는가? 한 부모는 워크숍에서 자신이 실수를 만회하고 관계를 회복했던 경험담을 공유했다. "저는 마시 아주머니가 임신한 사실을 다들 아는 줄 알고 페이스북에 공유했어요. 아주머니가 화를 낼 만했죠. 그건 제가 전할 소식이 아니었으니까요. 그 소식을 널리 알려도 좋은지 미리 확인했어야 했죠. 저는 아주머니에게 전화해서 진심으로 사과했어요. 결국 잘 이야기해서 오해를 풀었는데, 앞으로 그런 일은 절대 없을 거예요."

인내는 우리의 디지털 원주민에게 가장 가르치기 어려운 덕목이다. 요즘 세상에서 빠른 의사소통은 미덕이지만 조바심을 부추기기도 한다.[11] 아이들은 갈등을 빠르게 해결해야 한다고 느낀다. 우리도 이해한다. 관계가 어려워지면 누구나 스트레스를 받는다. 하지만 인간관계는 늘 빠르게 회복되지만은 않는다. 시간이 걸리기도 한다. 일단 시간을 갖고 주위를 둘러봐도 괜찮다고 아이에게 일러 주자. 아이들은 실수를 통해 삶의 기술을 배울 수 있다. 실수를 깨닫고, 진지하게 사과하고, 좋은 친구로 돌아가는 것이 갈등을 뒤로하고 앞으로 나아가는 가장 좋은 방법이다.[12]

디지털 공간의 또 다른 문제는 또래집단과 친구 무리 안에서 실수가 공개되는 방식이다. 중학생 아이를 둔 부모들은 아이의 실수가 더 많은 사람이나 '전교생'의 입방아에 오를까 봐 걱정한다. 그런데 실제로 아이에게 더 큰 악몽이 되는 상황은 친구 무리 안에서 실수하는 것이다. 그룹 채팅에서 웃기려고 한 말을 다들 오해하거나, 누군가의 사진에 무심코 부적절한 댓글을 달거나, 심지어 자신이 올린 게시물에 친구들이 '좋아요'를 누르지 않거나 댓글을 달지 않으면 아이들은 수치심을 느끼거나 고립될 수 있다. 라디오 쇼 「디스 아메리칸 라이프」의 인터뷰에서 십 대 소녀 제인이 지적했듯이, 소셜미디어를 즐겨 이용하는 아이들에게 소셜미디어란 "누가 누구와 있는지, 누가 누구와 노는지, 누가 누구와 '절친'인지 확인하면서 자신의 인맥을 만드는" 수단이다.[13] 그리고 그 과정에서 마음의 상처를 받을 수 있다.

아이에게 첫 휴대폰을 사 주려는 부모에게 내가 미리 경고하는 것은 앞으로 무슨 일이 생기든 소셜미디어가 불을 지피리라는 것이다. 물론 소셜미디어 때문에 내성적인 아이가 외향적으로 변하지는 않는다. 자존감 높은 아이가 왕따의 주범이나 표적이 되지는 않을 것이다. 그러나 소셜미디어는 집단 내 권력 다툼, 소외감, 기타 사회적 딜레마를 부추길 수 있다. 소셜미디어 때문에 친구 사이의 갈등이 커질 수 있으며 때로는 사소한 마찰이 심각한 다툼으로 번지기도 한다.

테크놀로지가 갈등을 키운다

어떤 사회 영역이든 갈등은 불가피하다. 그리고 갈등이 생기면 소셜미디어는 별로 도움이 되지 않을 것이다. 내가 늘 말하듯이, "확신이 서지 않을 때는 오프라인으로 옮겨 오자." 아이들에게 직접 관계를 개선할 수 있는 기술을 가르치는 일은 특히나 중요하다. 아이들은 마찰을 해소하려다가 조바심이 발동해 도리어 갈등을 빠르게 키울 수 있다. 아이에게 감정을 누르고 친구와 마주 보며 문제를 해결하는 것이 더 나았던 때를 떠올려 보라고 하자. 전화 통화도 나쁘지 않지만, 문자메시지를 통해 갈등을 해결하기는 매우 어렵다. 아이에게 갈등의 골이 깊어지기 전에 간단히 메시지를 보내라고 권하자.

"이 얘기를 문자메시지로 하기에는 좀 그래. 얼굴 보고 얘기할래?"

친구가 말을 걸었을 때 바로 응답하지 않아도 오해를 부를 수 있다. 아이들은 우리의 가르침에 따라 적절한 경계선을 긋고 자신이 때로는 응답할 수 없다는 것을 친구들에게 미리 알릴 수 있다. 하지만 그렇게 해도 당황하는 친구들이 있다. 내 중점 토론 그룹에 있는, 친구들에게 인기가 많고 운동에 소질이 있는 열두 살 여학생이 말했다. "내가 바로 응답하지 않으면 다들 자기한테 화가 났다고 생각해요. '너 혹시 나한테 화났니?'라고 문자메시지가 오죠. 그러면 저는 화가 난 게 아니라 그냥 잠시 휴대폰을 꺼 뒀었다고 얘기해요. 메시지는 읽었지만 답할 시간이 없었다고요."

아이들은 많은 프로그램을 통해 상대방이 메시지를 읽었는지 확인할 수 있다고 했다. 친구가 메시지를 읽지 않은 상태라면 초조함이 덜하겠지만, **읽고도** 응답하지 않으면 별생각이 다 든다는 것이다. 그러니 아이가 상대방의 무응답에 대처하는 기술을 배우도록 당신이 인내와 이해심의 본을 보이자. 이때 당신의 감정을 곁들여 전하면 효과가 좋다. 이를테면 이렇게 말하는 것이다. "얼른 비행기 표를 사야 하는데 너희 아빠의 일정을 몰라서 문자메시지를 보냈거든. 기다리기 힘들지만, 아빠는 지금 상사나 고객하고 얘기하고 있을 거야. 방해하지 않게 우선 다른 일을 해야겠다."

갈등은 남의 불화에 관심이 많은 또래들이 공유하면서 쉽게 격해질 수 있다. 이는 디지털 세계에서의 소통이 불난 데 기름 붓는 격이 되어 버리는 지점이다. 십 대 초중반 아이들은 남의 갈등에 우르르 뛰어들기도 한다. 아이에게 누군가의 갈등에 '엮인' 느낌을 받은 적이 있는지 물어보자. "그룹 채팅 중에 불쾌한 대화가 오가거나 친구가 다른 친구의 인스타그램에 무례한 댓글을 달면 너는 어떻게 하겠니? 개입할 거니? 그런다고 도움이 될까? 혹시 상황을 더 악화시키지는 않을까?" 내가 자주 하는 말인데, 갈등은 여러 관중이 지켜보는 스포츠가 될 수 있다.

내 중점 토론 그룹의 중학교 1학년 여학생은 소셜미디어 게시물에 댓글을 달면서 갈등이 시작되었던 경험을 나누었다. "저마다 편을 가르고 바보 같은 이유로 바보 같은 싸움에 끌어들이려고 해요. 끼지 않으려고 버티면 친구들이 화를 내죠. 그러면 상황이 더 복잡해져요……."

만약 당신의 아이가 초등학교 고학년이나 중학생이라면 그럴 때마다 부모 핑계를 대면 된다고 일러 주자. 만약 그룹 채팅에서 다른 친구(또는 선생님, 사실상 누구든)에 대해 나쁘게 이야기하면서 대화가 안 좋게 흘러간다면 아이는 "우리 아빠가 내 핸드폰을 보길래 대화창을 나와야 했어."라든지, "나 이런 일에 끼면 큰일 나."라고 말해도 괜찮다고 느껴야 한다. 혹은 그냥 "심각해지는 것 같으니까 나는 빠질게."라고 당당히 말할 수도 있다. 그러나 부모 핑계를 대는 편이 더 나을 때가 많다.

『소녀들의 심리학Odd Girl Out』의 저자 레이철 시먼스는 소녀들의 관계적 공격성^{relational aggression}*을 설명하면서 두 소녀 간의 메신저 대화를 예로 들었다. 어떤 소녀를 '따돌리기' 위해 한 소녀가 다른 소녀를 은근히 자기편으로 만드는 내용이었다. 시먼스를 비롯한 연구자들이 관찰한 대로, 소녀들은 관계적 공격성을 우정이라는 포장으로 숨길 수 있다. 하지만 이렇게 은밀한 공격성은 소녀들만의 특성이 아니다. 시먼스가 책에서 묘사했듯이, 소년들은 좀 더 대놓고 공격하면서 직설적으로 상호작용할 것 같지만 그들 또한 관계적 공격성을 겪으며 이를 두려워한다.[14]

소녀든 소년이든 문자메시지나 소셜미디어를 통해 누군가를 은근히 공격할 수 있다. 그런 메시지나 댓글을 언제든 재확인할 수 있다는 것이 디지털 영역에서의 의사소통이 지닌 단점 중 하나이다. 공유가 쉽다는 점("이것 좀 봐, 걔가 너에 대해 이렇게 말하다니 믿을 수 없어.")도 문제다. 이제는 통화 내용을 쉽게 녹음하고, 상대방이 말한 내용을 맥락 없이 공유할 수 있다. 모니카 르윈스키**는 TED 강연 「수치의 대가^{The Price of Shame}」에서 자신이 친구(로 추정되는 이)와 나눈 전화 통화의 녹음본을 들으면서 그것이 만천하에 공개되었다는 사실에 끔찍이 괴로웠던 경험을 털어놓았다.[15] 나는 이

---

* 주먹다짐, 협박, 과시 같은 소년들의 공격 양상과는 달리 뒤에서 헐뜯기, 남몰래 쩨려보기, 은근히 따돌리기 등의 행동으로 나타나는 소녀들의 공격성.

** 1998년 미국 백악관에서 인턴사원으로 일하던 중 빌 클린턴 대통령과 부적절한 관계를 맺었다는 사실이 드러나 세계적인 스캔들의 주인공이 되었다. 현직 대통령을 탄핵 위기까지 몰고 간 이 스캔들은 르윈스키의 친구가 르윈스키와의 통화 녹음본을 언론에 공개하면서 본격 점화됐다.

런 경험에 누구나 공감할 수 있다고 생각한다. 직접 겪은 적이 없더라도, 지극히 개인적인 속내를 털어놓았는데 상대방이 그 대화를 녹음해 공유했다고 상상해 보라. 이는 엄청난 배신이다. 물론 아이들이 나눈 대화가 녹음된다 한들 르윈스키의 경우처럼 대중의 어마어마한 관심을 받지는 않을 것이다. 그러나 앞뒤 문맥을 자른 문자 메시지 한 통만으로도 비슷한 효과를 내며 엄청난 배신감을 불러올 수 있다.

더 심각한 이슈,
온라인상의 잔인함

또래 세계에서 당신의 아이가 어떤 역할을 하는지 알면 어떤 점을 우려해야 하는지 파악할 수 있다. 아이가 인기가 많아서 친구들로 하여금 자신의 일거수일투족을 '따라' 하게 하고 나머지는 소외감을 느끼게 하는가? 혹은 아이가 팔로하는 두세 명의 친구는 아이가 누군지도 잘 모르는가? 아이가 그룹 채팅방에 참여하는 이유는 본인이 원해서인가, 아니면 남들의 눈을 의식해서인가? 당신이 소셜미디어 주변에 튼튼한 경계선을 세우도록 도와주면 아이는 높은 자존감과 확고한 정체성으로 청소년기를 잘 지낼 것이다.

당신의 아이가 소셜미디어를 접할 때쯤 당신은 이미 아이의 사회성을 파악하고 있을지 모른다. 아들이 또래 아이들에게 선망의 대상인가? 딸이 사회성이 부족하고 눈치를 많이 보는가? 아들이 한두 명의 좋은 친구를 둔 자신감 있는 내향인인가? 아이의 영역과 경계선, 아이가 따르는 사람이나 아이에게 영향을 주는 사람들을 살피자. 판단하기 전에 아이를 관찰하면서 가능한 한 많은 것을 파악하자. 이런 접근법으로 당신은 아이의 세계를 깊이 이해할 수 있으며 아이를 올바르게 지도하고 지지할 수 있다.

일단 아이의 사회적 위치를 파악했다면, 아이에게 소셜미디어에서 다른 아이가 자신을 표현하는 방식을 어떻게 생각하는지 물어보자. 아이가 소셜미디어 앱을 이용하고 싶어 한다면 다른 아이가 앱을 어떻게 사용하는지 보여 달라고 하자. 아마 계정이 없어도 앱을 살짝 들여다볼 수 있을 것이다. 아이가 또래 친구의 계정에 대해 비평하는 것을 들어 보면 당신은 많은 것을 알게 될 것이다! 아이에게 소셜미디어에서 알게 된 사람을 실제로 만났을 때 예상과 달라 놀란 적이 있는지도 물어보자.

괴롭힘이나 나쁜 행동이 드러나면 상황은 민감하고 감정적으로 치닫는다. 아이에게 사이버폭력이 좀 더 일반적인 갈등이나 불화와 어떻게 다른지 구별해 보라고 하자. 당신의 아이는 적정선을 아는가? 도가 지나칠 때를 감지하는가? 학교에 갈 때 안전하다고 느끼는가? 뭔가 걷잡을 수 없는 상황이 닥치면 당신에게 말해 줄 것인가? 이런 점들을 잘 파악하고 있으면 정말 심각한 문제가 생겼을 때 당신에게 큰 도움이 될 것이다.

몇 가지 지표들을 보면 부모로서 아이의 디지털 세계 속의 행동을 우려해야 할 시점을 알 수 있다. 예를 들어, 아이가 친구들 사이의 갈등을 즐기고 혼란을 부추기는 것 같은가? 이는 문제가 있다는 뚜렷한 징후로, 당신이 멘토로서 개입해야 할 시점이다. 만약 아이가 그 갈등 때문에 따돌림당하거나 속상해한다면 좀 더 적극적으로 경계선을 긋도록 도와줘야 한다. 소셜미디어 속 타인의 삶에 지나치게 집착하는 아이는 애써 다른 데 흥미를 붙이도록 이끌어야 한다. 그러지 않으면 남의 사생활을 엿보는 습관은 부정적인 감정이나 행동으로 이어질 수 있다. 소셜미디어는 어느 정도 엿보는 행위를 기반으로 하기 때문에 아이가 집착이나 스트레스, 위축이나 우울 등의 기미를 보인다면 그때부터는 진지하게 걱정해야 한다.

다음은 사이버폭력이나 온라인상의 잔인함으로 이어질 수 있는 디지털 불화의 예다. 단발성이거나 서로 잘못한 일이라고 해도 충분히 극단으로 치달을 수 있는 상황들이다.

- 또래의 휴대폰을 빼앗아 남에게 짓궂거나 유치한 문자메시지를 보낸다.(순식간에 벌어지니 주의해야 한다!)
- 다른 아이의 민망한 사진을 공유한다. 민망함의 범위는 넓다. 사진의 도가 지나치거나 그런 행위가 계속된다면 괴롭힘이나 따돌림으로 볼 수 있다.

- 두 친구 사이를 이간질한다.
- 누군가가 자기를 언팔로한 사실을 '생각 없이' 지적한다.
- 소셜미디어 사이트에서 댓글로 분란을 일으킨다.(이런 행위는 '트롤링trolling'이라고도 한다.)
- 그룹 채팅방에서 누군가를 향해 '여기에 끼지 말라'는 뜻을 돌려 말한다.

아이에게 사이버 공간에서 다른 아이들의 짓궂은 행동을 본 적이 있는지 물어보자. 만약 당신의 아이가 두려움이나 민망함 때문에 학교에 가기 싫어하거나, 잠을 못 자거나, 또는 앞에 제시한 상황을 겪고 극도로 괴로워한다면 당신은 틀림없이 도움을 구하고 싶을 것이다. 한편, 아이가 그 상황에서 어떤 역할을 했든 되도록 열린 마음으로 받아들이려고 노력하자. 자식을 무조건 방어하고 싶은 마음은 당연하다. 다만 '맞불 작전'은 온라인 공간이 워낙 광범위하기 때문에 별 효과가 없다. 만약 아이가 공격받았다고 느낀다면 온라인에서 보복해 봤자 역효과일 뿐이라고 강조하자. 또한 상대방의 위협이나 나쁜 행위를 기록해 두라고 일러 주자. 그러고 나서는 앱을 종료해야 한다. 거기서 맴돌면서 계속 당할 필요는 없다. 아이에게 즉시 부모나 믿을 만한 어른 같은 안전지대를 찾으라고 말해 주자. 그러면 아이는 어른의 도움으로 문제를 해결하거나 상황에 대처할 방법을 알아낼 수 있다.

아이의 사회성 평가하기

내가 이 장에서 당신에게 아이의 또래 세계에 대해 좋은 보기를 제공했기를 바란다. 우리 아이들의 세계는 우리가 기억하는 학창 시절과 정서적으로 크게 다르지는 않지만, 확실히 더 많은 층위가 있다. 다음은 아이의 사회성을 평가하는 데 도움이 될 간단한 기준들이다.

- 아이가 친구와 팔로어의 차이를 명확히 구분할 수 있는가?
- 원하지 않으면 굳이 친구 관계를 회복하지 않아도 된다는 것을 이해하는가?
- 자신의 메신저 활동을 스스로 조절할 수 있는가?
- 원치 않는 관심을 받을 때 깔끔하게 거절할 수 있는가?
- 친구들 사이의 갈등이 선을 넘을 때마다 당신에게 말해 주는가?
- 그룹 채팅방이나 대화창을 예의 있게 벗어날 수 있는가?
- 누군가의 감정이 걱정되어 포스팅을 참았던 경험을 당신에게 말해 줄 수 있는가?
- 친구 무리에서 누군가가 자신을 의도적으로 배제했던 경험을 당신에게 말해 줄 수 있는가?

- 갈등을 초기에 '오프라인으로 옮기는' 방법을 아는가, 아니면 다른 이들에게 맡겨 버리는가?

명심하자. 당신의 역할은 아이가 자기 세상을 잘 헤쳐 가도록 도와주는 것이다. 거듭 말하지만, 아이들이 아무리 테크놀로지에 빠삭해도 당신에게는 삶의 지혜가 있다. 이는 사회적 위험 수역에서 아이를 인도할 수 있는 매우 귀중한 나침반이다.

집중력 저하는 디지털기기 자체의 문제가 아니라
우리가 그것을 어떻게 사용하느냐의 문제다.
디지털기기는 긍정적이든 부정적이든 우리의 삶에 많은 것을 더해 준다.
긍정적인 면을 활용하고 부정적인 면을 최소화하는 방법을 배우는 것이
디지털 시민이 되는 길이다.

제8장

디지털
시대의
학교생활

요즘 아이들의 학교생활은 우리 학창 시절의 경험과 비슷하면서도 다르다. 우선 학교는 여전히 교장 선생님과 여러 선생님, 반 친구들과 함께하는 학습 공동체이다. 발표, 쉬는 시간, 밤마다 하는 숙제, 쪽지 시험, 정규 시험이 있다. 특유의 학교 냄새나 도시락 냄새는 당신의 학창 시절을 떠올리게 할 것이다.

하지만 학교는 많이 바뀌기도 했다. 늘어난 숙제량과 시험의 비중, 교과과정의 변화 등은 테크놀로지의 영향을 떼고 볼 수 없다. 지난 장에서 우정을 다루면서 언급했듯이. 학교 친구들은 학교에서보다 저녁이나 주말에 (가상으로) 만나기가 더 쉬울 것이다.

모든 학생에게 태블릿 피시나 노트북을 제공하는 1인 1기기 프로그램을 시행하는 학교들이 많다. 학생들이 컴퓨터를 자유롭게 이용하게 되면 숙제를 둘러싼 기대치와 학부모와 교사 간 소통의 성격도 변한다. 우리가 지난날 학교에서 경험할 수 없었던 혁신적인 창작 공간을 제공하는 학교들도 있다. 물론 학교마다 테크놀로지 프로그램은 제각각이다.

이런 모든 변화와 더불어 디지털 시대의 가장 큰 문제 중 하나는 집중력 저하이다. 나는 학부모와 교사들이 이 문제를 거듭해서 제기한다고 들었다. 부모는 아이가 수업 시간에 게임이나 웹 서핑을 한다는 얘기를 전해 들으며, 집에서도 태블릿 피시와 노트북, 때로는 휴대폰을 이용해 숙제를 하면서 좀처럼 집중하지 못하는 아이의 모습을 목격한다.

우리가 정보에 자유롭게 접근하게 되면서 학교와 학부모 관계도 변했다. 소통과 정보의 흐름이 훨씬 자유롭고 활발해진 데에는 장단점이 있다. 아이가 책가방에 담아 집으로 가져오던 알림장은 이메일로 대체되어 쏟아지고, 그마저도 트위터에 올리는 학교도 있다. 학부모와 교사 간의 연결 가능성, 아이가 학교에 있을 때 부모와의 연결 가능성, 학생과 학생 간의 연결 가능성이 커졌다는 점은 학교와 학부모 모두에게 무시할 수 없는 변화이며, 제대로 받아들여지지 않을 때도 많다.

테크놀로지로 인해 학부모들의 기대치가 변했기 때문에 학부모가 원하는 소통 방식을 교직원들에게 이해시키고자 내게 도움을 요청하는 학교가 많다. 학교와 학군에서는 변화한 기준과 기대치에 따라 소셜미디어 디렉터와 커뮤니케이션 전문가를 초빙해 자문을 얻고 있다. 하지만 아무리 그렇다 해도 당신이 아이의 학교생활에 대해 아는 바는 대개 아이의 선생님에게 전해 들었을 것이다. 이 모든 것이 우리가 이 장에서 다루게 될 현실적인 문제들이다.

아이의 학교와 자신의 관계 평가하기

당신이 네트워크로 연결된 아이의 학교생활을 얼마나 이해하고 있는지 알고 싶다면 다음과 같이 자문해 보자.

- 아이의 학교가 테크놀로지와 관련해 어떤 프로그램을 운영하는지 아는가?
- 아이가 디지털기기로 숙제할 때 집중하지 못하면 어떻게 대처하는가?
- 원저작물original work의 정의를 아이에게 명확히 설명할 수 있는가?
- 당신은 테크놀로지를 낙관적으로 바라보는가 비관적으로 바라보는가?
- 아이는 공부할 때 종이책과 전자책 중에 어느 것을 선호하는가?
- 당신은 학부모와 교사 사이의 의사소통에 대한 적정 기대치를 알고 있는가?

- 아이가 디지털기기로 공부나 숙제를 할 수 있으니 사용 시간을 제한하는 방식은 아이의 디지털 습관을 평가하기에 별로 효율적이지 않다. 그렇다면 어떤 방식이 가장 좋을까?
- 당신은 아이의 학교가 1인 1기기 프로그램을 도입하는 데 도움을 준 바 있는가?

집중력을 저해하는 테크놀로지

학교나 공공 행사에서 강연할 때마다 부모들은 저마다 걱정거리를 안고 내게 다가온다. 어느 지역에 가든 테크놀로지로 인한 집중력 저하는 부모들에게 아주 흔하고 시급한 문제다. 비영리 학부모 단체 아이킵세이프iKeepSafe의 최근 자료를 보니 과연 그럴 만도 하다. 십 대 청소년의 28퍼센트는 디지털기기가 학교 공부에 방해가 된다고 했다.[1] 학업뿐만이 아니다. 8~14세 아이들의 44퍼센트는 디지털기기 때문에 다른 활동에 집중하기가 어렵다고 답했다. 디지털기기로 인해 친구나 가족과 마찰을 빚는다고 답한 아이들도 17퍼센트나 되었다.[2]

어른들도 집중력 저하 문제에서 자유롭지 못하며(나도 포함이다!), 성인의 14퍼센트는 자신의 테크놀로지 사용 시간을 줄일 필요가 있다고 인정했다. 어른들에게도 힘든 문제인데 아이들에게는 얼마나 어려울지 상상해 보라. 십 대들은 이 문제에 도움을 줄 멘토가 필요하다. 솔직히 디지털기기가 가져다주는 이점이 상당히 많기 때문에 우리는 인터넷 연결을 끊을 준비가 되어 있지 않다. 그러니 우리 아이들이 과감히 끊을 수 있으리라 기대해서는 안 된다.

아이들은 작문이나 중요한 숙제를 할 때 화면을 보고 수정하기가 불편하다는 것을 깨닫고 초고를 인쇄해 종이 위에서 고쳐 쓰기도 한다. 종이 쓰지 않기 정책은 듣기에 좋고 환경에도 바람직해 보이지만, 여전히 종이 위에서 중요한 교정 작업을 하는 사람들이 많다.

숙제와 주의 산만

다음과 같은 상황이 익숙한가? 아이가 학교에서 준 아이패드를 가지고 자기 방에서 숙제를 한다. 그러나 세 시간이 지났는데도 숙제를 마치지 못했다. 혹시 아이패드로 친구들과 채팅을 하거나 영상통화를 하지는 않았을까? 아마 숙제에 관한 이야기로 시작했다가 다른 주제로 넘어갔을지도 모른다. 음악을 듣다가 '굳이' 새로운 재생 목록을 만들고 싶었다면? 인스타그램 게시물을 보고 갑자기 자신이 친구들과 '어울리지' 못한다고 느꼈다면? 아니면 그저 공상에 빠져 있느라 숙제에 집중하지 못했던 것일까?

초등학생과 중학생 아이들이 서너 시간 동안 숙제에 매달리는 것은 좋지 않다. 과도한 숙제 문제는 이 책에서 다룰 주제가 아니지만, 아이의 선생님에게 해당 숙제를 마치기에 적당한 시간을 확인하자. 아이의 숙제 시간이 그에 비해 너무 길거나 짧다면 다른 근본적인 원인이 있을지도 모른다.

숙제할 때 많은 아이가 인터넷 연결을 끊을 필요가 있다. 이 역시 아이의 선생님에게 확인하자. 모든 숙제를 온라인으로 해야 하는 것은 아니다. '우리 집 자율학습 시간' 동안을 오프라인으로 하는 전략은 효과적이다. 저녁 식사 후 이메일을 확인할 수 없다면 당신도 배우자와 대화하거나 집안일을 미루지 않고 해치울 수 있을 것이다!

아이와 함께 집중력 저하에 대처하기

당신의 아이가 태블릿 피시나 노트북으로 숙제하면서 좀처럼 집중하지 못한다면 아이와 함께 집중력을 유지할 방법을 궁리해 보자. 다음 전략 중에서 당신의 가정에 가장 적합한 것을 골라 보자.

- **스크린은 하나만** 부모님이 여러 스크린을 오가는 것을 금지하고 있다는 학생들이 많았다. 이 규칙을 지키려면 아이들에게 약간의 의지력이 필요한데, 바로 디지털기기를 하나만 빼고 치워버리는 것이다. 예를 들어 숙제하는 데 태블릿 피시가 필수라

면 그것만 이용해 숙제에 집중하도록 한다.

- **테크놀로지에는 테크놀로지로** 리치블록LeechBlock이나 프리덤Freedom* 같은 차단 앱을 잘 활용하는 아이도 있다. 차단은 근본적인 해결책은 아니지만 도움이 될 수 있다! 나는 이 장을 쓰면서 스스로 소셜미디어를 차단하고 있다. 친구들의 아기는 귀엽고 새로운 소식은 흥미진진하지만, 집중할 때는 집중해야 한다.

- **가족이 함께 쓰는 공간에서 숙제하기** 이 방법은 효과적인 집도 있지만 그렇지 않은 집도 있다.

- **인터넷 연결 끊기** 많은 부모가 집 와이파이를 꺼 두는 것만으로도 아이가 숙제하는 데 도움이 된다고 말한다. 다시 말하지만, 인터넷 접속은 아이들 숙제에서 꼭 필요한 부분이 아니다. 온라인 공간을 방문해서 댓글을 다는 것은 숙제에서 아주 작은 부분에 불과할 가능성이 크다. 블로그에 글을 쓰는 숙제라면 오프라인 환경에서 완성한 다음 한 번에 포스팅하면 된다.

- **오프라인에서 시작해서 온라인으로** 만약 당신의 아이가 "숙제하려면 친구들과 협력학습을(하거나 온라인에 접속하거나 인터넷을 사용)해야 해요."라고 한다면 아이더러 인터넷이 필요 없는 부분을 먼저 완성한 다음 온라인에 접속하라고 하자. 시간제한을 두거나 당신이 곁에서 감독해서 숙제를 끝마치도록 하자.

---

* 일정 시간 동안 유혹적인 웹사이트를 선택적으로 차단해 주거나 디지털기기에서 인터넷을 완전히 차단해 주는 앱.

- **당신도 쉽지 않다는 것을 보여 주자.** 마지막으로, 당신의 경험을 솔
직히 이야기하자. 주의가 산만해지면 일할 때 생산성이 부쩍
떨어지고 때로는 모든 일을 챙기기가 버겁다고 말해 주자. 부
모도 그렇다는 사실을 알면 아이는 자신이 비정상적이라고 느
끼지 않을 것이다.

집중력 저하는 디지털기기 자체의 문제가 아니라 우리가 그것을
어떻게 사용하느냐의 문제다. 디지털기기는 긍정적이든 부정적이
든 우리의 삶에 많은 것을 더해 준다. 긍정적인 면을 활용하고 부정
적인 면을 최소화하는 방법을 배우는 것이 디지털 시민이 되는 길
이다. 당신이 주의 산만의 근본 원인을 찾아낸다면 아이가 그것을
이기고 숙제를 끝마치도록 지도하는 데 도움이 될 것이다.

멀티태스킹과 집중력 저하

나는 아이들의 집중력 저하에 대한 연구를 크게 낙관론과 회의론
두 가지 범주로 나누었다.

- **낙관론** 기술 낙관론자들은 디지털 기술 덕분에 우리의 사고력이
강해진다고 믿는다. 수많은 정보를 일일이 기억할 필요가 없으

니 새롭고 흥미로운 사고를 발전시킬 수 있다는 것이다. 교육학자 캐시 데이비슨은 한 번에 한 가지 작업만 수행하는 '모노태스킹monotasking'이 우리의 뇌가 작동하는 방식과 맞지 않는다고 주장한다.[3]

- **회의론** 기술 회의론자들은 우리의 사고력이 '얕고 가벼워'졌다고 생각한다.[4] 글을 읽을 때 집중해서 읽지 않고 그저 훑어 내리는 습관 탓이다. 우리는 전자 교과서를 도입하기 전에 그런 디지털 형식이 필요하다는 증거를 따져 봐야 한다. 기술 회의론자들은 우리가 종이책이나 필기를 멀리할 때 잃게 될 능력을 걱정한다. 몇몇 연구와 사례에 따르면 일부 학습자들은 전자기기보다 종이로 읽거나 메모를 할 때 학습 효과가 더 좋았다.[5]

아직 더 많은 연구가 이루어져야 하지만, 일부 연구 결과에 따르면 사람들은 디지털 형태보다 종이 형태의 정보를 더 잘 기억한다.[6] 여기서 한 가지 유의해야 할 의문점이 있다. 이런 연구 결과는 종이 교과서가 익숙한 사람에게만 해당하는 것은 아닐까? 아니면 물리적으로 페이지를 넘기며 책의 어디쯤을 읽고 있는지 파악할 수 있는 인쇄매체의 특성이 기억력에 영향을 미치는 걸까? 그렇다면 디지털 원주민, 즉 요즘 아이들은 얼마나 다를까?

과학 칼럼니스트 애니 머피 폴이 요약한 바에 따르면, 캘리포니아 주립대학의 심리학 교수 래리 로즌은 대학생들이 중요한 과제를 할 때 휴대폰을 자주 확인하는 것을 발견했다.[7] 우리는 일할 때 휴식을 추구하지만 집중력이 오락가락하면 최상의 능력을 발휘할 수 없다. 실제로 몇 초만 딴짓을 해도 다시 일의 흐름을 타는 데 시간이 꽤 걸린다. 어떤 일에 반복적으로 집중하려고 애쓰다가 지쳐 버릴 수 있기에 이런 '탈선'은 문제가 된다. 따라서 한 시간이면 끝낼 숙제가 두세 시간이 걸리게 되고 피로감을 불러온다. 숙제 자체로 인한 피로가 아니라 계속 다시 집중하려는 노력에서 비롯된 피로이다.

우리는 부모로서 아이들이 하나 이상의 스크린을 오가며 작업하지 않도록 도와야 한다. 그리고 작업을 자주 전환할수록 학습력과 사고력이 떨어진다는 점을 이해시켜야 한다. 『나는 왜 이렇게 산만해졌을까The Distraction Addiction』의 저자 앨릭스 방은 "디지털로 가능해진 스위치태스킹switch-tasking*은 주의력의 폭을 축소해서 정말 해야 할 일에 온전히 집중할 수 있는 능력을 저해한다"라고 지적했다.[8] 또한, 스위치태스킹에서 오는 창의성과 영감을 과대평가하는 이들이 많지만, "심하게 스위치태스킹을 하는 사람들은 장시간 집중하는 데 어려움을 겪는다"라는 연구 결과를 제시했다.[9]

---

* 두 가지 이상의 작업을 번갈아 하는 것.

학부모와 교사 간 소통은
어떻게 바뀌었을까

테크놀로지는 우리가 하는 거의 모든 것을 바꾸어 놓았고, 학부모와 교사 간의 의사소통도 예외는 아니다. 당신은 아마 예전보다, 그리고 확실히 우리 부모 세대보다 더 쉽게 아이의 선생님에게 연락할 것이다. 연락과 소통이 활발해지는 것은 좋지만 몇 가지 위험 요소도 따른다. 새로운 의사소통 방식은 새로운 에티켓과 새로운 기대를 포함하기 때문이다.

흔한 문제를 예로 들면 기대 응답 시간이다. 아이의 선생님에게 문자메시지를 보냈는데 금방 회신이 오지 않는 경우가 있다. 그런데 '금방'은 정확히 얼마만큼의 시간인가? 의사소통 습관은 사람마다 다르다. 결국 당신은 메시지를 하나 더 보내고 만다. 그럴 필요가 없는데 상황이 점점 껄끄러워진다.

종종 부모들은 교사마다 새로운 테크놀로지를 이해하고 활용하는 능력이 다르다고 느낀다. 내가 볼 때 이것은 세대 차이라기보다는(내가 만난 여러 나이 많은 교사들은 트위터를 통해 개인 학습 네트워크를 확장해 다른 나라 학생들을 만나고 새로운 협력학습 방식을 시도하는 일에 흥미를 느꼈다.) 교사를 위한 직능 개발 지원책이 잘 마련되어 있는지, 그리고 교사가 새로운 기술을 교육에 적절하게 접목할 수 있는 재량권을 가졌는지 여부에서 비롯되는 경우가 많다.

교사들은 일부 주제나 특정 학생들을 위해 테크놀로지 툴을 이용해 수업 내용을 수정하고자 할 수 있고, 다른 수단이 더 낫거나 비슷한 교육효과를 내는 경우에는 테크놀로지를 아예 사용하지 않고 싶어 할 수도 있다!

나를 포함한 학부모들은 학교 측에서 보내오는 알림이 하도 많아서 꼭 필요한 것들을 가려내느라 애를 먹는다. 어떤 선생님은 늘 종이 알림장을 전달하는데 어떤 선생님은 이메일을 사용하고, 또 다른 선생님은 문자메시지를 보내거나 트위터를 날린다. 이렇게 통신수단이 제각각이면 학부모들은 부담을 안 받을 수가 없다!

다음은 교사들과 긍정적인 관계를 유지하기 위해 부모가 할 수 있는 몇 가지 일들이다.

1. 아이에게 적정선을 가르친다. 당신의 아이가 선생님에게 이메일을 쓸 수 있는 나이라면 선생님의 경계선과 기대치를 알아채고 존중해야 한다. 부모와 아이가 교사에게 이메일을 보낼 **수 있다**고 해서 그것이 언제나 최선은 아니다. 당신과 아이 모두 선생님에게 이메일을 보내기 전에 다른 방법으로 문의할 수 있는지 확인하자. 예를 들어 아이가 깜빡하고 숙제를 적어 오지 않았다면 반 친구에게 물어보거나 교육 행정 정보 시스템을 통해 알아낼 수 있지 않을까? 아이는 선생님에게 이메일을 보내기 전에 숙제를 잘 적어 두거나 스스로 찾아보는 습관을 들여야 한다. 또한 교사가 이메일에 바로 응답하

지 않더라도 아이의 작문 숙제를 읽고 있거나 직능 개발 워크숍에 참석하거나 저녁 식사를 하고 있을지도 모른다는 점을 아이와 함께 상기하자.

2. 교사의 교육 기자재를 파악하자. 교과서의 디지털 버전이 있는가? 교과서를 읽거나 숙제를 하려면 인터넷에 접속해야 하는가? 그렇다면 예상 접속 시간은 얼마인가? 이는 교사에게 물어보기 좋은 사항들로, 알아 두면 아이가 숙제할 때 주의가 산만해지는 것을 줄일 수 있다. 숙제의 기본 형식을 알면 아이가 숙제할 때 디지털기기 사용을 금지하거나, 와이파이에 연결되지 않은 컴퓨터나 태블릿 피시를 주는 식으로 일부 허용할 수 있다.

3. 학교의 규칙을 준수하자. 굳이 학교에서 금지하는 디지털기기를 등교하는 아이의 손에 들려 보내서 골치 아픈 상황을 만들지 말자. 좋은 의도였다고 해도 금지된 기기는 반에서 문제를 일으킬 가능성이 크다. 급한 가족 문제나 건강상의 문제 등 정당한 사유가 있다면 학교 측에 먼저 양해를 구하자.

4. 정보에 자유롭게 접근할 수 있는 것이 언제나 좋은 것은 아니다. 부모가 아이의 시험 성적을 온라인으로 확인할 수 있게 하는 학교가 많다. 하지만 당신이 아이의 성적을 일일이 관리해야 하는 상황이 아니라면 이토록 자유로운 접근권한은 필요 이상의 스트레스를 유발할 수 있다! 학교에 있는 아이에게 메신저로 쓸데없이 '안부'를 묻는 것도 마찬가지다. 아이가 수업 시간에 휴대폰을 쓰면 안 되는 상황이라면

학교의 규칙을 잘 따르도록 아이를 내버려 두자.

1인 1기기 프로그램의 문제

1인 1기기 체제로의 이행은 엄청난 전환이기에 내가 매년 그에 대한 컨설팅 요청을 받는 것도 무리는 아니다. 이런 전환은 교사와 관리자에게도 부담스러운 일이며 학부모에게도 일대 변화를 불러 온다. 아이의 학교에서 1인 1기기 프로그램을 도입한다고 하면 당신도 궁금한 점들이 있을 것이다. 학교에서는 종종 설명회나 온라인 자료를 제공해 학부모가 우려하는 점들을 해소하려고 한다.

학교나 학군은 좋은 의도에도 불구하고 전환 작업만으로도 너무 바쁜 나머지 학부모와 소통하거나 교직원을 교육하는 데 집중하지 못할 수 있다. 학부모는 관련 정보를 얻고 참여하길 바라는데 학교 측에서 학부모의 의견을 구하지 않거나 학부모의 질문에 신속하고 구체적으로 응답하지 않으면 부모의 걱정은 늘어만 갈 것이다.

학교에서의 1인 1기기 프로그램

부모들은 학교에서 1인 1기기 프로그램을 시행하면 아이의 생활에서 디지털기기 이용 시간이 늘어날까 봐 종종 걱정한다. 부모들이 흔히 하는 질문 가운데 하나가 "1인 1기기 체제가 디지털기기 이용 권장 시간에 영향을 미칠까요?"이다. 우선, 1인 1기기라고 해서 아이가 학교에서 온종일 태블릿 피시나 노트북을 이용하는 것은 아니다. 하지만 대개 하루에 최소 한두 시간, 어떤 날은 그보다 좀 더 많이 이용하리라고는 예상할 수 있다.

또한 이용 시간 자체만으로 아이가 학교에서 테크놀로지를 어떻게 사용하는지 두루 파악하기는 어렵다. 그보다는 균형을 고려하는 편이 나을 것이다. 말하자면 내 아이가 어떻게 면 대 면 협력학습 face-to-face collaboration을 하고 현실 세계에 얼마나 활발히 참여하는지 따져 보는 것이다. 책상에 앉아 있는 시간, 타인과 소통하는 시간, 쉬는 시간이 제대로 확보되는가? 자전거 타기나 점토 놀이 같은 활동은 수학 숙제(온라인이든 오프라인이든)나 동영상 시청(학습이든 재미로든)과 균형을 맞추는 데 도움이 될 수 있다.

학습을 체계적으로 관리하기

대다수 학제에서 초등학교 고학년부터는 하룻저녁에 끝낼 수 있는 단순한 숙제를 넘어 계획을 짜서 완수해야 하는 장기 프로젝트를 하게 된다. 계획을 잘 지키고, 학교에서 주는 자료와 알림장을 잘 챙기고, 사물함이나 책상 위에 대충 종이를 끼워 두거나 숙제를 잃어버리는 바람에 스트레스를 받는 일 없이 전반적으로 질서 있게

부모는 아이가 수업 시간에 게임이나 웹 서핑을 한다는
얘기를 전해 들으며, 집에서도 태블릿 피시와 노트북,
때로는 휴대폰을 이용해 숙제를 하면서 좀처럼 집중하지 못하는
아이의 모습을 목격한다.

학교생활을 해나가는 것을 특수교육학 용어로 '실행 기능executive funcion'이라고 한다. 내 경험상 이 실행 기능에 대한 기대치는 종종 비현실적이며 실제로 많은 학생이 이 부분에 약해서 부모에게 의지한다. 이럴 때 부모 대신 테크놀로지의 힘을 빌리도록 가르치면 하워드 가드너가 말한 '앱 능력자'[10]로 거듭날 수 있다. 이 부분에서 더 자세한 정보가 필요하면 애나 호마윤의 훌륭한 책『그 구겨진 종이는 지난주 숙제였다That Crumpled Paper Was Due Last Week』를 참고하자.

아이와 함께 숙제 마감일이 다른 일정과 겹치지 않는지 살펴보자. 이를테면 어떤 숙제는 마감일 전 주말에 여행을 갈 예정이니 어느 날까지는 대강 마무리해야 한다는 식으로 말이다. 달력에 마감일을 표시하고 거꾸로 해 나가는 것은 고급 생활 기술로, 이를 스스로 할 수 있는 중학생은 별로 없다. 어떤 일에 얼마만큼의 시간이 걸릴지 파악하는 것만 해도 쉽지 않다. 머릿속으로 대충 헤아리지 않고 달력을 보면서 계획을 세우는 것은 또 다른 과제다. 우리 집에 오는 여러 고등학생 베이비시터들을 보면 이 문제를 잘 조절하는 듯하다. 달력을 보지 않고 일할 수 있는 사람은 거의 없을 것이다. 많은 집에서 실제 화이트보드 달력이나 종이 달력은 생활필수품이다. 우리 가족은 아직 디지털 달력에 의존하고 있지만 아들이 커 갈수록 집 안 한가운데에 실제로 일정을 표시하는 것이 더 좋겠다는 생각이 든다.

집에서의 1인 1기기 프로그램

많은 부모가 아이의 일상에 1인 1기기 프로그램이 들어오면 집에서도 조율할 필요가 있다고 생각한다. 디지털기기를 사용하는 방식은 저마다 다르지만 아이가 숙제할 때 꼭 필요하다는 아이패드는 노는 데 쓰기도 참 쉽다. 잠재적인 문제를 줄이려면 당신이 아이의 학습에 좀 더 관여할 필요가 있다. 우선 아이 선생님에게 물어 숙제에 필요한 예상 시간을 알아보고, 나아가 (애초에) 언제 인터넷 접속이 필요한지도 확인해야 한다. 특히 조별 활동의 경우 아이가 조원들과 만나기로 한 시간대를 알아 두면 도움이 된다.

특히 디지털기기로 인터넷에 접속할 때 아이의 숙제 시간을 감독하고 싶어 하는 부모가 많다. 식탁에서 숙제하게 하는 것도 좋은 전략이다. 다만, 반드시 조용한 환경을 만들어 주어야 한다. 그 시간에는 텔레비전을 끄고 다른 방해 요소들을 없애자. 그러면 아이는 올바른 숙제 습관을 들이게 될 것이다.

만약 당신이 아이에게 테크놀로지 사용을 금지하는 벌을 내렸다면 어떨까? 학교에서 받은 기기를 당신 감독하에 쓰도록 해야 할까? 아니면 그 기기의 인터넷 연결을 끊어야 할까? 기기 자체가 아니라 특정 앱만 금지할까? 비밀번호를 당신이 관리한다면 특정 앱을 제한할 수도 있다. 아이 입장에서는 기기 사용 자체를 금지하는 것보다 마인크래프트나 인스타그램을 금지하는 편이 더 나을 것이다. 나라면 굳이 집에서 벌을 받고 있다는 사실을 선생님이 알게 해서 아이에게 공개적으로 굴욕감을 안겨 주지 않을 것이다.

만약 당신이 아이의 스마트폰을 압수했는데 아이가 학교에서 받은 아이패드나 인터넷 접속이 가능한 노트북으로 친구들과 채팅을 한다면 아이는 요령껏 벌을 피했다고 여길 게 뻔하다. 따라서 당신은 어디까지 제한할지 선을 정해야 한다. 당신이라면 주말에 집 와이파이를 꺼 놓아서 스타벅스로 달려가 이메일을 확인하는 수고를 감수할까? 아이 키우는 게 쉽다고 말한 사람은 아무도 없다! 부모라면 누구나 아이가 스마트폰으로 4G 네트워크에 접속하는 순간 새로운 국면을 맞이할 것이다!

특수교육이 필요한 아이와 1인 1기기 프로그램

나는 특수교육 프로그램Individualized Education Program, IEP 또는 504계획* 대상 아이를 둔 수많은 학부모와 특수교육 교사들과 함께, 학습장애가 있는 학생들이 온라인 교실에서 겪을 수 있는 문제에 관해 이야기해 보았다. 어느 엄마는 고기능자폐증이 있는 자기 아들에게는 앱을 고르거나 화면을 휙휙 넘나드는 행위가 지나치게 자극적이라고 말했다. 또 다른 부모는 주의력결핍과잉행동장애ADHD 진단을

---

* 미국 재활법과 미국 장애인법의 504 조항에 따른 교육안. 정부 지원 교육 프로그램에 장애인도 차별 없이 참여할 수 있게 적절한 지원을 하도록 규정하고 있다.

받은 아이가 학교에서 받은 스트레스를 풀려고 게임을 하는데 스스로 통제하지 못한다고 말했다. 이런 경우 특수교육 프로그램이나 504계획의 일환으로 학교와 협력해 아이의 노트북이나 태블릿 피시 접근권한을 일부 제한할 수도 있다. 어떤 학생들에게는 (교사가 기기의 반출과 반입을 관리하는 식으로) 접근이 약간만 제한되어도 온종일 접근할 수 있는 것보다 효과적이다.

학교와 협력해서 이런 조치로 아이가 손가락질받지 않도록 주의하자. 아이의 의견에도 귀를 기울여야 한다. ADHD나 고기능자폐증이 있는 아이들은 작업에 집중하는 데 도움을 주는 참여형 대화에 잘 호응하는 편이다. 또한 학습장애와 자폐 증상 및 주의력장애를 가진 아이들을 지원하는 훌륭한 앱이 많으니 치료 보조 프로그램으로 이용해 볼 만하다.

주의 산만은 신경학적 이상 소견이 있는 일부 아이들에게 심각한 과제지만, 숙련된 교육자들과 테크놀로지의 도움으로 학교 안에서 원활하게 소통할 수 있다면 그 아이들은 물론 가족들의 삶도 큰 폭으로 달라질 것이다. 따라서 특정 테크놀로지 툴, 교육자들의 테크놀로지 접근 방식, 학생의 증상에 따른 교육자들의 숙련도가 매우 중요하다.

학업에서의 부정행위

부정행위 문제는 학교만큼이나 역사가 길지만 확실히 테크놀로지로 인해 더욱 심각해졌다. 테크놀로지에 빠삭한 아이들은 교육기자재의 허점을 속속 발견하고, 손쉬운 접속으로 진정한 배움의 길을 건너뛰고 싶은 유혹에 자꾸만 빠진다. 그러나 아이들도 옳은 행동을 하길 원한다. 아이가 올바른 선택을 하도록 이끄는 것은 우리 부모의 몫이다.

간단한 구글 검색으로 풍성한 답변을 얻을 수 있지만 우리는 아이들에게 원저작물의 진정한 의미를 가르칠 필요가 있다. 학생들이 편법을 쓰는지 감시하는 교사와 그렇지 않은 교사가 있는데, 부모로서 우리는 아이가 한결같이 정직할 수 있도록 도와줘야 한다. 아이들도 쉽게 얻는 답의 매력을 잘 안다. 내가 1인 1기기 프로그램 대상인 중학교 1학년 아이들과 인터뷰해 보니, 아이패드를 써서 숙제할 때 커닝하고 싶은 유혹이 커서 걱정이라고들 했다.

어떤 아이들은 자신이 부정행위를 하고 있다는 것을 정확히 안다. 같은 인터뷰에서 한 학생은 태블릿 피시로 수학 문제지를 스캐닝하면 즉시 답을 알려 주는 포토매스Photomath라는 앱에 관해 설명했다. 그 학생도 그런 앱을 이용해 숙제하는 것이 옳지 않다고 생각하지만 답을 확인하는 용도로는 괜찮을지도 모른다고 말했다. 한 여학생은 "그런 앱을 써서 수학을 배울 수는 없겠지만 개념 원리를 이미 이해했다면 그리 나쁘지는 않은 것 같아요."라고 덧붙였다.

만약 아이가 숙제하기 위해 이용한다는 앱이 의심스럽다면 교사에게 문의하거나 아이에게 앱의 작동 방식을 보여 달라고 하자. 이런 앱들은 대개 '교육용' 앱으로 분류되기 때문에 분류만 보고 판단하는 것은 별로 도움이 안 된다. 그런가 하면, 이지빕EasyBib처럼 참고 문헌 항목을 필요한 서식에 따라 작성해 주는 앱이 있었다면 내 대학 생활과 대학원 생활은 훨씬 수월했을 것이다!

타인의 저작물 존중하기

많은 아이가 자료를 적절히 인용하고 출처를 표기하는 법을 배우지만, 몇 번의 클릭만으로 많은 정보를 얻을 수 있는 상황에서 아이들은 '내가 왜 이걸 직접 써야 하지?'라고 생각할 수 있다. 내가 대학에서 강의할 때 학생들에게 어떤 영화를 보여 주고 감상문을 써 오라고 한 적이 있는데, 학생들은 어느 비평지에 나온 줄거리를 감상문에 그대로 (출처 표기도 없이!) 옮겨 적고도 그것이 잘못인 줄 몰랐다. 자신의 감상은 독창적이며, 줄거리 부분은 저명한 영화평론가 시스켈과 에버트가 잘 요약했기 때문에 굳이 직접 쓸 필요가 없었다는 것이다.

웹에서 자유롭게 볼 수 있다고 해서 그것을 무단으로 사용해도 된다는 뜻은 아니라는 것을 아이들은 잘 이해하지 못한다. 요즘 아이들은 짜깁기^remix 문화에서 성장했으며 모든 디지털콘텐츠를 개인적인 목적으로 갖다 쓸 수 있다고 생각한다. 저작권이 있는 자료를 교육 목적으로 일부 사용하는 것은 허용될 수 있지만, 아직 공정한 사용 규칙이 명시된 것은 아니다. 저작권 침해는 심각한 결과를 초래할 수 있으므로 아이에게 타인의 지적재산권을 존중하는 법을 가르쳐 주는 것이 좋다.

아이가 만든 유튜브 매시업^mash-up 영상*이 그저 귀엽고 순수해 보여도 기업 법률팀으로부터 대뜸 게시물 삭제 통지를 받으면 당신도 달갑지 않을 것이다. 법원 소환장을 받지 않으면 다행이다. 결코 아이의 창의성을 억누르고 싶지는 않지만 아이들이 재미있고 안전하게 작업할 수 있도록 우리가 기본 규칙을 가르칠 필요가 있다.

많은 학교, 특히 교내 도서관에서 학생들에게 출처 표기와 지적재산권에 대해 잘 가르치지만 그렇지 않은 경우도 있다. 당신의 아이는 그 재미있는 매시업 영상 관련 보고서를 쓸 때 도서관에서 배운 것을 고려하지 않고 제멋대로 정보를 분류할지도 모른다. 당신이 틈틈이 일터에서의 경험을 예로 들어 아이에게 설명해 주자. 아이들이 커 갈수록 공정한 사용에 대한 개념을 심어 주고 퀘스천 카피라이트QuestionCopyright.org 같은 비영리단체에서 홍보하는 내용을 참고하게

---

* 둘 이상의 기존 콘텐츠를 조합해 새로운 콘텐츠로 편집한 영상.

하면 좋다.** 하지만 아이에게 묻기 전에 당신이 먼저 저작권 관련 방침들을 알아 둬야 한다.

협력학습 과제

테크놀로지 덕분에 함께 작업하거나 숙제하기가 더 쉬워졌다. 실시간으로 의견을 주고받을 수 있기 때문에 반 친구들은 수시로 연결되어 학습 경험을 키울 수 있다. 단점이라면 아이들, 특히 중고교생이 시험지를 사진으로 찍어 공유하기도 쉽다는 것이다.

요즘은 협업 과제가 참 많다. 당신이 한때 조별 과제로 괴로워한 적이 있듯이 당신의 아이도 비슷하게 느낄 것이다. 협업은 쉽지 않다! 아이는 몇몇 조원이 제 역할을 못 한다고 생각할 수 있다. 어느 조에 속하든 그럴 가능성은 충분하다. 될 수 있으면 교사가 협업 방식을 정해 주는지, 아니면 학생들에게 자체적으로 과제를 분담하게 하는지 확인해 보자.

교사가 협업 방식을 정해 주지 않는다면 당신은 아이와 이에 관해 상의할 수 있다. 예컨대 조원들이 동시에 협업하는 방식과 번갈아 가며 협업하는 방식에 각각 어떤 장점이 있는지 이야기해 보는 것

** 우리말 사이트로는 한국저작권위원회 청소년 교육 프로그램 https://www.copyright.or.kr/education/educlass/main.do을 활용할 수 있다.

이다. 특정 역할이 주어지지 않는 조원이 많으면 많을수록 협업하기는 더 어려울 것이다.

실제 생활에 적용하기

다음은 학업에서의 부정행위에 대해 아이와 대화하기 좋은 질문들이다.

- 협업과 부정행위의 차이점은 무엇일까?
- 누가 너의 아이디어를 가로챈 적이 있니? (그랬다면) 기분이 어땠니? 그래서 어떻게 했니?
- 너의 의견과 친구의 의견이 다른지 어떻게 알 수 있니?
- 다른 학생에게 숙제를 도와 달라고 이메일을 보내도 괜찮을까?
- 반 친구가 매번 도와 달라고 하면 어떻게 하겠니? 언제쯤 거절하는 것이 좋을까? 부모님이나 선생님에게 말해야 할 시점은 언제일까?

학교가 적절한 방침을
시행하지 않을 때

학교들은 종종 테크놀로지와 관련해 시류에 뒤떨어진 방침을 시행하거나 아예 방침을 따르지 않기도 한다. 기술이 워낙 빠르게 변하고 방침을 업데이트하는 과정은 복잡하기 때문에 학교들은 골머리를 앓는다. 몇 년 전까지만 해도 초등학교는 물론이고 많은 중학교에서도 개인 기기 소지에 대한 방침이 필요하지 않았다. 지금은 꼭 필요해졌다!

나는 최근에 '개인 기기 금지' 방침을 시행하는 중학교에 방문했는데, 정작 학생들은 전부 휴대폰을 가지고 있었다. 그 학교는 현실을 직시하고 학생들이 적극적으로 참여할 수 있는 더 나은 방침이 필요해 보였다. 부모는 가끔 자식에게 예외를 허용하고 싶으면서도 학교에서만큼은 제대로 된 방침을 시행하기를 원한다. 현실에서는 많은 학교가 고유한 방침을 시행하지 않으며, 그중에서도 부유한 교외 지역 사립학교들은 휴대폰 제출 같은 강력한 방침을 시행할 가능성이 거의 없다. 일부 학부모는 그런 방침을 원할 수도 있지만 대다수 부모는 크게 반대할 것이다.

당신은 무엇을 할 수 있을까? 같은 지역사회에 속한 부모들과 함께 적절한 방침을 시행하도록 학교에 요구할 수 있다. 다만, 현실성 있는 요구여야 한다. 학교에서 디지털기기를 지급한다면 아이에게서 디지털기기를 완전히 떼어 놓을 수 없다는 점을 받아들여야 한다. 그런가 하면 당신은 학교에 있는 아이에게 문자메시지를 보내거나 전화를 걸지 않음으로써 아이가 학교의 방침을 잘 따르도록 뒷받침할 수 있다. 또한 쉬는 시간의 일부는 신체 활동을 해야 한다는 데 많은 어른이 동의한다. 부모들은 그것이 우선순위라는 의견을 학교에 전달할 수 있다.

많은 학교에서 쉬는 시간이나 점심시간을 오프라인 환경으로 만들고 있으며, '휴대폰 없는 금요일' 방침을 시행하는 학교도 있다. 나는 이렇게 문제를 인식하고 제도적으로 개선하고자 노력하는 학교를 보면 흐뭇하다. 하지만 그런 노력을 잠정 중단하거나 폐지하는, 내가 '혼란기'라 일컫는 과도기에는 관련 방침을 시행하기가 매우 어렵다는 점을 고려해야 한다. 그런 어려움을 이해하는 것만으로도 도움이 될 것이다. 몇몇 초등학교에서는 학부모들이 자발적으로 쉬는 시간이나 점심시간에 아이들의 디지털기기 사용을 감독하기도 한다. 이렇게 한 번이라도 직접 관찰해 보면 교내 자유 시간에 아이들이 디지털기기를 어떻게 사용하는지 대충 파악할 수 있다. 당신이 보기에 쉬는 시간이나 방과 후에 감독이 제대로 되지 않아서 아이들이 테크놀로지를 부정적으로 사용하는 것 같다면, 교내 게임 동아리나 코딩 동아리가 훌륭한 대안이 될 수 있다.

그래서 부모는 무엇을 해야 할까?

나는 이 단락에서 당신에게 아이 교육에 개입하는 가장 좋은 방법을 새롭게 조명해 주고 싶다. 여기서 '개입'은 관심을 두고 방침을 시행하는 것을 넘어 당신이 무엇에 기여하고 어떻게 참여하는지를 뜻한다. 당신의 개입은 아이에게 훌륭한 디지털 시민의 모범이 될 뿐 아니라 아이 교육에 일조하는 지역사회 전체를 위한 본보기가 될 수 있다.

다음은 디지털 시대의 아이를 키우는 데 장기적으로 도움이 되는 점검 항목들이다.

- 아이의 선생님이 테크놀로지를 다루는 데 서툴다면 당신은 어떤 도움을 줄 수 있는가?
- 아이의 선생님에게 이메일로 문의하기 전에 먼저 다른 해결책을 찾아보는 모범을 보이는가?
- 주의 산만 문제를 해결하기 위해 어떤 전략을 쓰는가?
- 아이의 성적을 확인하기 위해 교육 행정 정보 시스템에 로그인할 수 있는가? 이 시스템이 당신에게 도움이 되는가, 아니면 스트레스를 주는가?
- 아이가 숙제를 끝내는 데 너무 오래 걸린다면 어떻게 하겠는가?
- 글로벌 교육 벤처기업 게팅스마트GettingSmart.com의 학습 전문

가들이 쓴 훌륭한 책으로 21세기 학부모의 관점을 자세히 다룬 『스마트한 부모들: 효과적인 학습을 위한 양육법Smart Parents: Parenting for Powerful Learning』을 참고하자.

- 협업 과제를 하는 아이들에게 어떤 지침을 줄 수 있는가?
- 아이가 숙제하는 데 시간이 얼마나 필요한지, 어떤 단계에서 온라인에 접속해야 하는지 알고 있는가?
- 학교가 테크놀로지 관련 방침을 제대로 시행하지 않는다면 어떻게 하겠는가?

무언가를 공유할 때 반응을 얻고 싶어 하고 그 반응을 예상하는 것은
공개적인 세상에서 성장하는 과정의 일부다.
다만 우리는 아이들이 '좋아요' 수에 의존하지 않았으면 한다.
그러면 어떻게 도와줘야 할까?

제9장

공개적인
세상에서
자란다는 것

우리가 좋든 싫든 우리 아이들은 저마다 **디지털 발자국**이라 불리는 디지털 평판을 쌓고 있다. 따라서 우리는 아이가 디지털 세상에서 무언가를 만들어 낼 때마다 그것이 자신과 연관된다는 점을 명심하기를 바란다. 하지만 그렇다고 아이가 너무 주눅 들지는 않았으면 한다. 우리에게 필요한 것은 그저 아이가 소셜미디어 공간에서 늘 긍정적인 콘텐츠를 생산하도록 북돋는 일이다. 이는 아이가 비판적이거나 다른 의견을 제시하면 안 된다는 뜻이 아니라, 건설적인 논조와 타인의 감정을 존중하는 태도를 갖춰야 한다는 뜻이다.

학교에서 아이들은 자신이 공유하는 내용에 따라 타인이 자신을 얼마간 파악한다는 점을 배운다. 아이가 (준비되었을 때) 자신이 만든 콘텐츠를 올리게 해서 타인에게 좋은 평가를 듣게 하자. 이는 긍정적인 콘텐츠와 디지털 발자국을 확실하게 연결 짓는 좋은 방법이다.

인식이 우선이다

부모들은 소셜미디어가 아이에게 미치는 영향을 두려워하지만 소셜미디어 자체가 나쁜 것은 아니다. 그저 아이 주변에서 이미 벌어지고 있는 문제의 강도를 높일 뿐이다. 소셜미디어 계정을 만들었다고 해서 아이의 성격이 변하지는 않는다. 다만 거기에는 몇 가지 위험 요소가 도사리고 있으니 아이가 소셜미디어에서 어떻게 행동하는지 알아 두면 도움이 된다.

부모가 점검할 수도 있다는 점을 알면 아이는 자신의 행동을 조절하려고 노력할 것이다. 주변에 다른 사람이 있을 때 용변 후 손을 씻는 사람이 더 많다는 연구 결과가 있다. 우리는 다른 사람과 함께 있을 때 자세를 더 바르게 한다. 부모가 자신을 감독할 가능성이 있다는 것을 알면 아이는 올바로 판단할 것이다. 비록 당신이 일일이 감독할 생각이 없더라도, 아이에게 실수로 휴대폰을 잃어버릴 수도 있고 다른 사람이 자신의 소셜미디어 활동을 주시하고 있을지도 모른다는 점을 상기시켜 주어야 한다.

소셜미디어 자체는 우리 아이들에게 위협적인 요소가 아니다. 그런 플랫폼을 어떻게 사용하느냐가 문제다. 디지털 세계는 우리 아이들에게 놀라운 기회를 제공한다. 십 대 청소년들에게는 자신의 경험과 의견을 게재할 수 있는 다양한 도구가 있지만, 무엇을 올려야 하고 무엇을 올리면 안 되는지에 대해서는 종종 둔감하다.

이미지는 디지털 소통수단

2장에서 이야기한 것처럼 사진은 아이들의 세계에서 크나큰 부분을 차지한다. 사진을 찍고 공유하기가 지금처럼 쉬웠던 적은 없다. 어떤 아이들은 그것을 자기의 개인 과제처럼 여기고 인터넷을 셀피와 태그를 단 친구 사진으로 도배하려는 것처럼 보인다.

우리는 아이들이 사진에 몰두하는 현실에 한숨을 내쉬거나 가볍게 여기지만, 사실상 디지털 이미지는 요즘 젊은이들에게 매우 중요한 의사소통 수단이다. 당신이 막을 수도 없지만, 혹시 막는다면 필수적인 능력을 간과하는 셈이다. 우리 아이들은 이미지를 해석하고 이미지로 소통하는 기술을 배워야 한다.

요즘의 사진 공유 앱

이 책을 쓰는 지금 아이들이 사진을 공유하기 위해 주로 쓰는 앱은 인스타그램과 스냅챗, 그리고 그보다는 이용도가 낮은 페이스북이다. 왓츠앱WhatsApp과 킥Kik 같은 메신저 앱으로도 사진과 동영상을 공유할 수 있다. 페이스북 가입자만 해도 15억 명을 웃도니 요즘 부모들은 대개 이런 플랫폼을 이용해 봤을 것이다. 물론 활발하게 활동하는 사람도 있고 어쩌다 한 번씩 확인하는 사람도 있다. 아마 당신도 개인적인 사진을 공유한 적이 있을 것이다.

지금 시점에서 인스타그램의 기능은 페이스북과 조금 다르다. 텍스트 정보와 함께 이미지를 공유하는 페이스북과 달리 인스타그램은 이미지 자체에 집중한다. 필터를 적용해 이미지를 가공하는 등으로 창의력을 발휘할 수 있지만 해시태그 수는 제한된다. 수용자에게 이미지만으로 맥락을 전달해야 한다는 뜻이다. 한편 스냅챗은 휘발성이라는 매력을 내세운다. 수신자가 이미지를 열어 보면 몇 초 안에 사라진다. 스냅챗 '스토리'는 업로드한 콘텐츠들을 연달아 보여주다가 24시간이 지나면 저절로 사라지는 기능이다.

열다섯 살의 루비 카프는 IT 전문매체에 이렇게 썼다. 소셜미디어의 폭넓은 이용은 "청소년의 불안을 생생히 드러낸다. 우리는 패배자처럼 보이고 싶지 않기에 우리가 여전히 '사교계social scene'에서 잘 나간다는 것을 증명할 필요가 있다. 우리는 무엇을 하든 그 자체로 즐기기보다 사진 찍어 올리기에 주력한다. 남들이 우리와 발맞추지 못해 주눅 들도록 말이다."[1]

스토리 기능은 보통 친교 활동을 실시간으로 공유하기 때문에 수용자의 불안함에 불을 지피기 쉽다. '내가 지금 최고의 파티에 있는 걸까? 다른 곳이 더 신나지 않을까?' 카프 또래의 청소년들은 종종 별다른 이유 없이 소외 공포를 느끼며, 다른 파티 역시 지루할 수 있다는 점을 이해하면서도 막상 휴대폰을 내려놓고 현재에 집중하기

가 쉽지 않다고 카프(와 친구들)는 털어놓는다.[2]

당신이 이 책을 읽을 때쯤에는 또 다른 앱이 당신의 아이 또래에게 인기를 끌고 있을지도 모른다. 우리가 모든 앱을 속속들이 파헤칠 필요는 없다. 그 대신 나는 당신이 아이가 즐겨 사용하는 앱의 문화와 만족도, 잠재적인 위험성을 이해했으면 한다. 다행한 점은 아이가 이를 직접 설명해 줄 수 있다는 것이다!

아이들은 특정 수신자만 이해할 수 있는 맥락의 사진을 공유함으로써 자신들끼리의 코드로 말할 수 있다는 점을 즐긴다. 이것이 인스타그램이 십 대 초중반 아이들에게 큰 인기를 끌게 된 이유 중 하나다.(페이스북은 이 연령대의 이용률이 줄었다.)[*] 스냅챗도 마찬가지다. 예를 들어, 대학교 이름이 새겨진 운동복을 입은 십 대 여학생의 사진은 낯선 사람에게는 별 의미가 없겠지만 친구들은 오늘 그녀가 그 대학에 합격했다는 사실을 알 수 있다. 사진은 즉각적이고 효과적이며 코드화된 메시지를 전달한다. 그것은 일종의 자기표현이며 우리가 종종 간과하는 디지털 리터러시가 필요한 행위이다.

---

[*] 우리나라 사정은 조금 다르다. 우리나라 10대가 가장 많이 사용하는 소셜미디어는 순서대로 페이스북, 트위터, 인스타그램이다. 「인스타그램 30대가 주도… SNS 최고, 페북·인스타·네이버카페 순」, CBS노컷뉴스, 2019. 6. 11. https://www.nocutnews.co.kr/news/5164643 참조. 10대가 필수 앱으로 꼽은 1위는 유튜브이다. 「국민 메신저 카톡의 '굴욕'… 10대는 유튜브 가장 선호」, 동아닷컴 2019. 10. 17. http://www.donga.com/news/article/all/20191017/97913933/1 참조.

십 대 아이와 선정적인 사진에 관해 이야기하는 법

아이들이 선정적인 사진을 주고받는 상황을 어떻게 다뤄야 할까? 부모들과 교육자들은 이 주제가 나오면 하나같이 움츠러든다. 아이들은 사춘기를 지나면서 성에 눈을 뜨며, 자극적인 것과 금지된 것들에 끌린다. '섹스팅'* 수준이 **아니더라도** 어른들 눈에 걱정스러워 보이는 사진은 많다. 초등학교 6학년 딸에게 왜 입술을 쭉 내밀거나 머리를 쓸어 넘기고 찍은 사진이 부적절해 보이는지 설명하기는 까다로울 것이다.

소녀와 성인 여자의 성적 연출을 다룬 다큐멘터리 「섹시 베이비 Sexy Baby」의 주요 장면은 열두 살 소녀 위니프리드가 브루클린의 한 아파트에서 친구와 함께 사진을 찍고 노는 것이다.[3] 소녀들은 가구 위에 걸터앉아 옷을 어깨에 대충 걸치고 아주 열두 살스러운 방식으로 '섹시함'을 암시한다. 위니프리드의 아빠는 그 사진들을 포스팅하지 말라고 주의를 주지만 소녀들은 또래와 사진을 공유하고 싶은 유혹을 거부할 수 없다. 다음 장면에서 위니프리드는 엄마와 격하게 부딪치고 눈물을 쏟는다. 엄마가 그 사진들을 '난잡하다slutty'고 평가해서 화가 난 것이다. 이 나이대 소녀들은 도움이 필요하다.

---

* 섹스(sex)와 문자메시지 보내기(texting)의 합성어. 선정적인 사진이나 동영상, 콘텐츠를 주고받는 것.

다큐멘터리 에서 위니프리드는 '쉬워' 보여야 한다는 말을 서슴지 않는다. 하지만 이어지는 장면에서 자신의 체조 사진을 훑어보는 위니프리드의 모습은 어느 모로 보나 평범하기 그지없는 소녀다.

위니프리드의 엄마는 감정적으로 대응했고 아마 자신이 한 말을 후회했을 것이다. 아이들과 사진에 관해 이야기할 때는 무턱대고 부정적인 딱지를 붙이지 않는 것이 좋다. 당신은 이렇게 말할 수 있다. "매력적으로 보이고 싶은 마음은 충분히 이해하지만, 너는 아직 어려서 다른 사람들이 너를 그렇게 바라보게 하면 안 된단다. 너는 아름답지만 그 말을 매번 들어야 한다고 느끼지는 않았으면 해." 반면 초등학교 6학년이나 중학교 1학년 남자아이들은 외모가 돋보여야 한다는 압박보다 자극적인 이미지나 음란물을 봐야 한다는 또래 압력을 받을 수 있다.

청소년의 의사소통을 연구하는 수재나 스턴에 따르면 아이에게 '섹스팅'에 관해 교육할 때는 일방적으로 가르치기보다 대화를 나누는 편이 더 효과적이라고 한다. 아이에게 사진이 맥락이 삭제된 채로 공유될 수 있다는 점을 이해시키고, 자신이 미래에 그 이미지를 어떻게 느낄지 생각해 보도록 이끌어 주자.[4]

학생들에게 말할 때 나는 상대방의 동의를 강조한다. 누구도 관심과 인기를 끌기 위해 자기 사진을 보내려 하거나 보내야 한다고 느껴서는 안 된다. 만약 아이들이 부적절한 사진을 받는다면 그 사진을 더 이상 공유해서는 안 된다는 점을 알아야 한다. 그 사진이 학교

곳곳에 퍼지고 있더라도 상대방의 동의를 구하지 않은 공유라는 것을 인식하고 동참하지 말아야 한다. 한편 스턴은 성에 대한 관심이나 욕구를 갖는 것이 청소년기의 자연스러운 발달 과정이라고 지적한다. 다시 말해 성적으로 자극적인 사진을 찍거나 공유한다고 해서 아이가 끔찍한 일을 벌인다고 볼 수는 없다는 뜻이다. 다만 그런 행위가 우리 사회에서 성을 안전하게 탐구하는 방식은 아니다.

또한 스턴은 우리 사회가 여성을 지나치게 성적으로 대상화한다는 점과 더불어, 선정적인 사진을 찍고 공유하는 행위가 아이의 성별에 따라 사뭇 다른 사회적 결과를 불러온다고 지적했다. 미디어와 대중문화에 여성 신체에 대한 성적 대상화가 넘치는 현실에서 여자아이들이 자극적인 사진을 보내는 것이 남자아이들과 가까워지는 좋은 방법이라고 생각하는 것도 무리는 아니다. 그리고 사회규범 자체를 바꾼다면 모를까, 남자아이가 특정 여자아이나 여러 여자아이의 사진을 저장한다고 해서 사회규범을 완전히 벗어났다고 볼 수도 없다. 물론 그런 행동을 용인해야 한다는 뜻은 아니다. 하지만 만약 당신 아들이 휴대폰에 여자아이들의 사진을 저장하는 데 아무런 거리낌이 없다면, 그런 사고방식은 아마 주변의 영향을 받았을 것이다.

만약 당신의 아이가 자극적인 사진을 보내거나 받았다는 사실을 알게 되었다면 당황하기 전에 먼저 자세한 정황을 파악하자. 강압적인 상황이었다면 이는 매우 심각한 문제다. 사귀던 친구가 헤어진 뒤 사진을 퍼뜨린 경우처럼 한 번은 동의했으나 그 뒤로 동의를 구하지 않았다면 이 역시 우려되는 상황이다. 가장 바람직한 상황은 그 사진을 당사자의 동의하에 주고받았고 아이가 속상해하거나 수치스러워하지 않는 것이다.

나는 아이들과 이야기할 때 만약 수상한 사진을 전달받았는데 그게 당사자에게서 직접 받은 사진이 **아니라면** 그건 자신이 봐도 되는 사진이 아니라는 점을 이해해야 한다고 강조한다. 당사자의 동의 없이 사진을 유포하는 것은 윤리적 위반 행위다. 법적 영향도 무시할 수 없지만, 나는 무엇보다 당사자의 통제를 벗어난 사진을 퍼뜨려서 피해를 키우지 않을 집단의 책임이 중요하다고 본다. 만약 당신의 아이나 아이 친구가 자기 사진이 '퍼지는' 상황을 겪는다면, 이런 청소년에게 훌륭한 조언을 제공하는 『자, 당신은 온라인에서 벌거벗었다So You Got Naked Online』라는 책자를 참고하면 좋다. 웹에서 자료를 내려받을 수도 있다.*

수용자가 누구인지 이해하기

마이크로소프트사의 연구원 데이나 보이드는 네트워크로 연결된

---

* 청소년에 특화된 자료는 아니지만 전자책 『불법촬영·유포 피해 대응 가이드 시민편: 피해자의 잘못이 아닙니다』를 참고할 수 있다. 내려받기 http://ebook.seoul.go.kr/Viewer/6ZVZ8GN0L6W6. 포털 사이트에 사진 삭제 요청은 https://www.bbc.com/korean/news-45279176 참조.

사회적 공간에서 성장하는 청소년들의 인식을 이해하는 데 도움을 주는 획기적인 연구를 진행했다. 보이드는 자신의 책『소셜시대 십대는 소통한다 It's Complicated』에서 페이스북에 어떤 게시물을 올리고 난 뒤 뜻밖의 댓글을 받은 한 십 대 소년의 경험을 인용했다. 그 게시물은 친구들을 위해 올린 것이었지만 소년의 가족과 다른 지인들에게도 공개되었다. 타지에서 대학 생활을 하는 누나가 "이런, 동생아."라고 댓글을 달았을 때, 소년은 사생활이 침해당한 기분이 들었다. 사실상 모든 페이스북 친구가 그 게시물을 볼 수 있었는데도 그는 '누나 보라고 올린 게 아니었는데.'라고 생각했다.[5]

보이드는 청소년이 소셜미디어를 어른들과 다르게 사용한다는 점을 지적한다. 청소년들에게 소셜미디어는 '아지트'로서, 서로 떨어져 있을 때도 가상으로 함께 어울릴 수 있는 공간이다. 정체성이 유동적인 십 대 초중반 아이들은 유독 스냅챗 같은 소셜 앱의 휘발성에 끌린다. 페이스북 같은 플랫폼도 매력적이긴 하지만 흔적이 오래 남는다는 점은 그것이 13~17세 아이들에게 인기를 잃어 가는 요인 가운데 하나일 것이다. 보이드는 "(스냅챗처럼) 시각적인 앱이 요즘 대세인 이유는 자신이 끊임없이 검색되기를 바라지 않기 때문이다."라고 썼다.[6] 따라서 사진첩 느낌을 주면서 원하는 이미지를 모아 보기 쉽다는 점과 더불어 사진이 금방 사라지거나(스냅챗) 피드가 빠르게 묻혀 버리는(인스타그램) 등 휘발성이 강한 앱들이 페이스북보다 젊은이들에게 훨씬 매력적으로 다가올 수 있다. 과연,

내가 페이스북의 '한 해 돌아보기' 기능을 즐길 수 있는 것은 내가 성인이기 때문이다. 일 년 전과 같은 친구, 같은 머리 모양, 같은 취향을 유지하기에 망정이지, 페이스북이 내가 잊고 싶은 정체성을 일깨운다면 '한 해 돌아보기'가 썩 유쾌한 경험은 아닐 것이다.

우리 모두에게, 특히 소셜미디어를 처음 접하는 아이들에게 문제가 되는 것 중 하나는 우리가 올리는 게시물을 누가 보는지 종종 까먹는다는 것이다. 우리는 다른 사람들도 볼 수 있다는 점을 깜빡하고 몇몇 수용자만을 염두에 두고 공유할 때가 있다. 흥미롭게도 아이들은 자신이 공개적으로 사진이나 문자메시지를 공유해 놓고도 부모를 포함해 뜻밖의 수용자가 댓글을 달거나 반응하면 화를 내거나 불쾌해한다. 우리는 아이들에게 자신이 올린 게시물을 다른 사람들이 공유할 수도 있다는 점을 상기시켜 주어야 한다. 아이들은 개인정보보호 설정이 켜져 있더라도 생각나는 대로 다 말해서는 안 된다는 사실을 명심해야 한다. 무엇이든 공유될 수 있고, 재공유될 수 있다.

'낯선 이들과 말하기'* 위해 오메글Omegle 같은 앱을 이용하는 아이들도 있다. 하지만 대다수는 친구들과 교류하는 데 더 관심이 많다. 아이들에게 소셜미디어는 또래들의 공간처럼 느껴진다. 나의 마인크래프트 정보원인 조너선과 엘리엇은 모르는 사람과 게임을 하

* 온라인 채팅 앱 오메글의 슬로건은 '낯선 이들과 말하세요!'(Talk to strangers!)이다.

는 것에 대해 "괜찮지만 어색할 때도 있어요. 그 사람이 다른 언어를 사용할 수도 있고요."라고 말했다. 아이들은 대부분 공개 서버에 접속하면서 개인적으로 아는 친구들을 찾는다. 다른 아이들은 게임에서 낯선 사람이 말을 걸거나 메시지를 보내면 "소름 돋는다."라고 표현하기도 했다.

누구를 팔로하고 누구와 친구 맺기 하고 누구와 연락처를 공유할 것인지 잘 구분하는 것은 소셜미디어상의 또 다른 과제다. 중학교 2학년 에이드리언은 "내가 알거나 들어 본 사람이면 보통 팔로 신청을 수락해요. 나도 그 사람을 팔로하고요. 그렇게 안 하면 좀 이상하죠."라고 말했다. 우리는 '들어 본 적 있는' 사람을 군이 팔로할 필요가 없다는 점을 아이들에게 일깨워 주고, 기억나지 않는 사람들을 틈틈이 삭제하면서 주기적으로 친구 목록을 관리하도록 이끌 수 있다.

앞서 언급했듯이 아이들은 특정 수용자만 생각하고 포스팅할 때가 있다. 모든 수용자를 고려하고, 내가 올린 게시물을 누군가가 공유할 수 있다는 점을 염두에 두는 게 좋다. 우리 어른들은 자기가 쓴 이메일이 누구에게나 전달될 수 있다는 점을 알지만, 또 대다수가 이를 알면서도 실수를 해서 곤란했던 경험이 있을 것이다.

아이들에게 다음과 같이 물어보자.

- 언제 다른 사람의 팔로 신청을 거절하거나 차단해야 할까?
- 소셜미디어에서 먼저 말을 걸어온 사람과 친구를 맺어야 한다

고 생각하니?

- 네가 올린 게시물에 예상치 못한 사람이 댓글을 달았던 적이 있니? 그때 기분이 어땠니?

인기를 숫자로 나타내는 것

당신은 '좋아요'와 팔로어 수를 표시하는 것을 어떻게 생각하는가? 여기서 개인적인 경험을 고백하자면, 내 TEDx 강연이 바이럴 영상 사이트 업워디Upworthy에 게재되자 몇 주간 매일 수백 건의 조회수를 기록했다. 그동안 나는 하루에도 몇 번씩 조회수를 확인했고, 조금씩 올라가는 조회수를 지켜보는 일에 어느 정도 중독성이 있음을 인정하게 되었다.

아이들이 인맥을 형성할 때 친구나 팔로어 신청을 가려서 받도록 지도하자. 단지 누군가의 행적을 좇기 위해 팔로해서는 안 된다. 흔히 아이들은 학교에서 인기가 많은 아이를 팔로하고 싶어 한다. 그런데 그 아이가 진정한 친구가 아니라면, 함께 노는 무리가 다르다면, 그 아이의 일상을 들여다보는 행위가 정말 즐거울까? 때로는 어른들도 소셜미디어를 통해 자신의 인지도를 숫자로 가늠한다. 다만 어른들은 그 수치가 깊은 유대감에서 비롯된다고 생각하지는 않는다. 한편, 적절하다고 여겨지는 수치는 매체나 앱의 특성에 따라 다르다. 예를 들어 트위터나 인스타그램에서는 팔로어가 우후죽순 늘어날 수 있는 데 반해, 페이스북 친구 수는 연예인이나 비즈니스 계정을 제외하고는 상호 관계 지향적이다.

내가 중학교 1학년 여학생으로 이뤄진 중점 토론 그룹과 인터뷰해 보니, 자신이 원래 가진 팔로어 수보다 25퍼센트 이상 늘어나면 팔로어가 '너무 많다'고 생각한다는 점이 분명히 드러났다. 어떤 여학생의 인스타그램 팔로어 수가 300명이었다면 500명 이상 되면 '너무 많다'고 여긴다는 것이다.

매년 학교에서 또래들과 뒤엉켜 지내야 하는 아이들과 달리 어른들 대부분은 자신의 인맥을 '인기의 척도'로 여기지 않는다. 일과 가정 사이를 바삐 오가며 우정을 유지하려다 보면 결국 교제 반경을 대폭 줄이고 정말로 좋아하는 사람들만 남기게 된다. 아마 대학 시절이나 이십 대의 많은 시간을 함께한 오랜 친구들, 또는 직장 생활이나 아이 키우기의 고충을 함께 나누다가 친해진 사람들일 것이다.

소셜미디어를 하지 않는 아이들

소셜미디어를 이용하지 않고도 인터넷에서 공유 활동을 하는 아이들이 있다. 내가 아는 아이 중에 생각이 깊고 예술에 소질이 있는 애니라는 소녀는 큰 공립학교에 다니며 매일 절친한 친구와 점심을 먹는다. 애니는 친구 범위가 넓지 않으며 상당히 내향적이고 차분한 아이다. 그리고 재활용품으로 흥미로운 작품을 만들어 내는 재능 있는 아티스트이기도 하다. 애니의 엄마는 시에서 운영하는 젊은 아티스트를 위한 웹사이트에 애니를 회원으로 등록해 주었다. 애니는 그 웹사이트에 자신이 만든 작품을 선보이고 엣시Etsy 같은 사이트에도 공개한다. 다른 젊은 아티스트들과 소통하고, 작품을 공유하고, 피드백을 받는다.

이처럼 소셜미디어를 하지 않고도 온라인과 오프라인 **양쪽**으로 친교 활동을 할 길은 많다. 애니의 부모는 고작 열한 살인 딸이 인스타그램을 하기를 원치 않는다. 애니도 동의한다. 자신이나 친구의 사진을 잔뜩 찍어 공개적으로 공유하고 싶은 욕심도 없는데, 그런 욕구는 소셜미디어 활동에서 큰 비중을 차지한다.

그런가 하면 안 좋은 경험을 하거나 그저 흥미를 잃어서 소셜미디어 활동을 중단하는 아이들도 있다. 이런 중단은 정서 회복에 유익한 휴식이 될 수 있다. 나라면 아이가 소셜미디어를 멀리한다고 해서 걱정하지 않겠다. 특히 그것이 아이의 성격과 어울린다면 말이다. 하지만 갑자기 계정을 폐쇄하거나 별안간 활동을 중단하는 것은 심각한 적신호이니 반드시 주목해야 한다.

새로운 세상에서의 사회적 정체성

내 워크숍과 중점 토론 그룹에 참여하는 아이들은 소셜미디어와 함께 성장했기에 자신이 또래에게 얼마나 존재감이 있는지 예민하게 감지한다. 아이들은 대개 낯선 사람들이 넘쳐 나는 넓은 세계보다 학교나 친구 관계 같은 좁은 세계에서의 자신에 대한 평가에 훨씬 집중한다.

우리가 부모로서 아이를 잘 지도하고 지지하려면 아이들의 소셜미디어 문화를 이해할 필요가 있다. 그것은 우리가 그 문화에 참여하거나 아이들의 은어를 써야 한다는 뜻은 (결단코) 아니다. 하지만 게임이나 그룹 채팅, 소셜미디어에서 아이들이 어울리는 방식은 외부에서 볼 때 훨씬 무질서하고 혼란스러워 보인다는 점을 알아야 한다. 내부에서 보면 아이들은 암묵적인 규칙을 따를 때가 많다. 다만 그 규칙은 어겨 봐야 깨닫는다! 아이가 그 좁은 세계 안의 규칙과 본인의 역할을 어떻게 느끼는지 파악하자. 그것이 규칙이나 앱 자체의 세부 사항을 일일이 알아내는 것보다 더 중요하다.

우리 아이들은 자신의 평판을 관리할 때 미래의 고용주를 염두에 두기보다 학교나 어울리고 싶은 세계에 초점을 맞춘다. 아이들은 자신의 게시물에 얼마나 빨리 '좋아요'와 댓글이 달릴지 예상할 수 있다. 예상이 빗나가면 수치심을 느끼거나 아예 게시물을 지우기도 한다. 내가 7장에서 언급한 여중생 세 명은 아이라 글래스와의 라디오 인터뷰 도중 스튜디오에서 찍은 사진을 하나 포스팅하고 대화를 이어갔다.

아이라 글래스 어떻게 예상하나요?

엘라 보통 적어도 일 분 안에 '좋아요'가 두 개는 달려요. 근데 잘 모르겠네요. 사람들이 아직 자고 있을 수도 있으니까요.

아이라 글래스 학교 안 가는 날 오전 열한 시니까 활발히 사진을 포스팅할 시간대는 아니죠. '좋아요'와 댓글은 보통 밤에 많이 달리니까요. 자, 아무튼 오전 열한 시이고, 일 분이 지나고 있어요. 스튜디오에서 찍은 사진에 아무 반응이 없네요. 그렇다면?

엘라 아, 잠시만요. '좋아요'가 세 개 달렸어요.

줄리아 아, '좋아요' 세 개.

엘라 세 명이 누른 거죠. 댓글은 아직 없어요. 한 명은 제 절친이에요. 아, 누가 또 눌렀어요. 두 명요.

제인 둘. 좋아, 이제 슬슬 반응이 오네요.

엘라 셋. 누가 또 눌렀어.

제인 이제 '좋아요'가 총 몇 개지?

엘라 여섯일걸.

제인 보자, 하나, 둘, 셋, 넷, 다섯, 여섯 개의 '좋아요'가 일 분 안에 달렸네요. 꽤 괜찮은데, 엘라.

무언가를 공유할 때 반응을 얻고 싶어 하고 그 반응을 예상하는 것은 공개적인 세상에서 성장하는 과정의 일부다. 다만 우리는 아이들이 '좋아요' 수에 의존하지 않았으면 한다. 그러면 어떻게 도와줘야 할까? 일단 이 나이대 아이들에게는 상당히 엄격한 사회적 규칙이 있다는 점을 이해해야 한다. 그 규칙은 "뭔지 말해 줄 수 없지만, 위반한다면 널 따돌리겠어."라는 경고를 담고 있다.

아이들에게 '그 규칙들'에 관해 이야기할 기회를 주고, 특히 교우 관계에 서툰 아이에게는 또래와의 상호작용에 대개는 암묵적인 규칙이 있다는 점을 설명해 주면 좋다. 만약 아이가 자기도 모르게 규칙을 어기고 선을 넘었다 해도 아이의 선택을 지지해 주자. 당신의 목표는 아이가 마지못해 규칙을 따르게 하는 것이 아니라 적어도 아이가 또래의 생태계를 어느 정도 이해한 상태에서 선택권을 가질 수 있게 하는 것이다.

중학생들 사이의 파벌과 문제점 및 해결책에 대해 더 자세히 알고 싶다면 레이첼 시먼스의 『소녀들의 심리학』과 미셸 이카드의 『중학교 개혁Middle School Makeover』, 로절린드 와이즈먼의 『아들이 사는 세상Masterminds and Wingmen』과 『여왕벌인 소녀, 여왕벌이 되고 싶은 소녀Queen Bees and Wannabes』를 참고할 수 있다.

사회적 코드를 깨는 것

내 중점 토론 그룹 중 하나는 부유한 교외 지역의 중학교 1학년 여학생들인데, 다들 아이폰을 쓰고 인스타그램을 애용했다.(한 학생만 아이폰을 쓰되 인스타그램은 이용하지 않았다.) 그 아이들은 자신의 이미지에 신경을 많이 썼으며 사진에 대해 자기들만의 확고한 '규칙'이 있었다.

그 학생들은 서로의 사회경제적 지위와 특권을 어느 정도 인식하고 있었기에 휴가 때 고급 호텔이나 수영장 사진을 찍어 올리는 것은 부적절하다고 말했다. 아이들은 그 규칙을 (무심코) 어긴 조설린이라는 반 친구를 예로 들었다. 암묵적인 사회 규칙이 대개 그렇듯이, 그 규칙 역시 위반하고 나서야 이 소녀들에게 분명하고 생생해졌다.

외국 휴양지에서 호화로운 휴가를 보내고 돌아온 조설린은 학교 숙제를 발표하면서 여행지에서 찍은 사진들을 보여 주었다. 다른 여학생들은 뿔이 났다. 그 여행에 '교육적인' 가치가 전혀 없다고 느꼈기 때문이다. 실제로 아이들은 그 행동이 미성숙한 자랑질이라고 평가했다. 훨씬 더 '고급 여행'을 다니고 '으리으리한 집'에 사는 아이들(아마 대단한 특권층일 아이들)조차도 그런 것을 포스팅할 만큼 '어리석지는 않다'는 것이었다.

우리는 발을 뗄 때마다 흔적을 남긴다. 그 흔적은 바람 부는 날
모래 위를 걸을 때처럼 빠르게 사라질 수도 있고,
때로는 마르지 않은 시멘트를 밟은 것처럼 오래갈 수도 있다.
맥락이 중요하다.

성적 연출에 대한 또래의 판단

휴가 사진을 발표한 조설린은 같은 여행지에서 '비키니로 강조할 만한 것은 없었는데도' 비키니를 입고 찍은 사진을 포스팅해서 또 한 번 또래의 눈총을 받았다. 아이들의 이야기를 좀 더 파고들어 보니 또 다른 사회적 규칙들이 있었다. 이를테면 어떤 사진을 한 명의 친구와는 공유해도 괜찮지만 그 이상은 괜찮지 않을 때라든지, 수영복 사진을 포스팅해도 괜찮을 때라든지, 기타 특정한 경우들이 따로 있었다. 어른들은 여자아이들에게 노출이 심하거나 '야한' 사진을 공유하지 말라고 가르치지만, 아이들도 자기들만의 분명한 기준으로 또래를 판단한다.

아이들은 그 어떤 판단보다 또래의 판단을 가장 두려워한다. 내가 아이와 어른 모두와 대화해 보니 안타깝게도 성차별적 이중 잣대는 어느 지역에서나 흔했다. 비키니 사진에 대한 불문율에 따르면 매력적인 것은 좋지만 너무 '야시시'하거나 '애쓰는' 것처럼 보여서는 안 된다. 너무 야해 보이면 곧장 '여성 비하slut shaming'로 이어질 수 있다. 요즘 아이들도 우리 어릴 때처럼 '평판이 안 좋다'라는 표현을 쓴다.

내가 객관적인 제삼자라서 (그리고 질문을 하도 많이 해서) 그런지 여학생들은 '비키니 규칙'에 대해 비교적 구체적으로 설명해 주었다. "부모나 형제자매가 함께 찍혔다면 비키니나 수영복 사진을 올려도 된다."라는 것이 그들의 규칙이었다. 모든 여학생이 이 규칙에 어느 정도 동의했다. 다시 말해 성적 매력을 어필하려고 애쓰지만 않으면 괜찮다는 것이다. 이 소녀들은 예쁘고 섹시해 보이고 싶어 하면서도 한편으로는 나이에 맞게 순수해 보이길 바란다. 또래의 문화 규범에 따라 은근히 섹시하되 그렇게 보이고자 하는 의도를 내비치면 안 되는 것이다. 이런 균형은 나이를 막론하고 조절하기 어려운데 하물며 중학교 1학년짜리가 잘해 낼 리 없다. 사실상 '비키니로 강조할 것도 없는' 그 '미숙한 소녀'는 사회적 규칙을 일부 어긴 것이다. 이제 다른 면을 보자.

여학생들이 예로 든 또 다른 동급생은 사회적 규칙을 조금 다른 방식으로 어겼다. 그 소녀는 성적 매력을 지나치게 어필했다. 심지어 몇몇 아이들은 부모에게서 '너무 야한' 그 아이와 놀지 말라는 말까지 들었다. 안타깝게도 그 얘기는 그룹 채팅방에서 폭로되었다. 한 아이가 "우리 엄마가 M이랑 안 놀았으면 좋겠대."라고 말했는데, 하필 그 채팅방에 M도 있었던 것이다.(이크.) 이런 실수는 불난 데 기름을 부을 뿐이다.

소셜미디어 세계에서는 남자아이들 역시 성적 매력을 판단받는다. 그러다 보면 자신의 신체에 대한 자의식이 강해지며, '남자들의 문화'라는 이유로 음란물이나 자극적인 이미지를 봐야 한다는 또래 압력을 받을 수 있다. 우리는 아이들에게 그것이 의무가 아니며, 그런 이미지들은 앞뒤 맥락 없이 성관계 자체만 부각한다는 사실을 알려 줘야 한다. 아이들은 실제 여성은 음란물의 배우처럼 반응하지 않는다는 점을 이해해야 한다.

우리는 남자아이를 키우든 여자아이를 키우든 아이가 건강하고 긍정적인 성 관념과 자아상을 기르고 자신이나 타인을 성적으로 대상화하지 않도록 도와줘야 한다. 지역 내 청소년단체, 스카우트, 봉사활동 등은 이런 문제를 고민하는 부모들에게 좋은 기회를 제공할 것이다.

우리가 무엇을 도울 수 있을까?

나는 부모들이 괜한 걱정에 골몰하기보다 아이가 자신의 온라인 이미지를 관리하는 데 얼마나 많은 시간과 노력을 들이는지 주목해야 한다고 생각한다. 앞서 말한 규칙들은 그 지역사회의 중학교 1학년 여학생들에게 매우 중요하지만 모든 사회에는 각자 고유한 규칙들이 존재한다.

일단 사회적 규범이 존재한다는 점을 인지했다면 출발이 좋다. 그 기회에 아이들은 자신들의 고유한 문화에 관해 이야기할 수 있다. 아이의 세계에 어떤 사회적 규범이 있는지 파악하면 소셜미디어와 그룹 채팅, 기타 디지털 상호작용을 어떻게 다뤄야 하는지 부모와 아이가 함께 이해하는 데 도움이 된다. 이런 (보통은) 무언의 규칙들을 보면 아이들이 또래의 게시물을 얼마나 깐깐하게 검열하는지,

그리고 자신의 게시물에 얼마나 주의를 기울이는지 알 수 있다. 이는 모두 당신 같은 멘토에게는 유익한 정보다.

아이가 또래를 너무 안 좋게 판단하지 않도록 다독이고, 또래가 자신의 게시물을 가혹하게 평가할까 봐 스트레스를 받지 않도록 도와주자. 아이는 자신만의 사회를 형성하고 있지만 헷갈리거나 마구잡이인 규칙들을 혼자서 알아내고 헤쳐 가야 한다고 느낄 필요는 없다. 다음은 아이에게 물어보기에 좋은 질문들이다.

- 네가 만약 다른 문화권에서 온 교환학생을 위해 소셜미디어나 즐겨 쓰는 특정 앱에 관한 안내서를 만든다면 그 학생들에게 어떤 점을 주의하라고 조언하겠니?
- 그 '규칙'이 남학생과 여학생 모두에게 적용되니? 그렇다면, 혹은 그렇지 않다면 그 이유는 뭐니?
- 바꿀 수 있는 '규칙'에는 뭐가 있을까?
- 소셜미디어 때문에 스트레스를 받은 적이 있니?
- 그 스트레스를 어떻게 벗어날 수 있을까?
- 아이들이 단지 '좋아요'를 얻기 위해 무언가를 포스팅하기도 하니?
- 친구들의 반응이 없다면 게시물을 지워야 할까?

시각적인 자기표현

워크숍에서 학생들에게 또래의 사진을 보여 주면 저마다 판단하기 바쁘다. "게을러 보여요." "너무 애쓰는 것 같아요." "웃는 게 바보 같아요."라고 평가하기도 한다. 인디애나폴리스에서 진행한 워크숍에서는 "카멀에 사는 애 같아요."라는 평가도 등장했다. 카멀은 인디애나주 인디애나폴리스의 부유한 교외 지명이다. 실제로 해당 사진은 미네소타주 미니애폴리스의 부유한 교외 지역에 사는 아이의 사진이었다. 그러니 학생들의 판단은 반은 맞고 반은 틀린 셈이다. 이 아이들은 자신들의 사회지리적 감각에 따른 추측과 맥락을 사진에 적용하고 있었다. 아이들이 얼굴, 옷, 장소 등의 상황적 단서를 얼마나 세심하게 감지하는지 알 수 있었다. "카멀에 사는 애 같다."라는 평가를 받은 사진 속 아이는 차고 진입로 앞뜰에 있었기에 교외 지역이라는 추측은 일리가 있다. 그런데 한 여자아이를 두고 "공주병에 걸린 것 같다."라고 평가하는 것은 어떨까? 디지털을 현명하게 이용한다는 것은 판단을 완전히 배제하는 것이 아니다. 그 대신 아이들은 우리의 도움으로 자신이 받은 첫인상을 검토하고, 사람들이 사진만 보고 성급히 판단하는 경향이 있다는 점을 이해해야 한다.

우리는 아이들에게 타인을 판단하는 적절한 방식을 보여 줄 수 있다. 아이에게 다른 아이들의 사진을 보여 주고 평가하는 연습을 하게 하자. 사진 속 인물이나 맥락을 모르면 아이가 편협하고 짓궂은 판단을 내릴 수도 있다. 하지만 우리 아이들은 맥락을 이해할 줄 안다. 우리는 아이가 남을 함부로 판단하지 않도록 지도할 수 있다. 우리가 겉으로 보이는 단서 말고는 사진 속 인물에 대해 아는 바가 전혀 없다는 사실을 아이에게 일깨워 주자. 다른 가능성과 다른 상황들이 있을 수 있다는 점을 알려 주자.

내가 중학교 2학년 그룹들에게 혹시 누군가를 만나기 전에 사진부터 본 적이 있느냐고 물으면 거의 모든 학생이 손을 든다. 그리고 사진에서 받은 인상과 실제 성격이 달라 놀랐던 적이 있냐고 물으면 이때도 대다수가 손을 든다.

아이의 디지털 발자국

나는 '디지털 발자국'이라는 용어를 좋아한다. 그것은 내게 우리가 전진하고 있다는 뜻으로 다가오며, 진보는 좋은 것이기 때문이다. 다만 우리는 발을 뗄 때마다 흔적을 남긴다. 그 흔적은 바람 부는 날 모래 위를 걸을 때처럼 빠르게 사라질 수도 있고, 때로는 마르지 않은 시멘트를 밟은 것처럼 오래갈 수도 있다. 맥락이 중요하다.

디지털 발자국은 우리가 알게 모르게 디지털 세계에서 자신의 흔적을 남기고 있기에 참 적절한 비유다. 페이스북에 사진을 올릴 때,

이메일을 보낼 때, 심지어 휴대폰으로 전화를 할 때도 우리는 데이터를 만들어 낸다. 데이터가 충분히 모이면 우리가 언제 어디서 누구와 무엇을 하고 있었는지 그림이 그려진다.

이는 과거의 세계에 비추어 보면 약간 오싹하게 다가온다. 차라리 '문명의 이기를 거부'하고 싶은 마음이 들지도 모른다. 하지만 우리는 날마다 이 언뜻 사소해 보이는 불편을 대가로 현대적 편의를 이용한다. 그러니 현실적으로 디지털 발자국을 어떻게 관리할지, 무엇보다도 어떻게 우리 아이들이 데이터 수집 문제를 이해하고 더 나은 결정을 내리도록 도울지 알아보자.

함부로 들춰내지 말 것

부모와 교육자는 아이들의 디지털 발자국을 필요 이상으로 걱정하기도 한다. 물론 어느 정도는 주의해야 하지만 근거 없는 이야기가 너무 많이 나도는 것도 사실이다. 소셜미디어에서 저지른 실수로 아이의 평판이 돌이킬 수 없을 만큼 나빠졌다는 흉흉한 이야기를 당신은 얼마나 많이 들어 보았는가?

나는 소셜미디어를 통해 누군가를 '적발'하는 행위를 정말 싫어한다. 무책임한 트위트 하나로 직장을 잃은 사람을 비웃는 태도는 저열하다. 한 아이는 미숙한 판단으로 자신이 일하는 곳의 하계 유니폼이 끔찍하다는 트위트를 올렸다. 그래, 그런 트위트를 올린 건

그 아이의 실수다. 하지만 그 여름 단기 아르바이트가 그 아이에게 꼭 필요한 일이었을지도 모르는데, 그 아이가 해고당한 사실을 굳이 우리가 고소하게 생각해야 할까? 수백 명이나 되는 사람들이 그 일을 입에 올릴 필요가 있을까? 그 아이는 일자리를 잃는 것만으로도 이미 엄청난 대가를 치렀다![7]

아이들은 이런 실수에 취약하다. 즐길 만한 것과 그렇지 않은 것의 차이를 아직 명확히 구분하지 못하기 때문이다. 부모(이자 교사)로서 우리는 같은 실수를 저지르지 않도록 조심해야 한다. 아이의 실수를 지적할 때 '잡았다!'라는 느낌으로 접근해서는 안 된다. 아이들은 소셜미디어 안에서 상호작용하는 법과 건전하게 활동하는 법을 배워 나가는 중이다. 아무래도 우리의 도움이 필요한데, 무엇보다 실수를 저질렀을 때 스스로 피해를 복구하는 법을 가르쳐야 한다. 어떻게 용서를 구할 것인가? 앞으로는 어떻게 그런 실수를 하지 않을까?

내가 열여섯 살 때, 틈만 나면 수상한 히틀러 농담을 하는 친구가 있었다. 그 시절의 교정이나 기숙사에서는 이런 농담들이 아무리 불쾌하더라도 영구히 기록될 일은 없었다. 오늘날 그 친구는 영화계에서 요직을 맡고 있다. 여전히 엉뚱한 유머 감각의 소유자이지만 히틀러 농담을 트위트하지 않을 만큼 성숙한 어른이기도 하다.

다시 요즘 아이들에게 돌아오면, 인스타그램, 트위터, 스냅챗(그렇다, 심지어 스냅챗까지!)에 올라온 불쾌한 농담은 몇 년 동안 돌고 돌 수 있다. 사실상 그 게시물의 수명은 영구적이다. 소셜미디어와 디지털 커뮤니케이션은 전반적으로 금세 사라지는 것처럼 느껴지지만 그 느낌에 속아서는 안 된다. 올바른 디지털 시민이 되려면 온라인에서도 오프라인에서와 마찬가지로 처신해야 한다.

그런 의미에서 친구나 급우가 정말로 불쾌한 게시물을 올린다면, 더군다나 분위기 파악도 못한다면, 우리는 아이들에게 다음과 같이 부드럽게 충고하도록 가르쳐야 한다. "네가 재미있다고 생각해서 올린 건 알겠는데, 실은 재미있지 않아."

다음의 질문으로 아이와 대화를 시작해 보자.

- 그룹 채팅방에서 누군가가 웃기려고 한 말에 다른 사람이 상처받는 경우를 본 적이 있니?
- 누군가가 비열한 말을 내뱉고 "농담이었어."라고 덧붙이는 경우를 본 적이 있니?

올바른 공유를 돕는 보조 바퀴

아이의 디지털 발자국을 관리하려는 부모들을 돕다 보니 부모들이 종종 엉뚱한 걱정을 하고 부정적인 면에 초점을 맞추는 경향이 있다는 것을 알게 되었다. 아이가 사회에 진출하는 것은 대학교를 졸업하고 나서이다. 그러니 열두 살 때 텀블러 블로그에 드문드문

철자를 잘못 썼다고 해서 너무 걱정할 필요 없다.

어른들은 아이의 실수를 '숨기거나' 오명을 '지우려고' 애쓰는 것보다 아이들이 자신 있는 일을 하면서 최선을 다하도록 북돋아야 한다. 그럼으로써 아이들은 창의성을 발전시킬 수 있다. 학교 커뮤니티의 학급별 블로그는 아이가 자신의 작품을 '알리고' 그로 인한 긍정적인 효과를 얻기에 아주 좋은 공간이다.

만약 아이가 대학에 지원하는 시기에 이전에 했던 심각한 실수가 걱정된다면, 아이에 대해 잘 알고 이해하는 교사나 코치가 도움이 되는 정보를 줄 수 있다. 상황의 맥락에 따라 실수는 이해될 수 있으며 필요하다면 해결할 수도 있다.

적절한 개인정보 관리

나는 당신이 아이와 함께 적어도 일 년에 두세 번은 모든 소셜미디어 계정에서 개인정보가 잘 보호되고 있는지 점검하길 바란다. 공개 검색 결과에 무엇이 노출되는지 확인하는 것이다. 아이가 평소에 동영상과 사진을 공유하는가? 그렇다면 가장 많이 쓰는 검색엔진에 그것들을 검색해 보자. 만약 찜찜한 것이 발견된다면 여러 가지 조처를 취할 수 있다. 해당 이미지나 텍스트를 올린 사람에게 연락해서 게시물을 지워 달라고 할 수도 있다. 그런가 하면 최소한의 개인정보 설정으로 공유한 소셜미디어 게시물이 인터넷 검색에서 노출되는 경우도 있다. 그것이 소셜미디어 스트림에 있는 게시물이라면 지우면 된다. 비록 지난 기록이 인터넷상에서 완벽하게 '삭제'되지는 않더라도 일단 게시물을 내리면 시간이 지나면서 검색 결과에 드러나지 않게 될 것이다.

진짜 수용자와 성숙한 상호작용

아이들이 성숙하게 상호작용하도록 지도하는 가장 간단한 방법은 블로그의 댓글란을 이용하는 것이다. 블로그를 운영하는 아이라면 자신만의 댓글 방침을 정하는 것이 좋다. 아이들은 종종 '댓글을 달기 전에 이 글을 끝까지 읽어 달라' 같은 가이드라인을 제시한다. 그런데도 이렇게 합리적인 방침조차 따르지 않고 악의적인 댓글을 다는 어른들이 얼마나 많은가?

아니면 특정 단어가 포함된 댓글은 차단되고 승인된 댓글만 달리도록 부모가 설정해 주는 방법도 있다. 꽤 수고스러운 일이긴 하다! 차라리 아이를 디지털 미디어에서 완전히 떨어뜨려 놓는 편이 더 쉬워 보일지도 모른다. 하지만 당신이 시간상의 제약과 같은 이유로 일일이 지도할 수 없는 입장이라면 나쁘지 않은 방법이다.

게다가 아이들은 댓글의 어조에 민감하다. 사람 사이의 크고 작은 갈등을 다루는 것은 어른들에게도 어려운데, 온라인상에서 소통할 때는 한층 더 복잡해진다. 아무럼 얼굴 한 번 본 적 없는 사람이 블로그에 단 댓글 한 줄에 공감하기가 쉽겠는가!

연습 삼아 아이에게 다음과 같이 물어보자.

- 어떤 게시물에 동의하지 않을 때 댓글을 달아야 할까? 어떨 경우에 달지 말아야 할까?
- 어떻게 하면 적절하고 정중하게 반대 의견을 밝힐 수 있을까?
- 다른 사람의 주장에 동의하지 않을 때 너는 정당한 논거를 들어 반박하는 편이니?
- 누가 다른 사람에게 악의적인 댓글을 달면 어떻게 해야(하지 말아야) 할까?

이런 문제들을 터놓고 이야기하면 아이들의 마음에도 문제의식이 싹틀 것이다. 물론 실제로 부딪치면서 터득해 갈 필요도 있지만, 이런 대화는 어느 정도의 지침을 제공할 수 있다. 아이들에게 자기만의 방침을 정하게 하면 적절한 균형을 이해시키기 좋다. 즉, 댓글란을 지나치게 통제하면 사람들의 참여도가 줄어들고, 제한 없이 내버려 두면 누군가가 상처받거나 의미 없는 말싸움으로 이어질 수 있다는 점을 가르칠 수 있다. 이는 귀중한 인생의 교훈이다.

데이터 흔적을 남기는 것

소셜미디어는 공짜가 아니다. 우리는 페이스북이나 구글, 기타 소셜 플랫폼을 무료로 이용하지만 그렇다고 아무런 대가를 치르지 않는 것은 아니다. 우리는 각 서비스의 이용료를 데이터로 '지불'한다. 우리는 읽든 안 읽든 각 플랫폼의 서비스 약관, 최종사용자라이선스협정end user license agreement, EULA에 '동의함'을 클릭한다. 일부러 난해하게 쓰인 이 문서들의 본질적 요점은 다음과 같다. '당신은 우리 플랫폼을 무료로 사용하는 대신 우리가 당신의 상호작용으로 생성된 데이터를 이용할 수 있다는 점에 동의한다.'

무섭지 않은가? 이 기업들이 사악한 의도를 지니고 있다고 볼 수는 없지만 그들의 목적은 분명 공익보다는 상업적 이익에 있다. 그들의 사업 구조는 사용자의 신뢰를 근간으로 하기에 그런 신뢰를 잃지 않으려고 할 것이다. 그래도 이 기업들이 사용자의 데이터를 어떻게 이용하는지 알아 두면 당신은 불안하지 않은 선에서 공유하는 내용을 '조정'할 수 있고, 당신의 아이도 그렇게 지도할 수 있다.

당신은 온라인상에서 무엇을 하든 데이터 흔적을 남긴다. 비록 기업이 개인의 게시물과 댓글을 일일이 주목하지는 않지만, 그들은 해당 키워드를 검색할 때 '봇bot'을 이용해 당신의 콘텐츠를 끌어올 수 있다. 이런 시스템이 유해하지 않다고 주장하는 사람도 있을 것이다. 좋든 싫든 자신의 데이터가 어떻게 이용되는지를 알면 소셜미디어를 이용할 때 더욱 주의를 기울일 것이다. 당신은 온라인 상호작용으로 데이터를 생성할 때마다 자화상을 그리는 셈이다. 이를 통제하려면 시스템에 제공하는 데이터를 스스로 조절해야만 한다.

위치 정보 삽입

그리 눈에 띄지는 않지만 가장 먼저 확인해야 할 것은 위치 공개 설정이다. 아이가 소셜미디어 계정을 만들거나 업데이트할 때 곁에서 설정을 확인하자. 위치 정보 삽입 기능이 기본으로 설정되어 있다면 자기도 모르게 위치를 공유할 수 있기 때문이다.

아이와 대화하면서 아이가 위치 정보 삽입을 어떻게 생각하는지 알아보자. 사진을 공유할 때마다 내가 있던 장소를 함께 알리는 것이 어떤 면에서 좋지 않은지 아이와 이야기하자. 안전도 물론 문제지만, 아이가 그로 인해 누군가의 감정을 상하게 할 수도 있다는 점까지 고려할까? 아이들은 혹시 모를 소외감을 누그러뜨리려 사진을 실시간으로 공유하지 않는 전략을 택하기도 한다. 하지만 위치 정보 때문에 어제, 혹은 한 시간 전에 누가 어디에 있었는지 알게 되면 친구 사이에 갈등이 생길 수도 있다.

프라이버시와 과잉 공유

이 장의 앞부분에서 언급했듯이, 부모들과 어른들은 한결같이 아이들이 프라이버시 보호에 무신경하다고 믿는다. 과연 무얼 보고 그러는 걸까? 십 대 청소년이 페이스북에 올린 '실언', 트위터에 올린 부적절한 폭로, 공유하지 않았더라면 좋았을 사진 따위일 것이다.

아직도 기억나는데, 내가 중학교 1학년 때 함께 집에 가던 친구가 자기 부모님이 너무 싫다고 말했다. 나는 그런 말을 입 밖에 내기는 커녕 생각해 본 적도 없었기에 친구의 고백이 내내 머릿속에 맴돌았다. 나중에 그 친구와 좀 더 가까워지면서 친구가 부모님에게 화를 낼 만한 이유가 있다는 것을 알게 되었지만, 친구의 입으로 직접 들었을 때 그 얘기는 훨씬 사적이고 심오하게 다가왔다. 이제 같은 메시지를 소셜미디어 공간에서 전달한다고 생각해 보자. "나는 부모님이 싫어." 같은 고백은 농담처럼 가볍게 들릴 수도, 그보다 훨씬 심각하게 받아들여질 수도 있다.

사실 이 두 사회적 공간은 엄청나게 차이가 있다. 문제는 아이들에게 프라이버시 개념이 없다는 것이 아니라 두 영역의 차이에 대한 이해가 부족하다는 것이다. 두 영역을 각각 어떻게 관리해야 하는지 아이들에게 가르치기란 쉽지 않다.

가령 당신이 어떤 친구에게 화가 났다고 치자. 감정을 쏟아 낼 데가 필요하다. 다른 친구에게 전화를 걸어 미주알고주알 털어놓는다.

기분이 조금 나아진다. 그래, 썩 좋은 생각은 아니었는지도 모른다. 다른 친구에게 털어놓은 사실이 그 친구 귀에 들어갈 수도 있으니까. 하지만 만약 당신이 다른 친구 대신 텀블러 블로그에 속내를 털어놓았는데 친구가 그 게시물을 3주 후에 발견한다면 어떨까? 그 시점에서 갈등은 이미 해소되었을지 모르지만 소셜미디어는 '기억할' 것이다. 아무리 일시적인 것처럼 보여도 그 기록은 사실상 영구적인 기록이다. 아이들이 이 점을 이해하기는 매우 어렵다. 그렇다면 당신은 무엇을 할 수 있을까?

- 가족만의 소셜미디어 이용 방침을 마련하자. 가족과 함께 가이드라인을 정하자.
- 실제 친구와 가족을 예로 들어 가상의 상황을 설명해 보자. 아이는 상황에 감정을 이입해서 방침을 더 잘 이해할 것이다.
- 아이더러 친구의 '잘못'을 집어내 보라고 하자. 아이는 실제 사례를 통해 사회적 상호작용을 비판적으로 바라볼 수 있고, 당신은 아이의 판단력을 가늠할 수 있다.

현명한 디지털 이용의 길은 끝이 없다

이 장에서 제시한 문제들을 생각하는 것이 썩 유쾌하지는 않겠지만, 나는 당신이 기죽지 않고 용기를 얻기를 바란다. 요즘 아이들이 디지털기기와 인터넷을 통해 마주칠 수 있는 수많은 함정은 우리 시대에도 존재했다. 네트워크 연결은 이런 문제들을 한층 복잡하게 할 뿐이다. 온라인 세상은 어른들 눈에 더 위험해 보이며, 실제로 심각성을 키우기도 한다. 하지만 그 세상에서 우리 아이들이 배우고, 창조하고, 공유할 기회가 있다는 것도 명심하자. 우리가 아이들을 잘 지도한다면 이런 기회는 그 모든 문제점을 덮고도 남을 것이다.

자, 이제 일어나서 멘토가 되자.
디지털 원주민 키우기는 우리에게 달렸다.

다음 세대를 위한
디지털 시민의식

우리 아이들의 미래는 디지털 기술을 얼마나 잘 활용하느냐에 달렸다. 다른 사람들과 관계를 맺고 그 안에서 성공하려면 디지털 활용 능력을 강화해야 한다.

- 디지털 활용 능력을 습득하는 것은 급선무다. 지금부터 개발하지 않으면 아이들은 현재와 미래의 세상에서 성공하지 못할 것이다.
- 디지털 활용 능력은 조작이나 기능 차원의 능력이 아니다. 키보드 사용법이나 코딩 기법 같은 것이 아니다. 그런 것은 적당히 훈련하면 누구나 터득할 수 있다.
- 디지털 활용 능력은 관계에 대한 것이다. 타인과 어떻게 관계 맺을 것인가, 즉 신뢰에 관한 것이다.

미묘한 차이가 중요하다. 다소 부담스럽겠지만, 당신은 훌륭한 멘토가 될 수 있다. 다만 아이를 가르치기 전에 다음을 이해해야 한다.

- 아이를 지도할 수 있는 능력은 부모 자신이 테크놀로지와 어떤 관계를 맺고 있느냐에 따라 달라진다.
- 아이는 부모와 테크놀로지의 관계를 보고 배운다. 당신은 아이의 세계를 이해해야 한다.
- 당신은 타인에게 공감할 수 있으며 당신의 원칙을 다른 이들에게 가르쳐 줄 수 있다.
- "이해가 안 돼."라는 이유로 무작정 네트워크 연결을 끊어서는 안 된다. 당신의 아이는 이 새로운 세상에서 당신이 길잡이가 되어 주리라고 믿고 있다.
- 당신은 부모이자 멘토로서 (첫 이메일 계정 만들기, 첫 휴대폰 사 주기 같은) 새로운 이정표를 이해하고 준비해야 하며, 아이 역시 대비시켜야 한다.

이런 조건을 만족한다면

- 다행이다. 실은 아이들도 부모가 지도해 주기를 바란다. 아이들은 디지털 시대를 살아가기 위한 조언이 필요하다.

- 다행이다. 디지털 리터러시는 일련의 기술을 포함한다. **그 기술은 습득하면 된다.**
- 다행이다. 아이들에게는 요령이 있지만 당신에게는 지혜가 있다. 당신은 퍼즐의 가장 강력한 조각을 쥐고 있는 셈이다.

이 책을 아이와의 대화를 위한 출발점으로 삼는다면 다음과 같은 사실을 알게 될 것이다.

- 아이와 더욱 가까워지고 일상에서의 스트레스가 줄어든다.
- 당신과 아이 사이의 신뢰도가 상승한다.

당신의 지도를 받은 아이는

- 사회성과 자기 통제력이 향상된다.
- 실수를 더 잘 수습한다.
- 부모가 자신에게 귀 기울인다고 느낀다.

당신이 약간의 지식을 바탕으로 틈틈이 지도하면 아이의 삶에 긍정적인 변화를 가져올 것이다.

나는 당신이 아이를 지도하기 위해 모든 앱과 전자기기를 섭렵할 필요가 없다는 점을 이해했기를 바란다. 다만 당신은 대화의 주체가 되어야 한다. 아이들 세계에 직접 참여하지 않고는 그 세계에 영향을 줄 수 없다. 또한 아이들이 (대체로) 잘해 나가고 있다는 점도 이해했기를 바란다. **하나부터 열까지** 걱정할 필요는 없다. 멘토링이 우리가 아이들에게 해 줄 수 있는 최선이며, 이는 우리가 부모든, 교사든, 학교 관리자든, 행정 직원이든 마찬가지다. 우리가 아이들과 주기적으로 소통한다면 멘토링은 우리 공동체 모두의 임무가 될 것이다.

모니터링보다는 멘토링

멘토는 진솔한 소통으로 나아가기 위해 공감에서 출발한다.

멘토는 창의력과 통찰력이 뛰어난 아이에게도 디지털 세상을 헤쳐 나가는 데 도움을 줄 본보기가 필요하다고 생각한다.

멘토는 기술적 지식과 지혜의 차이를 인지한다. 우리의 인생 경험은 그 둘을 가르는 중요한 요소다.

멘토는 통제보다 협력의 힘을 믿는다. 아이와 함께 해결책을 찾아내는 것은 아이의 창의성을 이용하면서 신뢰를 쌓는 방법이다.

멘토는 아이의 경험을 더 깊이 이해하기 위해 아이의 주변 환경을 관찰할 필요가 있음을 안다.

멘토는 오늘날 사회적 교류의 영역이 한층 복잡하며 아이들이 바람직한 대인관계를 맺기 위해 도움이 필요하다는 점을 인식한다.

멘토는 우리의 관심이 아이들의 마음을 두드려 움직일 수 있다고 믿는다.

멘토는 아이들의 잘못된 행동을 **들춰내기**보다 아이들이 올바른 판단을 하도록 **지도**하려고 한다!

멘토는 소비 활동보다 창작 활동을 장려한다. 모든 디지털기기 이용 시간이 질적으로 동등하지는 않다.

멘토는 아이들의 테크놀로지 사용에 제한을 두기보다 참여하는 편이 훨씬 낫다는 점을 이해한다. 모니터링은 신뢰를 떨어뜨리고 통제력에 착각을 일으킨다.

멘토는 정체성 탐색이 성장과정의 일부이며, 디지털 발자국의 관련된 문제들이 예상치 못한 시점에 예상치 못한 방식으로 아이들의 발목을 잡을 수 있다는 점을 이해한다.

멘토는 아이들에게 책임감을 느껴야 한다. 우리가 테크놀로지를 사용하는 습관은 좋든 나쁘든 아이들이 보고 배운다.

멘토는 차근차근 배우고 성찰하며, 불안과 통제 욕구에서 비롯된 계획을 세우지 않는다.

멘토는 가족과 동료, 공동체를 이끌며 다음 세대를 위해 긍정적인 디지털 세상을 만들어 간다.

디지털 원주민 키우기는
우리에게 달렸다

우리는 디지털 세계에서 일어나는 문제들을 함께 해결해야 한다. 그러지 않으면 새로운 세대가 눈앞에 놓인 기회를 충분히 활용하지 못할 수도 있다. 우리가 현실을 외면하고 아이들의 디지털기기 이용 시간을 그저 제한하려 한다면 다음 단계로 나아갈 수 없다.

- 우리는 낙관론자다. 아이들이 테크놀로지로 무엇을 하는지 섣불리 넘겨짚지 않는다. 아이들에게 기회를 주고 사실 여부에 집중한다. 지레 겁먹지 않는다.
- 우리는 기술 친화적이다. 테크놀로지의 긍정적인 영향력을 인정하되 테크놀로지에 전적으로 의존하지는 않는다.
- 우리는 관심의 힘을 믿는다. 테크놀로지는 배움의 수단이자 창작의 도구다. 아이들의 사고는 자유롭다. 테크놀로지를 적절히 사용하면 아이들은 타고난 창의력을 발휘할 것이다.
- 우리는 아이들의 창의력에 흥미를 갖는다. 우리가 아이들을 가르치는 만큼 아이들에게서도 배울 수 있다고 믿는다.
- 우리는 어른과 아이 사이에 오해가 발생하기 쉽다는 점을 인지한다. 이해의 격차를 파악하고 해결하는 데 힘쓴다.
- 우리는 아이들이 놀라운 존재라고 믿으며, 아이들을 진정으로

이해하기 위해 아이들의 세계를 탐구할 필요가 있다고 느낀다. 우리는 아이들의 세계에 초대받기를 원한다.

오늘 우리 아이들과 우리 자신에게 약속하자. 우리가 교류하고 소통하는 방식은 앞으로도 계속 바뀌겠지만 한 가지는 변치 않을 것이다. 아이들을 진정한 디지털 시민으로 키우는 것은 우리의 몫이며, 운에 맡기기에는 잃을 게 너무 많다. 디지털 시민의식은 우리 아이에게 중요하고, 우리 가족에게 유익하며, 우리 사회에 꼭 필요한 소양이기 때문이다.

자, 이제 일어나서 멘토가 되자. 디지털 원주민 키우기는 우리에게 달렸다.

감사의 말

대학에서 학생들을 가르치던 친숙한 세계를 떠나 '디지털 원주민 키우기' 단체를 설립한 일은 설레고도 두려우면서 동시에 엄청난 보람을 안겨 주었다. 여러 부모와 교육자, 그리고 디지털 시대에서 자라면서 겪는 희로애락을 솔직하게 이야기해 준 어린 친구들에게 너무나 감사하다.

이 책에 식견을 더하고 많은 관심을 보여준 질 프레들랜더와 에리카 헤일먼에게 감사를 전한다. 수전 로자우는 책이 궤도에서 벗어나지 않도록 방향을 다잡아 주고 질 쉰하우트는 책을 지혜롭게 완성해 주었다. 편집 과정에서 보여준 두 사람의 인내와 지혜에 감사한다! 또한 이 책이 세상에 나올 수 있도록 통찰력과 비전을 제공해 준 비블리오모션의 알리시아 시몬스, 아리 쇼케트, 셔반 베츨러에게도 감사를 전한다. 특히 비블리오모션 작가 단체의 일원이 된 것은 행운이었다. 동료 작가 비키 호플은 내가 부모들을 도울 방법을 고심할 때 나를 이끌어준 등대였다.

책을 쓰는 과정에서 현명한 조언을 나눠 준 론 리버, 메리 오도나휴, 데버라 길보아, 애니 폭스, 데버라 시젤, 캐리 골드만에게도 감사한다. '디지털 원주민 키우기' 페이스북 토론 그룹의 부모와 교육자들도 뛰어난 지성으로 꾸준히 아이디어를 제공해 주었다. 이 책에서 다룰 내용들을 생각해 내는 데 큰 도움을 준 제닌 바르자브가츠가, 미셸 린포드, 쇼샤나 바스코브, 마리아 자발라, 제닌 마리 올슨, 엘런 지멜, 멜리사 데이비스 외 여러 그룹원에게 감사한다. 그리고 제니퍼 포스버그, 로이안 필립스, 데비 루이스, 피터 엑스타인, 캐시 벨, 에이미 뉴먼을 비롯해 이 책에 피드백을 아끼지 않았던 모든 분께 감사를 전한다.

콘텐츠 박사이자 명철한 사상가 마이클 보치가 없었다면 이 책을 쓸 수 없었을 것이다. 나의 TEDx 강연부터 이 책에 이르기까지 마이클은 항상 적절한 질문을 던져 주었고, 그와 함께 일할 수 있어서 영광이었다. 또한 '디지털 원주민 키우기'가 원활하게 운영되도록 도와준 만디 홈스, 앞으로도 나를 든든히 이끌어 줄 알리시아 시니어세이웰, 복잡한 일을 계획하고 진두지휘한 나타샤 보롬피오바, 그것들을 내가 실행할 수 있게 도와준 크리스티 흐루스카에 감사한다. 나는 카리 콜하스의 훌륭한 지도와 상담 덕분에 내가 하는 일이 세상에 필요한 일이라는 것을 깨달았고, 캐롤린 오의 도움으로 일과 삶의 균형을 찾을 수 있었다. 나의 롤모델이자 창의력이 뛰어난 천재이면서 친구, 사촌이기도 한 제시 스테른수스에게도 고마움을 전한다. 그리고 훌륭한 여성 설립자들을 위한 멘토인 질 살즈만의 TEDx 강연은 모든 사람에게 강력히 추천한다. 카렌 제이콥슨과 협업을 진행하면서 너무나 즐거웠고 많은 것을 배웠다. 홍보의 대가이자 십 대 자녀를 현명하게 키우는 부모인 아일린 로치포드와 제넌 시걸에게도 감사를 표한다.

출장을 다니며 책을 집필하는 한 해 동안 내가 정신을 놓지 않도록 도와준 친구들, 나디아 올슨, 길리트 에이브러햄, 마이클 데이비스, 메리 어보드, 로렌 리바거, 사라 레빈, 서니 슈와르츠, 모이라 힌더러, 리즈 두프린, 조아니 프리드먼, 존 스토퍼, 리사 스니더맨, 댄 스니더맨, 로리 밥티스타, 토드 크리히마어, 나오미 슈라크, 마브 호프만, 로젤린 브라운, 타마르 프롤릭스타인아펠, 엘리엇 프롤릭스타인아펠에게 감사한다.

늘 놀라운 식견을 보여 주는 동료이자 이 책의 제목을 떠올려 준 친구, 사라 아이에게 고마움을 전한다! 그 외에도 스테퍼니 슈바프, 진저 말린, 크리스틴 호프만 시니어, 셸리 프레보 등 여성 창립자 동지들은 내게 지속적인 영감의 원천이자 원동력이다. 또한 자신의 초등학생과 중고생 자녀들의 이야기를 들려주며 영감을 준 많은 친구에게도 감사를 전한다.

미국 전역의 학교 및 콘퍼런스에서 만난 청중들은 이 책에 담긴 여러 주제에 귀중한 피드백을 제공했다. 청중의 질문들은 책 곳곳에 (가명으로) 인용되었다. 정말 감사한다! 그리고 디지털 시대의 아이들을 지도하는 법을 함께 고민해 준 유능한 교육자들이 너무나 많았다. 질 마랄도, 진 로빈스, 데이비드 팔체트, 스티브 뎀보, 칼 후커, 칩 도너휴, 아만다 암스트롱, 타마라 칼도어에게 감사한다. 또한 데이비드 클리먼, 데브라 하프너, 수재나 스턴, 알렉스 팽, 데버라 로프만를 비롯해 이 책의 초안을 작성할 때 자신의 경험을 바탕으로 조언해 준 여러 전문가에게 감사를 전한다. 라디오 프로그램 「디스 아메리칸 라이프This American Life」의 통찰력 있는 쇼를 인용하도록 허락해 준 진행자 아이라 글래스와 스태프들에게도 고마움을 표한다. 디지털 세상에서 자라는 경험을 들려준 수백 명의 청소년도 빠뜨릴 수 없다. 나는 이 책이 그 아이들의 관점을 제대로 반영했기를 바라며 앞으로 그들의 활약을 고대한다.

우리 가족의 지원은 굉장했다. 내 일을 분담하고 내 여정을 격려하며 내가 일이나 강연으로 집을 비울 때마다 내 아들 해럴드와 함께해 준 당신들에게 얼마나 고마운지 모른다. 멋진 여동생 사라 하이트너가 웃긴 문자 메시지를 보낼 때마다 나는 기꺼이 방해받았으며 이선 하이트너는 내게 항상 영감을 주고 힘이 되어 주었다. 안토니아 하우스는 두말할 것 없이 최고다. 특히 세스 골드만, 글렌 골드만 부부와 그 가족 덕분에 우리는 멋지고 현대적인 가족으로 거듭날 수 있었다.

그리고 든든한 부모이자 훌륭한 조부모인 하워드 하이트너와 로이스 하이트너, 댄 바이스만에게 감사드린다.

마지막으로 내 남편 댄 바이스만에게 깊은 감사와 사랑을 전한다. 나의 출장과 집필 일정을 감내해 주고 편집과 관련하여 현명히 조언해 주며 언제나 나를 지지해 줘서 너무나 고맙다. 당신과 해럴드는 내 인생의 빛이다.

감사의 말

머리말

1 1 Marc Prensky, "Digital Natives, Digital Immigrants Part 1", *On the Horizon* Vol. 5 No. 9 (October 2001) 1~6면. http://www.marcprensky.com/writing/Prensky%20-%20 Digital%20Natives,%20Digital%20Immigrants%20-%20Part1.pdf

2 Eszter Hargittai, "Digital Na(t)ives? Variation in Internet Skills and Uses Among Members of the "Net Generation"." *Sociological Inquiry* Vol. 80 Issue 1 (February 2010) 92~113면. http://www.webuse.org/pdf/Hargittai-DigitalNativesSI2010.pdf

3 Alexandra Samuel, "Parents: Reject Technology Shame," *Atlantic* November 4, 2015, accessed February 1, 2016, http://www.theatlantic.com/technology/archive/2015/11/ whyparentsshouldnt-feel-technology-shame/414163/.

4 Samuel, 앞의 글.

제1장

1 Sherry Turkle, *Alone Together: Why We Expect More from Technology and Less from Each Other* (New York: Basic Books 2012).

2 Deborah Roffman, Interview with the author. January 12, 2016.

3 Cindy Pierce, *Sexploitation: Helping Kids Develop Healthy Sexuality in a Porn-Driven World* (Brookline, MA: Bibliomotion 2015) 38면.

제2장

1 James Damico and Mark Baildon, "Examining Ways Readers Engage with Websites During Think-Aloud Sessions," *Journal of Adolescent & Adult Literacy* 51, no. 3 (2007).

2 David Kleeman, "ISpy 2016: Five Things We're Keeping an Eye On," SlideShare, January 11, 2016, accessed February 01, 2016, http://www.slideshare.net/dubit/ispy-2016-five-things-were-keeping-an-eye-on.

3 *#Being13*, produced by Anderson Cooper, 2015.

4 Howard Gardner and Katie Davis, *The App Generation: How Today's Youth Navigate Identity, Intimacy, and Imagination in a Digital World* (New Haven: Yale University Press 2013) 130~131면.

제3장

1 Nichole Dobo, "Parents and Teachers Meet the 'Wild West' When They Try to Find Quality Education Technology," *The Hechinger Report* (2015), accessed March 1, 2016, http://hechingerreport.org/parents-and-teachers-meet-the-wild-west-when-they-try-to-find-quality-education-technology/.

2 Alexandra Samuel, "Parents: Reject Technology Shame," *Atlantic* November 4, 2015, accessed February 1, 2016, http://www.theatlantic.com/technology/archive/2015/11/whyparentsshouldnt-feel-technology-shame/414163/.

3 Ana Homayoun, "The Dark Side of Teen Sleepovers," *Huffington Post*, June 28, 2014, accessed February 01, 2016, http://www.huffingtonpost.com/ana-homayoun/the-dark-side-of-teen-sle_b_5223620.html.

제4장

1 Howard Gardner and Katie Davis, *The App Generation: How Today's Youth Navigate Identity, Intimacy, and Imagination in a Digital World* (New Haven: Yale University Press 2013).

2 같은 책.

3 Marina Bers, "Young Programmers — Think Playgrounds, Not Playpens," TEDx Jackson, November 15, 2015, http://www.tedxjackson.com/talks/young-programmers-think-playgrounds-not-playpens/.

4 Marina Umaschi Bers, *Designing Digital Experiences for Positive Youth Development: From Playpen to Playground* (New York: Oxford University Press 2012) 29면.

제5장

1 "When a School Has a Sexting Scandal," *Note to Self*, WNYC, accessed January 30, 2016, http://www.wnyc.org/story/why-care-about-sexting/.

2 Mathew Ingram, "Snooping on Your Kids: What I Learned About My Daughter, and How It Changed Our Relationship," *Gigaom*, August 8, 2013, accessed April 17 2015, http://gigaom.com/2013/08/08/snooping-on-your-kids-what-i-learned-about-my-daughter-and-how-it-changed-our-relationship/.

3 Dan Szymborski, 2013, comment on Mathew Ingram, "Snooping on Your Kids: What I Learned About My Daughter, and How It Changed Our Relationship."

4 Dannielle Owens-Reid and Kristin Russo, *This Is a Book for Parents of Gay Kids: A Question & Answer Guide to Everyday Life* (New York: Chronicle Books 2015).

5 Sherry Turkle, *Reclaiming Conversation: The Power of Talk in a Digital Age* (New York: Penguin 2015) 115면.

6 같은 책 116면.

제6장

1 Jennifer Senior, *All Joy and No Fun: The Paradox of Modern Parenthood* (New York: HarperCollins 2015) 223면.

2 Sherry Turkle, *Reclaiming Conversation: The Power of Talk in a Digital Age* (New York: Penguin 2015) 117~19면.

3 Sherry Turkle, *Alone Together: Why We Expect More from Technology and Less from Each Other* (New York: Basic Books 2012).

4 Susan Maushart, *The Winter of Our Disconnect: How Three Totally Wired Teenagers (and a Mother Who Slept with Her iPhone) Pulled the Plug on Their Technology and Lived to Tell the Tale* (New York: Jeremy P. Tarcher/Penguin 2011).

5 Alexandra Samuel, "Creating a Family Social Media Policy," *Alexandra Samuel* blog, May 26, 2011, accessed January 31, 2016, http://alexandrasamuel.com/parenting/creating-a-family-social-media-policy.

6 Lynn Schofield Clark, *The Parent App: Understanding Families in the Digital Age* (New

York: Oxford University Press 2013) 32면.

7 Mike Lanza, *Playborhood: Turn Your Neighborhood into a Place for Play* (Menlo Park, CA: Free Play Press 2012) 8면.

8 Ron Lieber, *The Opposite of Spoiled: Raising Kids Who Are Grounded, Generous, and Smart About Money* (New York: Harper 2015) 40~41면.

제7장

1 Ira Glass, host, *This American Life*, transcript of episode 573: "Status Update," National Public Radio, November 27, 2015, accessed January 31, 2016, http://www.thisamericanlife.org/radio-archives/episode/573/status-update.

2 같은 글.

3 Amanda Lenhart, Monica Anderson, and Aaron Smith, "Teens, Technology and Romantic Relationships," Pew Research Center, October 1, 2015, accessed January 31, 2016, http://www.pewinternet.org/2015/10/01/teens-technology-and-romantic-relationships/.

4 같은 글.

5 같은 글.

6 같은 글.

7 같은 글.

8 같은 글.

9 Kate Fagan, "Madison Holleran's Friends Share Their Unfiltered Life Stories," ESPN, May 15, 2015, accessed February 1, 2016, http://espn.go.com/espnw/athletes-life/article/12779819/madison-holleran-friends-share-their-unfiltered-life-stories.

10 Devorah Heitner, "Positive Approaches to Digital Citizenship," Discovery Education, September 3, 2015, accessed February 1, 2016, http://blog.discoveryeducation.com/blog/2015/09/03/positive-approaches-to-digital-citizenship/.

11 Devorah Heitner, "Texting Trouble: When Minor Issues Become Major Problems," *Raising Digital Natives*, 2014, accessed January 31, 2016. http://www.raisingdigitalnatives.com/texting-trouble/.

12 Devorah Heitner, "When Texting Goes Wrong," The Family Online Safety Institute blog, June 10, 2014, accessed January 31, 2016, https://www.fosi.org/good-digital-parenting/texting-goes-wrong-helping-kids-repair-resolve/.

13 Glass, 앞의 글.

14 Rachel Simmons, *Odd Girl Out: The Hidden Culture of Aggression in Girls* (New York: Harcourt 2011).

15 Monica Lewinsky, transcript of TED Talk, "The Price of Shame: Monica Lewinsky," March 2015, accessed January 31, 2016, https://www.ted.com/talks/monica_lewinsky_the_price_of_shame/transcript?language=en.

제8장

1 "Cyberbalance in a Digital Culture," iKeepSafe, 2011–2016, http://ikeepsafe.org/cyberbalance/.

2 "Cyberbalance in a Digital Culture," iKeepSafe.

3 Cathy Davidson, "The Myth of Monotasking," *Harvard Business Review*, November 23, 2011, accessed February 01, 2016, https://hbr.org/2011/11/the-myth-of-monotasking.

4 Nicholas G. Carr, *The Shallows: What the Internet Is Doing to Our Brains* (New York: W.W. Norton 2010).

5 Robinson Meyer, "To Remember a Lecture Better, Take Notes by Hand," *Atlantic*, May 1, 2014, http://www.theatlantic.com/technology/archive/2014/05/to-remember-a-lecture-better-take-notes-by-hand/361478/.

6 Lecia Bushak, "Why We Should All Start Reading Paper Books Again," *Medical Daily*, January 11, 2015, accessed February 1, 2016, http://www.medicaldaily.com/e-books-are-damaging-your-health-why-we-should-all-start-reading-paper-books-again-317212.

7 Annie Murphy Paul, "You'll Never Learn," *Slate*, May 3, 2013, accessed January 31, 2016, http://www.slate.com/articles/health_and_science/science/2013/05/multitasking_while_studying_divided_attention_and_technological_gadgets.html.

8 Alex Soojung-Kim Pang, *The Distraction Addiction: Getting the Information You Need and the Communication You Want, Without Enraging Your Family, Annoying Your Colleagues, and Destroying Your Soul* (New York: Little, Brown and Company 2013).

9 같은 책.

10 Howard Gardner and Katie Davis, *The App Generation: How Today's Youth Navigate Identity, Intimacy, and Imagination in a Digital World* (New Haven: Yale University Press 2013).

제9장

1 Ruby Karp, "I'm 15 and Snapchat Makes Me Feel Awful About Myself," Mashable, October 20, 2015, accessed April 21, 2016, http://mashable.com/2015/10/20/snapchat-teen-insecurity/#fTYTJpk065qj.

2 Karp, "I'm 15 and Snapchat Makes Me Feel Awful."

3 *Sexy Baby*, directed by Ronna Gradus and Jill Bauer, 2012.

4 Susannah Stern, telephone interview by author, January 22, 2016.

5 Danah Boyd, *It's Complicated: The Social Lives of Networked Teens* (New Haven: Yale University Press 2015).

6 같은 책.

7 Adam Wells, "PSU OL Coach Drops Recruit over Tweets," *Bleacher Report*, July 30, 2014, accessed January 31, 2016, http://bleacherreport.com/articles/2146596-penn-state-ol-coach-herb-hand-drops-recruit-over-social-media-actions?utm_source=cnn.com.

| 참고 문헌 |

Bers, Marina Umaschi. *Designing Digital Experiences for Positive Youth Development:
From Playpen to Playground.* New York: Oxford University Press 2012.

Boyd, Danah. *It's Complicated: The Social Lives of Networked Teens.* Yale University Press
2015.

Bushak, Lecia. "Why We Should All Start Reading Paper Books Again." *Medical Daily.*
January 11, 2015. Accessed January 31, 2016. http://www.medicaldaily.com/
e-books-are-damaging-your-health-why-we-should-all-start-reading-paper-
books-again-317212.

Carr, Nicholas G. *The Shallows: What the Internet Is Doing to Our Brains.* New York: W.W.
Norton 2010.

Chua, Amy. *Battle Hymn of the Tiger Mother.* New York: Penguin Press 2011.

Clark, Lynn Schofield. *The Parent App: Understanding Families in the Digital Age.* New
York: Oxford University Press 2013.

Damico, James, and Mark Baildon. "Examining Ways Readers Engage with Websites During
Think-Aloud Sessions." *Journal of Adolescent & Adult Literacy* 51, no. 33 (2007):
254–63.

Davidson, Cathy. "The Myth of Monotasking." *Harvard Business Review*, November
23, 2011. Accessed January 31, 2016. https://hbr.org/2011/11/the-myth-of-

monotasking.

Fagan, Kate. "Madison Holleran's Friends Share Their Unfiltered Life Stories." ESPN,
May 15, 2015. Accessed February 1, 2016. http://espn.go.com/espnw/athletes-life/
article/12779819/madison-holleran-friends-share-their-unfiltered-life-stories.

Gardner, Howard, and Katie Davis. *The App Generation: How Today's Youth Navigate
Identity, Intimacy, and Imagination in a Digital World.* New Haven: Yale University
Press 2013.

Glass, Ira. "This American Life 573: 'Status Update' Transcript." National Public Radio,
November 27, 2015; January 31, 2016.

Guernsey, Lisa, and Michael H. Levine. *Tap, Click, Read: Growing Readers in a World of
Screens.* San Francisco: Jossey-Bass 2015.

Heitner, Devorah. "Positive Approaches to Digital Citizenship." Discovery Education,
September 3, 2015. Accessed January 31, 2016. http://blog.discoveryeducation.com/
blog/2015/09/03/positive-approaches-to-digital-citizenship/.

_____. "Texting Trouble: When Minor Issues Become Major Problems." *Raising Digital
Natives*, 2014. Accessed January 31, 2016. http://www.raisingdigitalnatives.com/
texting-trouble/.

_____. "When Texting Goes Wrong: Helping Kids Repair and Resolve Issues." Family
Online Safety Institute, June 10, 2014. Accessed January 31, 2016. https://www.fosi.
org/good-digital-parenting/texting-goes-wrong-helping-kids-repair-resolve/#.

Homayoun, Ana. "The Dark Side of Teen Sleepovers." *The Huffington Post.* June 28, 2014.
Accessed February 01, 2016. http:// www.huffingtonpost.com/ana-homayoun/the-
dark-side-of-teen-sle_b_5223620.html.

_____. *That Crumpled Paper Was Due Last Week: Helping Disorganized and Distracted
Boys Succeed in School and Life.* New York: Penguin Group 2010.

Kleeman, David. "ISpy 2016: Five Things We're Keeping an Eye On." SlideShare, January 11,
2016. Accessed February 01, 2016. http://www.slideshare.net/dubit/ispy-2016-five-
things-were-keeping-an-eye-on.

_____. Telephone interview by author, January 18, 2016.

Lanza, Mike. *Playborhood: Turn Your Neighborhood into a Place for Play.* Menlo Park,
CA: Free Play Press 2012.

Lareau, Annette. *Unequal Childhoods: Class, Race, and Family Life.* Berkeley: University of California Press 2003.

Lathram, Bonnie, Carri Schneider, and Tom Vander Ark. *Smart Parents: Parenting for Powerful Learning.* Lemont, PA: Elfrig Publishing 2016.

Lenhart, Amanda, Monica Anderson, and Aaron Smith. "Teens, Technology and Romantic Relationships." Pew Research Center, October 1, 2015. Accessed January 31, 2016.

Lewinsky, Monica. Transcript of TED Talk, "The Price of Shame," March 2015. Accessed January 31, 2016. https://www.ted.com/talks/monica_lewinsky_the_price_of_shame/transcript?language=en.

Lieber, Ron. *The Opposite of Spoiled: Raising Kids Who Are Grounded, Generous, and Smart About Money.* New York: Harper 2015.

Maushart, Susan. *The Winter of Our Disconnect: How Three Totally Wired Teenagers (and a Mother Who Slept with Her iPhone) Pulled the Plug on Their Technology and Lived to Tell the Tale.* New York: Jeremy P. Tarcher/Penguin 2011.

Meyer, Robinson. "To Remember a Lecture Better, Take Notes by Hand." *Atlantic,* May 1, 2014. http://www.theatlantic.com/ technology/ archive/2014/05/to-remember-a-lecture-better-take-notes-by-hand/361478/.

Owens-Reid, Dannielle. *This Is a Book for Parents of Gay Kids: A Question & Answer Guide to Everyday Life.* New York: Chronicle Books 2014.

Pang, Alex Soojung-Kim. *The Distraction Addiction: Getting the Information You Need and the Communication You Want without Enraging Your Family, Annoying Your Colleagues, and Destroying Your Soul.* New York: Little, Brown and Company 2013.

Paul, Annie Murphy. "You'll Never Learn." *Slate,* May 3, 2013. Accessed January 31, 2016. http://www.slate.com/articles/health_and_science/science/2013/05/multitasking_while _studying_divided_attention_and_technological_gadgets.html.

Pierce, Cindy. *Sexploitation: Helping Kids Develop Healthy Sexuality in a Porn-Driven World.* Brookline, MA: Bibliomotion 2015.

Roffman, Deborah M. *Talk to Me First: Everything You Need to Know to Become Your Kids' Go-to Person About Sex.* Boston: Da Capo Lifelong 2012.

_____. Telephone interview by author, January 20, 2016.

Samuel, Alexandra. "Creating a Family Social Media Policy." *Alexandra Samuel* blog, May 26, 2011. Accessed January 31, 2016. http://alexandrasamuel.com/parenting/creating-a-family-social-media-policy.

_____. "Parents: Reject Technology Shame." *The Atlantic*, Novem- ber 4, 2015. Accessed February 1, 2016. http://www.theatlantic.com/technology/archive/2015/11/ whyparentsshouldnt-feel-technology-shame/414163/.

Seiter, Ellen. *Television and New Media Audiences*. Oxford: Clarendon Press 1998. Senior, Jennifer. *All Joy and No Fun: The Paradox of Modern Parenthood*. New York: Harper Collins 2015.

Sexy Baby. Directed by Ronna Gradus and Jill Bauer. 2012.

Simmons, Rachel. *Odd Girl Out: The Hidden Culture of Aggression in Girls*. New York: Harcourt 2011.

Stern, Susannah. Telephone interview by author. January 22, 2016.

Turkle, Sherry. *Alone Together: Why We Expect More from Technology and Less from Each Other*. New York: Basic Books 2012.

Turkle, Sherry. *Reclaiming Conversation*. New York: Penguin Press 2015.

Wells, Adam. "PSU OL Coach Drops Recruit over Tweets." *Bleacher Report*, July 30, 2014. Accessed January 31, 2016. http://bleacherreport.com/articles/2146596-penn-state-ol-coach-herb-hand-drops-recruit-over-social-media-actions?utm_source=cnn.com.

디지털 원주민 키우기
스마트폰 시대의 미디어 교육법

초판 1쇄 발행 • 2020년 4월 15일

지은이 • 데버라 하이트너
옮긴이 • 이민희
펴낸이 • 강일우
책임편집 • 정편집실 김보은
조판 • 신혜원
펴낸곳 • (주)창비
등록 • 1986년 8월 5일 제85호
주소 • 10881 경기도 파주시 회동길 184
전화 • 031-955-3333
팩시밀리 • 영업 031-955-3399 편집 031-955-3400
홈페이지 • www.changbi.com
전자우편 • ya@changbi.com

한국어판 ⓒ (주)창비 2020
ISBN 978-89-364-5922-2 03300